Informatik-Fachberichte

Herausgegeben von W. Brauer
im Auftrag der Gesellschaft für Informatik (GI)

15

Organisation von Rechenzentren

Workshop der Gesellschaft für Informatik
Göttingen, 11./12. Oktober 1977

Herausgegeben von D. Wall

Springer-Verlag
Berlin Heidelberg New York 1978

Herausgeber

Dr. Dieter Wall
Gesellschaft für
wissenschaftliche Datenverarbeitung
mbH Göttingen
Am Fassberg
D-3400 Göttingen

AMS Subject Classifications (1970): 68-00, 68-02
CR Subject Classifications: 2.4

ISBN-13: 978-3-540-08878-3 e-ISBN-13: 978-3-642-67007-7
DOI: 10.1007/978-3-642-67007-7

CIP-Kurztitelaufnahme der Deutschen Bibliothek. *Organisation von Rechenzentren:* Workshop d. Ges. für Informatik Göttingen, 11./12. Oktober 1977 / hrsg. von D. Wall. – Berlin, Heidelberg, New York: Springer, 1978. (Informatik-Fachberichte; Bd. 15)
NE: Wall, Dieter [Hrsg.]; Gesellschaft für Informatik.

2145/3140 - 5 4 3 2 1 0

VORWORT

Dieser Band enthält die Vorträge, die anläßlich des Workshops der Gesellschaft für Informatik über "Organisation von Rechenzentren" am 11. und 12. Oktober 1977 in Göttingen gehalten wurden. Der Workshop wurde von dem Fachausschuß 3/4 (Rechnerorganisation und Betriebssystem) der GI veranstaltet, die Durchführung übernahm die Gesellschaft für wissenschaftliche Datenverarbeitung mbH Göttingen. Eine ähnliche Veranstaltung hatte im Jahre 1975 in Karlsruhe stattgefunden und großen Erfolg gehabt (s. Informatik-Fachberichte Band 2, Betrieb von Rechenzentren).

Die Tagung wendete sich, wie bei dem Thema zu erwarten war, nicht in erster Linie nur an Teilnehmer aus dem wissenschaftlichen Bereich, sondern gerade auch an Mitarbeiter von Rechenzentren der Wirtschaft und Verwaltung. Dies spiegelte sich bereits in den Vorträgen wider, von denen etwa die Hälfte aus Rechenzentren der Industrie oder Verwaltung stammen. Entsprechend waren auch bei den Teilnehmern Firmen und Behörden erfreulich zahlreich vertreten.

Dem Programmausschuß gehörten an

Prof. Dr. M. Graef, Direktor des Zentrums für Datenverarbeitung der Universität Tübingen

H. Marwedel, Mitglied des Vorstandes der Datenzentrale Schleswig-Holstein, Kiel

Prof. Dr. A. Schreiner, Direktor des Rechenzentrums der Universität Karlsruhe

Dipl.-Ing. H.-J. Siebert, Leiter des Rechenzentrums der IBM-Laboratorien, Böblingen

Dipl.-Kfm. P.-M. Titze, Hauptabteilungsleiter Datenverarbeitung Krupp Gemeinschaftsbetriebe, Essen

Dr. D. Wall, wiss. Geschäftsführer der Gesellschaft für wissenschaftliche Datenverarbeitung mbH Göttingen

Einige aktuelle Tendenzen in der Datenverarbeitung, zum Beispiel der Trend zur Datenfernverarbeitung und besonders die mit dem Schlagwort "distributed processing" bezeichnete Entwicklung beeinflussen stark die Aufgabenstellung und damit die Organisation der Rechenzentren. Dieser Sachverhalt wurde vom Programmausschuß bei der Auswahl der Vorträge berücksichtigt, insbesondere kam er aber in der allgemeinen

Diskussion über das Thema "Das Rechenzentrum - eine überholte Organisationsform" am Abend des ersten Veranstaltungstages zur Sprache. Der Tagungsband enthält eine Zusammenfassung dieser von Professor Schreiner, Karlsruhe, geleiteten, lebhaften Diskussion.

Für das gute Gelingen der Tagung habe ich in erster Linie den Vortragenden zu danken, die durch die Qualität ihrer Beiträge zu diesem sich zäh der Systematisierung widersetzenden Gebiet den Erfolg entscheidend bestimmt haben. Ich danke weiterhin den Mitgliedern des Programmausschusses, die auch als Sitzungsleiter die Diskussion auf den rechten Weg gelenkt haben. Schließlich danke ich dem Max-Planck-Institut für biophysikalische Chemie, das die Tagungsräume zur Verfügung stellte, sowie den Mitarbeitern der Gesellschaft für wissenschaftliche Datenverarbeitung mbH Göttingen, insbesondere Herrn Dr. P. Dechant, Herrn Dipl. Phys. K. Kirde und Fräulein C. Müller, für ihre Einsatzbereitschaft bei der Vorbereitung und Durchführung des Workshops.

Wall

INHALTSVERZEICHNIS

DISKUSSION

BEWERTUNG UND OPTIMIERUNG DER DIENSTLEISTUNGEN DES RECHENZENTRUMS

RECHENZENTRUMSORGANISATION UND ANWENDER

ANSCHRIFTEN DER VERFASSER

Bayer, Dr. G., Rechenzentrum der Technischen Universität Braunschweig, Pockelsstraße 4, D-3300 Braunschweig

Dirlewanger, Dr. W., Hochschul-Rechenzentrum der Gesamthochschule Kassel, Mönchebergstraße 19, D-3500 Kassel

Ebert, Dr. R., Großrechenzentrum für die Wissenschaft in Berlin, Heilbronner Straße 10, D-1000 Berlin 31

Felsch, Dr. H., Rechenzentrum der Universität Bielefeld Universitätsstraße 1, D-4800 Bielefeld

Görres, Dr. J., Thyssen AG, Zentrale Datenverarbeitung, Kaiser-Wilhelm-Straße, D-4100 Duisburg-Hamborn

Grund, E., Ing. grad., Siemens AG, Bereich Datenverarbeitung, Hofmannstraße 51, D-8000 München 70

Heim, K., Dipl.-Math., Rechenzentrum der Universität Karlsruhe, Zirkel 2, D-7500 Karlsruhe

Hoßfeld, Dr. F., Zentralinstitut für Angewandte Mathematik der Kernforschungsanlage Jülich GmbH, Postfach 1913, D-5170 Jülich

Jasper, Dr. E., Regionales Hochschul-Rechenzentrum der Universität Bonn, Wegelerstraße 6, D-5300 Bonn 1

Kiel, D. Oberrechnungsrat, Niedersächsischer Landesrechnungshof, Laubaner Straße 1, D-3200 Hildesheim

Köhler, Dr. W., Landesamt für Datenverarbeitung und Statistik Nordrhein-Westfalen, Postfach 1105, D-4000 Düsseldorf

Koreimann, Dr. D.S., IBM Deutschland GmbH, SB IM-Programm, Pascalstraße 100, D-7000 Stuttgart 80

Lortz, Dr. B., Rechenzentrum der Universität Karlsruhe, Zirkel 2, D-7500 Karlsruhe

Luttermann, Dr. H., Regionales Rechenzentrum für Niedersachsen, Wunstorfer Straße 14 - 18, D-3000 Hannover

Martin, Dr. R., Rechenzentrum der Universität Karlsruhe, Zirkel 2, D-7500 Karlsruhe

Mell, Dr. W.-D., Rechenzentrum der Universität Heidelberg, Im Neuenheimer Feld 293, D-6900 Heidelberg

Mertens, Dr. B., Zentralinstitut für Angewandte Mathematik der Kernforschungsanlage Jülich GmbH, Postfach 193, D-5170 Jülich

Mühlenbein, Dr. H., Gesellschaft für Mathematik und Datenverarbeitung mbH Bonn,
Postfach 1240, Schloß Birlinghoven,
D-5205 St. Augustin 1

Pasedach, Dr. K., Philips GmbH, Forschungslaboratorium Hamburg,
Vogt-Kölln-Straße 30, D-2000 Hamburg 54

Pralle, Dr. H., Regionales Rechenzentrum für Niedersachsen,
Wunstorfer Straße 14 - 18, D-3000 Hannover

Schreiner, Prof. Dr. A., Rechenzentrum der Universität Karlsruhe,
Zirkel 2, D-7500 Karlsruhe

Schwichtenberg, G., Dipl.-Phys., Rechenzentrum der Universität zu Köln,
Robert Koch Straße 10, D-5000 Köln 41

Seibt, Prof. Dr. D., Universität Essen, Fachbereich V,
Betriebsinformatik-OR,
Postfach 6843, D-4300 Essen 1

Senger, R., Dipl.-Inf., Krupp Gemeinschaftsbetriebe,
Frankfurter Straße 198, D-5000 Köln 90

Sieg, H.-Chr., Dipl.-Volksw., Krupp Gemeinschaftsbetriebe,
Frankfurter Straße 198, D-5000 Köln 90

Sokolovsky, Dr. Z., Höhenweg 22, D-6350 Bad Nauheim

Sova, O., Dipl.-Ing., Kaufring eG,
Kiesheckerweg 100, D-4000 Düsseldorf

Urbas, W., Dipl.-Ing., Max-Planck-Gesellschaft,
Postfach 647, D-8000 München 1

Wall, Dr. D., Gesellschaft für wissenschaftliche Datenverarbeitung mbH Göttingen,
Am Faßberg, D-3400 Göttingen

Windfuhr, M., Dipl.-Ing., Hoesch Werke AG, ZDH/R,
Eberhardstraße 12, D-4600 Dortmund 1

Wolf, Dr. F., Rechenzentrum der Universität Erlangen-Nürnberg,
Martensstraße 1, D-8520 Erlangen

EINLEITUNG

Organisatorische Merkmale des Produktionsbetriebes Rechenzentrum

Dieter Wall
Gesellschaft für wissenschaftliche Datenverarbeitung mbH Göttingen

Zu Beginn dieses Workshops ist die Frage zu stellen: Warum Organisation gerade von Rechenzentren? Sind Rechenzentren anders zu organisieren als sonstige Betriebe? Wenn ja, wo liegt das Spezifische der Rechenzentrumsorganisation?
Um das zu untersuchen, soll das Rechenzentrum als ein Unternehmen oder Unternehmensteil betrachtet werden, das wie andere Unternehmen durch sein Produktionsprogramm, die eingesetzten Produktionsfaktoren und seine speziellen Produktionsprozesse charakterisiert ist. Die Frage heißt dann: Welche Eigentümlichkeiten weisen Produktionsprogramm, Produktionsfaktoren und Produktionsprozesse des Rechenzentrums im Hinblick auf den dispositiven Faktor Organisation auf?

Sofort ergibt sich als erste Teilfrage: Was produziert das Rechenzentrum? Die Antwort kann sicher nicht sein: Tabellierlisten oder beschriebene Magnetbänder. Es muß sich vielmehr um etwas Immaterielles handeln, um die Informationen nämlich, welche in diesen Tabellierlisten stehen, kurz: Das Rechenzentrum produziert Daten oder Nachrichten.

Ein Betrieb, der immaterielle Güter erzeugt, wird üblicherweise als Dienstleistungsbetrieb bezeichnet. Wenn hier dennoch der Ausdruck Produktionsbetrieb weiter verwendet wird, geschieht das in der folgenden Bedeutung. Graef und Greiller teilen den Bereich Datenverarbeitung wie andere technische Unternehmensbereiche in "Entwicklung" und "Fertigung" oder "Entwicklung" und "Produktion". Entwicklung heißt in der Datenverarbeitung wesentlich: Systemanalyse und Programmierung. Dem Bereich der Fertigung entspricht die Datenerfassung und der Rechnerbetrieb. Nur über den letzteren, über das Rechenzentrum als diejenige Stelle, in der die tatsächliche Durchführung der Verarbeitungsprozesse erfolgt, soll hier gesprochen werden. Die großen organisatorischen Probleme des Software-Engineering sollen also ebenso außer Betracht bleiben wie die besonderen Schwierigkeiten der Datenerfassung.

Freilich gibt es auch andere Dienstleistungebetriebe, die Daten produzieren. Um die Unterschiede zu finden, soll das Produktionsprogramm des Rechenzentrums näher betrachtet werden. Natürlich hängt es stark von der Leistungsfähigkeit der Rechenanlage ab und zum Beispiel auch davon, wie weit das Rechenzentrum in andere betriebliche Abläufe eingebunden ist. Gehören etwa Arbeitsvorbereitung und Ergebniskontrolle zu den Leistungen des Rechenzentrums oder bleiben sie wie in vielen wissenschaftlichen Rechenzentren hauptsächlich dem Anwender überlassen? Unabhängig von solchen Unterschieden ist aber allen Rechenzentren gemeinsam, daß die auf einer einzigen Anlage produzierten Daten außerordentlich verschiedenartig sind. Schon der Umfang reicht von wenigen Zeichen bis zu Dateien, die sich über viele Magnetbänder erstrecken. Die Datenmenge variiert je nach Auftrag zwischen 10^0 und 10^8 Zeichen, also über neun Zehnerpotenzen. Das ist ein ungewöhnliches Produktionsprogramm. Das Rechenzentrum stellt eine einzige Art von Produkt her, dieses aber in quantitativ außerordentlich verschiedener Ausführung.

Offensichtlich ist die Ausführung je nach Auftrag aber auch qualitativ sehr unterschiedlich. In ein und demselben Rechenzentrum können Arbeiten zur Betriebsabrechnung, Immobilienverwaltung, Analyse finiter Elemente oder zur automatischen Drucksatzherstellung laufen. Immer werden als Ergebnis spezielle Daten erzeugt. Hierbei ist noch wichtig, daß gleichartige Aufträge in der Regel nicht gebündelt sondern je nach Anfall, also in Einzelfertigung abgewickelt werden. Insgesamt ergibt das einen Sachverhalt, der weitreichende organisatorische Konsequenzen hat: Das Rechenzentrum stellt qualitativ und quantitativ verschiedene Ausführungen einer Produktart in Einzelfertigung her.

Eine dieser Varianz entsprechende große Schwankungsbreite zeigen auch die einzelnen Verarbeitungsprozesse: Als Beispiel werde eine Rechenanlage mit Betriebssystem betrachtet. Um eine obere Grenze für sinnvolle Programmlaufzeiten zu finden, sei angenommen, daß die betrachtete Rechenanlage alle zwei Tage einen Systemzusammenbruch hat, der zur kurzzeitigen Betriebsunterbrechung führt. Dann sollten Programme, um nicht mit zu großer Wahrscheinlichkeit von einem Zusammenbruch betroffen zu werden, nicht länger als ein Zehntel dieser "meantime between failure" im Rechner liegen, das heißt etwa fünf Stunden Verweilzeit haben. Sie sollten selbst also nur einige Stunden Prozessorzeit, mithin in der Größenordnung von höchstens 10^4 Sekunden in Anspruch nehmen. Andererseits kommen natürlich auch Programme vor, die nur eine Sekunde benötigen. Die Schwankungsbreite der bearbeiteten Programme läuft demnach von 10^0 bis 10^4 Sekunden Prozessorzeit über fünf Zehnerpotenzen.

Daß trotz dieser Verschiedenheit die Einzelaufträge mit ein und derselben, wenn auch komplexen Maschine zu bearbeiten sind, muß bei dem Produktionsfaktor Betriebsmittel besprochen werden. Zunächst sollen die beiden anderen elementaren Produktionsfaktoren menschliche Arbeitskraft und Werkstoffe ins Auge gefaßt werden. Der erste Faktor, die menschliche Arbeitskraft weist keine für Rechenzentren spezifische Eigentümlichkeiten auf. Hier soll ja nicht die Programmierung oder Systemanalyse behandelt werden, sondern ausschließlich der Fertigungsbetrieb. Probleme gibt es dort ohne Zweifel, die Arbeit in Schichten, die Spezialisierung weniger Mitarbeiter, bestimmte Ausbildungsschwierigkeiten, aber sie sind gewiß nicht typisch nur für das Rechenzentrum.

Beim Faktor Werkstoff scheint es zunächst ganz ähnlich zu liegen. Tabellierpapier, Lochkarten, magnetische Datenträger werfen keine eigentümlichen organisatorischen Probleme auf. Aber das ist nicht alles. Das Rechenzentrum benötigt noch ein weiteres Einsatzmittel, das allerdings immateriell ist, die Eingabedaten nämlich. Diese verhalten sich in mancher Hinsicht wie materielle Werkstoffe: Sie werden durch den Verarbeitungsprozeß umgeformt, sie können durch fehlerhafte Verarbeitungsprozesse verdorben werden, sie altern oder vielmehr veralten, sie belegen Speicher, also Lagerplatz. Andererseits haben sie auch Eigenschaften, die für Werkstoffe nicht typisch sind, zum Beispiel werden sie nicht eigentlich aufgebraucht sondern bestenfalls verändert. Sie müssen nicht in hinreichender Menge, sondern höchstens in geringer Vielfachheit gehalten werden, wobei lediglich praktische Rücksichten auf den Produktionsprozeß überhaupt mehr als nur die einfache Haltung erforderlich machen. Den Funktionen der Lagerhaltung und Bereitstellung von Werkzeugen oder Teilen entsprechen deshalb im Rechenzentrum sehr spezifische Funktionen wie etwa die Datei-Archivierung, das Filemanagement und die Datensicherung.

Die wichtigsten spezifischen Merkmale der Organisation des Rechenzentrums hängen aber wesentlich mit dem Betriebsmittel Rechenanlage zusammen. Folgende ihrer Eigenschaften sind hier besonders relevant:

Rechenanlagen sind Geräte mit aufwendiger technischer Umgebung. Sie sind störungsanfällig und bedürfen regelmäßiger Wartung, wobei ihre komplexe Struktur besondere Probleme bei Hardware und Software aufwirft. Hieraus folgen die für Betriebe dieser Art typischen Probleme der Sicherung der Betriebsbereitschaft, der Ersatzteilversorgung, der Überwachung der technischen Umgebung usw. Diese Eigenschaften teilt das Rechenzentrum mit anderen technischen Betrieben. Die Konsequenzen sollen hier nicht weiter behandelt werden.

Rechenanlagen arbeiten mit hoher Geschwindigkeit und sind insbesondere in der Lage, mit dieser hohen Geschwindigkeit zwischen den verschiedenen Arbeitsbereichen oder -gängen oder Aufträgen zu wechseln.

Sie bestehen aus verschiedenartigen Komponenten, die weitgehend unabhängig von einander arbeiten können.

Die letzten beiden Eigenschaften haben folgende, für die Organisation wichtige Konsequenzen:

1. Rechenanlagen arbeiten simultan an mehreren, nach Umfang und Art verschiedenartigen Aufträgen.

2. Sie erledigen simultan verschiedenartige Arbeitsgänge, nämlich insbesondere

   a) Bereitstellung der Betriebsmittel für die Durchführung von Aufträgen und hierbei auch des Pseudo-Werkstoffs Daten oder Dateien.

   b) Durchführung der Verarbeitungsaufträge.

   c) Transport von Auftragsergebnissen an entfernte Ausgabestationen.

   d) Steuerung der eigenen Aktivitäten.

Das sind teilweise Merkmale von Geräten, die gerade nicht für die Einzelfertigung sondern für die Serienfertigung von Produkten eingesetzt werden: die hohe Verarbeitungsgeschwindigkeit, die automatische Steuerung, die teilautomatische Bereitstellung von Einsatzmitteln. Andererseits ist aber offensichtlich, daß die Durchführung eines speziellen Programmes zur Produktion einer bestimmten Ausgabedatenmenge mit allen Vorbereitungs- und Nachfolgehandlungen typische Einzelfertigung ist. Diese Notwendigkeit und Möglichkeit der Einzelfertigung unter den technischen Bedingungen der Serienfertigung ist ein wesentliches organisatorisches Charakteristikum des Rechenzentrums.

Die technischen Konsequenzen dieses Sachverhaltes bestehen in der immer weiteren Verfeinerung der Betriebssysteme, um immer besser die

Einzelaufträge, die Programme mit unterschiedlichen Anforderungen an die Ressourcen des Rechners, der automatischen Abwicklung im Serienfertigungsbetrieb unterwerfen zu können. Die organisatorischen Konsequenzen bestehen in den bei allen Rechenzentren zu beobachtenden Bemühungen, sämtliche Einzelaufträge so zu steuern oder wenigstens so in Klassen aufzuteilen, daß während gewisser Betriebsperioden die Auftragslast als hinlänglich homogen und damit für die Serienfertigung geeignet angesehen werden kann. Häufige Regelungen sind: Programme von einer gewissen Mindestdauer werden nur nachts gerechnet. Dialogbetrieb ist nur während bestimmter Tageszeiten erlaubt.

Zur Betrachtung des Produktionsprozesses sei im weiteren der Einfachheit halber eine Rechenanlage vorausgesetzt, die ausschließlich in Stapelverarbeitung betrieben wird. Hinsichtlich des Einzelauftrags sind drei Arbeitsabschnitte zu unterscheiden:

1. Arbeitsvorbereitung, Bereitstellung der benötigten Programme, Formulare und insbesondere Dateien

2. Verarbeitung einschließlich Ein- und Ausgabe

3. Nachbereitung, zum Beispiel Überprüfung der Ergebnisse.

Vom globalen Standpunkt des gesamten Produktionsprozesses her kommt hinzu:
4. Belegungsplanung und Steuerung der Verarbeitungsfolge.

In dieser Aufzählung ist für die Organisation der Verarbeitungsprozeß selbst am wenigsten interessant, da er vollständig durch Hardware und Software determiniert ist. Organisatorischer Spielraum besteht dagegen hinsichtlich der Arbeitsvorbereitung und der Steuerung. Was die Arbeitsvorbereitung anbetrifft, besagt eine landläufige, aber nicht richtige Meinung: Manche Rechenzentren haben eine Arbeitsvorbereitung und manche nicht. In der Tat tritt aber in allen Rechenzentren die Funktion Arbeitsvorbereitung auf. Unterschiede bestehen nur darin, in welcher Weise die Arbeitsvorbereitung auf die drei möglichen Funktionsträger, nämlich das Rechenzentrumspersonal, auf den Anwender und auf das Betriebssystem der Rechenanlage verteilt ist. Hochschulrechenzentren etwa überlassen die Arbeitsvorbereitung zum Teil dem Benutzer, zum anderen Teil dem Betriebssystem, und kaum dem Operateur. Als Beispiel sei die Bereitstellung von Dateien zur Verarbeitung genannt. Der Anwender kann ihre Bereitstellung durch einen vorherigen Programmlauf veranlassen, der Maschinenbediener oder ein Dispatcher kann es tun, aber auch Betriebssysteme sind imstande, weitgehend automatisch Dateien von einer Speicherebene auf diejenige zu heben, auf der sie zur Verarbeitungszeit benötigt werden. Das tun sie während der Verarbeitungszeit anderer Programme oder gar desjenigen Programms, das die Datei benötigt. Das bedeutet: Für den Anlagenbediener fallen Teile der Arbeitsvorbereitung in die Folge der Verarbeitungsprozesse, und zwar aus seiner Sicht untrennbar.

Weitere organisatorische Merkmale sind deshalb, daß der Produktions- oder Verarbeitungsprozeß des Einzelauftrags fast keinen organisatorischen Spielraum läßt, die Arbeitsvorbereitung dagegen einen großen, und daß Automatisierung auf diesem Gebiet zur zeitlichen Durchdringung von Arbeitsvorbereitung und Produktionsprozeß führt.

Eine ähnliche Situation liegt hinsichtlich der Belegungsplanung und Steuerung der Verarbeitungsfolge vor. Wie bei der Arbeitsvorbereitung ist auch hier besonderes Merkmal, daß ein Teil der Aufgabe durch die Rechenanlage selbst übernommen werden kann, der Organisator also wieder vor der Frage steht, wo er die Grenze zwischen Automatik und Bedienereingriff ziehen will. Das technische Angebot an automatischen Lösungen ist umfangreich. Da sind die verschiedenen Prioritätsalgorithmen der Betriebssysteme und das Taskmanagement. Rein organisatorische Lösungen bestehen in den zahlreichen Regelungen über die Reihenfolge des Einlesens von Aufträgen, deren Abarbeiten von bestimmten Startzeiten ab, der Kontingentierung von Rechenzeiten und den oft sehr zahlreichen Vorschriften für die Steuerpultbedienung.

Dies ist der Punkt, an dem im Rechenzentrum der Gegensatz von Kurzfristigkeit und Endgültigkeit, das heißt der Gegensatz von Improvisation und Organisation am deutlichsten zutage tritt. Eine wesentliche Aufgabe der Organisation besteht ja darin, festzulegen, wo nur fallweise Entscheidungen gelten und wo generelle Regelungen Platz greifen müssen. Je größer das Rechenzentrum ist, desto stärker wird die Tendenz sein, generelle Regelungen hinsichtlich der Ablaufsteuerung in Kraft zu setzen und sie sogar unter Benutzung des Rechnerbetriebssystems als Automatismus zu installieren. Das führt immer wieder zu Schwierigkeiten im Einzelfall, die nur durch improvisierte Sonderentscheidungen gelöst werden können. Der Konflikt wird dadurch verschärft, daß gerade auch hier die allgemeine Betriebsstrategie des Rechenzentrums wirksam wird, die in der Regel anlagenglobale Optimierungsziele verfolgt und damit häufig die Bedingungen für die Bearbeitung des Einzelauftrags ungünstiger macht. Am bekanntesten ist der Zielkonflikt zwischen hoher Auslastung des Prozessors und kurzer turn-around-Zeit für spezielle Auftragsklassen.

Wie wird dieses von dem Stapelverarbeitungsbetrieb geprägte Bild durch den interaktiven Dialogbetrieb und durch die Entwicklung zum distributed processing verändert? Vom Organisator her gesehen, handelt es sich beim interaktiven Dialogbetrieb um die dezentrale Steuerung der Einzelfertigung im Rahmen der zentralen Gesamtsteuerung. In diesem Sinne ist der Dialogbetrieb, bei dem der einzelne Verarbeitungsprozeß noch während der Durchführung modifiziert wird, die äußerste Konsequenz der Einzelfertigung überhaupt. Der Dialogbetrieb fügt deshalb den genannten organisatorischen Merkmalen des Rechenzentrumsbetriebes kein wesentliches neues hinzu, sondern läßt die bisherigen nur mit größerer Schärfe hervortreten.

Eine neue Entwicklung setzt jedoch mit der Dezentralisierung von Verarbeitungskapazität ein. Motiv hierzu ist ja nicht der Wunsch des Anwenders nach höherer technischer Leistung, sondern ausschließlich nach besserer Verfügbarkeit dieser Leistung. Anders formuliert: Die Zielsetzung des dezentralen Einsatzes von Rechnerintelligenz wendet sich wesentlich gegen die organisatorischen Regelungen des bisherigen Rechenzentrumsbetriebes und nicht gegen die technische Realisierung der Verarbeitungsprozesse. Der Versuch, Verarbeitungskapazität zu dezentralisieren, ist der Versuch, den organisatorischen Regelungen der Rechenzentren zu entkommen.

Hierbei zeichnet sich ab, daß dieser Versuch für den Prozeß der Verarbeitung gut gelingen kann, soweit besonders der Gesichtspunkt der Steuerung nur des Einzelauftrags im Vordergrund steht. Es ist durchaus möglich, am Ort unter einfacheren organisatorischen Bedingungen zu verarbeiten als im Rechenzentrum. Unverkennbar ist aber auch, daß neue Probleme auftauchen und zwar gerade bei den bisher mit dem Verarbeitungsprozeß auf einer zentralen Anlage verzahnten Arbeitsabschnitten Arbeitsvorbereitung und Gesamtsteuerung. Dezentrale Verarbeitung ist nicht unbedingt gleichbedeutend mit dezentraler Arbeitsvorbereitung. Wichtige Problemstellungen, die sich ergeben, sind die Schwierigkeiten der dezentralen Dateihaltung und die Synchronisation und Kommunikation von Abläufen in verschiedenen Verarbeitungsstellen.

Zusammenfassung:

Das Rechenzentrum wird als Produktionsbetrieb aufgefaßt, der das immaterielle Gut "Daten" erzeugt. Dieses Produkt wird in Einzelfertigung, aber wegen der technischen Eigenschaften von Rechenanlagen unter den Bedingungen der Serienfertigung hergestellt. Das zwingt zu organisatorischen Regelungen für diese Einzelfertigung, welche insbesondere die Arbeitsvorbereitung und die Verarbeitungssteuerung betreffen. Diese Regelungen orientieren sich meistens wesentlich an der Optimierung des gesamten Produktionsprozesses. Dezentralisierung der Rechnerintelligenz ist der Versuch, diesen sonst unvermeidlichen Regelungen auszuweichen.

Literatur:

Graef, Martin; Greiller, Reinald: Organisation und Betrieb eines Rechenzentrums, Stuttgart - Wiesbaden, 1975

Gutenberg, Erich: Grundlagen der Betriebswirtschaftslehre, Berlin - Heidelberg - New York, 1971

Kosiol: Erich: Organisation der Unternehmung, Wiesbaden, 1962

ABLAUFORGANISATION
UND
AUTOMATISIERUNGSHILFSMITTEL

Arbeitsvorbereitung als Möglichkeit zur Steigerung der Effizienz des Hochschulrechenzentrums

Erich Jasper, Regionales Hochschulrechenzentrum der Universität Bonn

Das Hochschulrechenzentrum als zentrale Einrichtung der Hochschule hat die Entwicklung und Förderung der Datenverarbeitung im gesamten Hochschulbereich übertragen bekommen. Das beinhaltet Beschaffung, Betrieb und Wartung aller DV-Anlagen, insbesondere natürlich die Bereitstellung von DV-Kapazität auf dem zentralen Großrechner. Damit ist mit knappen Worten die Aufgabe des Rechenzentrums umschrieben, wie sie zum Beispiel aus § 8 des ADV-Gesetzes des Landes Nordrhein-Westfalen hervorgeht. Im Fall der Universität Bonn bedeutet das ohne Berücksichtigung der notwendigen Infrastruktur ein Investitionsvolumen von knapp DM 20 Mio., oder - unter Zugrundelegung der Selbstkosten Land - ein Finanzvolumen von DM 10 Mio. jährlich, das nach wirtschaftlichen Gesichtspunkten verwaltet werden muß. Auf ein Hochschulrechenzentrum dieser Größenordnung kommen die Benutzer aus vielen Fakultäten mit Problemen zu, die von Produktionsläufen mit mehreren Stunden CPU-Zeit über stark ein-/ausgabeintensive Jobs bis hin zu extrem kurzen Test- und Ausbildungsläufen reichen.

Leider ist es immer noch herrschende Meinung, daß in einem technisch-wissenschaftlichen Rechenzentrum Methoden der Arbeitsvorbereitung zur Steuerung eines solchen Ansturms nicht einsetzbar seien. Tatsache aber ist, daß der ständig zunehmende Trend zur Übernahme von Aufgaben aus der Hochschulverwaltung, der Hochschulbibliothek oder der Medizin zur Termineinhaltung, zur rechtzeitigen und sicheren Bereitstellung von Betriebsmitteln und somit zur Arbeitsvorbereitung zwingt.

Arbeitsvorbereitung als Hilfsmittel zur optimalen Bedienung der Benutzer steht ebenso im Vordergrund der nachfolgenden Betrachtungen wie Arbeitsvorbereitung als dringende Notwendigkeit zur Aufrechterhaltung des Betriebes bei der Verknappung von notwendigen Betriebsmitteln in Notsituationen.

Im Hochschulrechenzentrum praktizierte Arbeitsvorbereitung

Im Mittelpunkt jeder Arbeitsvorbereitung steht die Maschinenbelegung. Hier ist eine der Stellen, wo in der Tat die beste und deutlich erkennbarste Arbeitsvorbereitung im Hochschulrechenzentrum betrieben wird. Hierzu gehört die Einplanung von Testzeiten der Betriebssystemgruppe ebenso wie die Berücksichtigung der notwendigen Wartungsperioden. Wohl niemand käme auf die Idee, der Auswertung von Fragebögen oder der Bearbeitung von Beschleunigerdaten den Vorrang gegenüber notwendigen Wartungsarbeiten zu geben. Ihre Einplanung in den Arbeitsrhythmus aber ist nichts anderes als Arbeitsvorbereitung.

Doch der beste Maschinenbelegungsplan nützt nichts, wenn die Datenträgerarchivierung ungeplant verläuft; wenn Datenträger, die heute benötigt werden, erst morgen archiviert werden sollen. Es nützt nichts, wenn der Dispatch Wechselplatten auf Nachfrage der Benutzer vergibt, Laufwerke in genügender Anzahl aber nicht zur Verfügung stehen. Der Benutzer kann mit vereinbarten Dialogzeiten nichts anfangen, wenn die Terminals zur gleichen Zeit für Kurse reserviert wurden. Das sind Hinweise, die zu einem Lächeln ermutigen, weil ihre Lösung so selbstverständlich scheint, weil man natürlich alles berücksichtigt, was zur Vermeidung dieser Engpässe führen könnte. Das stimmt, aber schließlich steckt nichts anderes dahinter als Arbeitsvorbereitung. Auf vielen Gebieten wird also im Hochschulrechenzentrum bereits Arbeitsvorbereitung betrieben. Nur ist es nicht so wesentlich, diese Arbeit in der Öffentlichkeit richtig darzustellen, sondern eher, sie als das zu erkennen, was sie ist und sich gegen ihre Ausdehnung auf weitere Gebiete nicht zu sperren.

Es ist demnach nicht sinnvoll, darüber zu philosophieren, daß zum Beispiel das Betriebssystem schon fast alles von dem macht, was anderen Orts als Arbeitsvorbereitung betrachtet wird, sondern es gilt, die Bereitschaft zu entwickeln, auf der bereits vorhandenen Grundlage fortzufahren und zu erkennen, daß Arbeitsvorbereitung keine Domäne kommerzieller oder kommerziell betriebener Rechenzentren ist, sondern ein geeignetes Mittel, die Arbeit auch im wissenschaftlichen Rechenzentrum weiter zu verbessern.

Mögliche Ausweitungen der Arbeitsvorbereitung

Maschinenbelegungen aufgrund stets wiederkehrender Läufe, die zum vorgesehenen Zeitpunkt kommen, deren Dauer bekannt und deren Ergebnis kalkulierbar ist, das ist im Hochschulrechenzentrum wohl unmöglich. Die Tendenz, wenigstens teilweise den Weg dorthin zu beschreiten, ist jedoch erheblich größer als in der Vergangenheit. Daneben aber gibt es noch viele andere Möglichkeiten, Arbeitsvorbereitung zu praktizieren.

Hier ist an erster Stelle eine konsequente Durchführung der Arbeitsteilung zu sehen. Nur wenn jeder zunächst die ihm primär übertragenen Aufgaben durchführt, läßt sich eine mögliche Übernahme neuer Aufgaben planen. Nur wenn der Operateur Operateur bleibt und nicht Sachbearbeiter wird, läßt sich erkennen, ob innerhalb der Schichteinteilung Überlastungen vorkommen oder ob irgendein Schichtteil über freie Kapazitäten verfügt. Nur wenn der Programmierer programmiert und nicht zum Datenerfasser wird, kann die Rechenzentrumsleitung beurteilen, ob er zuviele Aufgaben wahrnehmen muß oder ob er seinen Fähigkeiten und seiner Ausbildung entsprechend eingesetzt wird.

Die Programmiererausbildung zum Beispiel ist in diesem Zusammenhang ein ganz wesentlicher Gesichtspunkt. Sie findet in der Bundesrepublik Deutschland in drei zu unterscheidenden Arten statt.

Hinter der betriebsinternen Ausbildung steht der Wunsch, für nicht zu allgemeine Probleme Programmierer zu finden. Kenntnisse über Grundlagen der Datenverarbeitung oder sonstiger spezieller Aspekte sind nicht erforderlich, unter Umständen gar nicht einmal erwünscht. Die Mobilität der so Ausgebildeten bleibt gering.

Bei der betriebsnah in Hochschulen oder Forschungsstätten betriebenen Ausbildung zum Mathematisch-Technischen Assistenten, der zahlenmäßig eindeutig größten Gruppe, liegt der Schwerpunkt bei einem oder mehreren Anwendungsgebieten, die einen umfassenderen Überblick und Kenntnisse auch auf Nachbargebieten erfordern.

Die Ausbildung zum Graduierten Informatiker ist sehr neu. Sie hat sich zum Ziel gesetzt, solche Fachkräfte auszubilden, die in der Praxis Lösungen vielfältiger und sehr komplexer Anwendungsprobleme erarbeiten sollten.

Für die beiden zuletzt genannten Ausbildungsgruppen zeigt sich das Dilemma bei ihrem Einsatz im Rechenzentrumsbetrieb. Ein Dienstleistungsunternehmen wie das Hochschulrechenzentrum betreibt zwar auch, aber nicht nur Forschung. Die Anwendung erlernter mathematischer Modelle und Methoden ist sicherlich notwendig, steht aber keineswegs immer im Vordergrund. Das hingegen trifft für die tägliche Routine zu. Nicht immer gelingt es, Verständnis für

- Maschinenzeitstatistiken
- Rechnungsschreibung
- Fehlerverfolgung und Fehlerbehebung

unter den Programmierern der bestausgebildeten Gruppe zu wecken. So kann hier eine Quelle steter Unzufriedenheit und Frustration entstehen, die einen starken Einfluß auf Betriebsklima und Effizienz des Rechenzentrums hat.

Hilfsbereitschaft der Mitarbeiter verschiedener Arbeitsbereiche und Ausbildungsgänge untereinander ist lobenswert, sollte jedoch kontrollierte Ausnahme sein. Hilfsbereitschaft in jeder Arbeitslage kann Probleme in Fülle bringen: Unzufriedenheit beim Benutzer und Vorgesetzten ist die Folge, da zwar jeder arbeitet, die notwendigen Prioritäten aber nicht mehr beachtet werden. Hier ist die Arbeitskontrolle als Teil der Arbeitsvorbereitung ein wesentliches Element der Personal- und Betriebsführung.

Arbeitsplanung als ein anderer Teil der Arbeitsvorbereitung kann eine ebenso wirkungsvolle Rolle im Betriebsablauf spielen. Das folgende Denkmodell aus dem Bereich des Operating, das zeitweise leider kein Denkmodell bleiben durfte, mag das erläutern.

Das Rechenzentrum der Universität Bonn wurde bis Ende 1974 nicht von der Universität selbst betrieben. Für den Dreischichtbetrieb standen damals innerhalb der Maschinenbedienung 20 - 21 Mitarbeiter zur Verfügung. Nach Übernahme der Betriebsverantwortung durch die Universität sank aufgrund eines Personalengpasses diese Zahl auf 10. Das bedeutete zunächst den Wegfall der Nachtschicht.

Arbeiten zur Erhöhung der Betriebssystemsicherheit sowie solche auf dem Gebiet der Arbeitsvorbereitung ermöglichten aber bald schon die Aufnahme einer operateurlosen Nachtschicht. Bezüglich der Arbeitsvorbereitung waren dabei im wesentlichen Aspekte der Maschinenbelegung, das heißt der Arbeitsvorbereitung im engsten Sinne betroffen. Dabei ging es unter anderem darum, die Nacht von Bandjobs freizuhalten, diese Bandjobs zu verkehrsarmen Zeiten in der Tagschicht gegebenenfalls zu Lasten des Dialogverkehrs durchzuziehen und für die Nachtschicht CPU-intensive Jobs und zugehörige Dateien auf Platte bereitzustellen. In der Urlaubszeit oder durch Krankheitsfälle bedingt könnte nun zum Beispiel die Operateurzahl auf 6 bis 7 sinken, das würde einen Rückgang der Schichtbesetzung von derzeit 5 auf 3 beziehungsweise 4 bedeuten. Man sollte annehmen, daß eine Durchführung des Zweischichtbetriebes, das heißt ein Maschinenbetrieb mit Operateuren von morgens 7 Uhr bis abends 22 Uhr damit unmöglich ist.

Man kann aber - wie in der folgenden Abbildung - einmal von einer starren Früh-Spätschichtbesetzung abgehen und sich einen variablen Dienstverlauf denken. Das Rechenzentrum der Universität Bonn wird von abends 22 Uhr bis morgens 8 Uhr durch einen Wachmann bewacht. Hat der erste Operateur Dienst von 7 Uhr, so ist in der Zeit von 7 bis 8 Uhr den ungeschriebenen Gesetzen des Gewerbeaufsichtsamtes genüge getan, daß sich nämlich im Bereich der Maschinen mindestens 2 Leute aufhalten. Der Operateur hat die Möglichkeit, die Maschine aus dem Nachtschlaf aufzuwecken und die Abarbeitung der letzten noch verbliebenen Jobs durch Setzen von Prioritäten zu steuern.

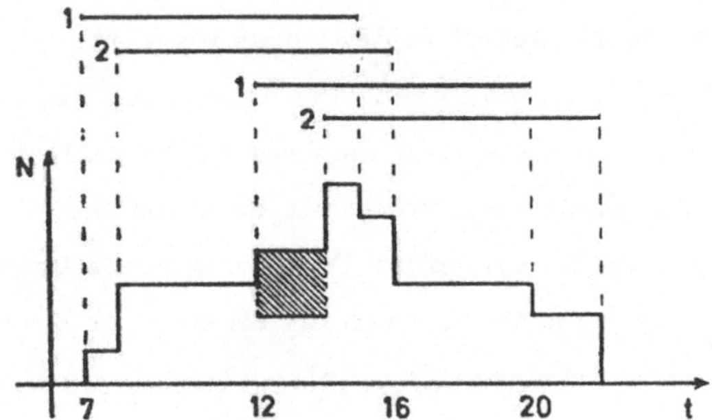

Abb. 1: Variable Schichteinteilung

Um 8 Uhr beginnt die nächste Schicht, so daß, falls an dieser Schicht 2 Mitarbeiter beteiligt sind, von 8 bis 12 Uhr die Maschine mit 3 Mann besetzt ist. Der Papieroutput der vergangenen Nacht kann dabei gestanzt und die ersten Bandjobs können durchgeschleust werden, da die Belastung der Maschine durch neue Benutzer erfahrungsgemäß erst im Laufe des Vormittags langsam ansteigt. Ein kritischer Punkt ist um die Mittagszeit erreicht, da auch ein Operateur mittags essen sollte. Aus diesem Grunde beginnt eine weitere Schicht um 12 Uhr. Von da an sind bis 14 Uhr maximal 4 Operateure anwesend. Der Betrieb kann aufrechterhalten werden, da gleichzeitig über die Mittagszeit der Benutzerandrang nachläßt. Im allgemeinen wird diese Aufrechterhaltung aber nur unter Zurückhalten von Druckoutput oder Bandjobs möglich sein. Dadurch gibt es nach Ende der Mittagspause einen verstärkten Arbeitsanfall. Dem wird durch einen weiteren Schichtbeginn ab 14 Uhr entgegengearbeitet. Von 14 bis 15 Uhr ist damit eine Maschinenbedienung durch 6 Operateure gewährleistet, danach verringert sich die Zahl der Operateure relativ kontinuierlich über den Nachmittag, bis in der wieder verkehrsarmen Zeit von 20 bis 22 Uhr nur noch 2 Operateure anwesend sind.

Um keine Mißverständnisse aufkommen zu lassen, ist zu betonen, daß dieses Denkmodell auf keinen Fall als Modell für den Ablauf der täglichen Praxis anzusehen sein kann. Es ist aber auch keine nur auf die Spitze getriebene Theorie, sondern wurde am Regionalen Hochschulrechenzentrum der Universität Bonn im November und Dezember 1974 aufgrund eines katastrophalen Personalengpasses durchgeführt. Eine Wiederaufnahme dieses Experiments aber erscheint wenig sinnvoll, da einerseits die Belastungen für die Operateure in unerträglichem Maße gestiegen sind, andererseits die Benutzer die Fortführung des Schichtbetriebes allzuschnell als selbstverständlich angenommen haben.

So sehr auch zu sehen ist, daß das geschilderte Modell in der genannte Härte nicht praktikabel ist, so mag es doch Zwischenstufen geben, bei denen sich ein für alle Partner erträglicher Kompromiß finden läßt. Geht man von einer im Notfall drastisch verringerten Bedienungsmannschaft aus, so müßte es selbst bei Beibehaltung der normalen Früh- und Spätschicht mit einer Besetzung von 3 bzw. 4 Operateuren möglich sein, mit Mitteln der Arbeitsvorbereitung einen zwar eingeschränkten, doch durchaus noch brauchbaren Betriebsablauf aufrechtzuerhalten. Allerdings müßten dann Kurzläufer, Kurs-, Test- und Bandbetrieb als arbeitsintensive Teile vom Dialog- und Langläuferproduktionsbetrieb schichtmäßig getrennt werden. Das bedeutet mit Sicherheit keine Verminderung des Durchsatzes, vielleicht sogar, wie bei unserer operateurlosen Nachtschicht, eine Erhöhung der CPU-Nutzung. Es eröffnet aber in jedem Fall den Zwang zur erhöhten Arbeitsvorbereitung auf allen denkbaren Gebieten.

Was hier für die Notsituation in Urlaubs- und Krankheitsfällen gesagt wurde, mag auch in anderen Fällen zum Nachdenken anregen. Die früher in Bonn praktizierte Schichtbesetzung mit etwa 20 Operateuren war sicherlich zu hoch. Ergebnis einer klaren Planung und Inkaufnahme einer von anderen Lebensbereichen als selbstverständlich angenommenen Einschränkung konnte eine große finanzielle Einsparung im kostenintensiven Personalsektor bewirken. Eine Halbierung der Operateurzahl von 20 auf 10 bedeutete eine Kostenersparnis von 400.000,-- bis 500.000,-- DM pro Jahr. Verglichen mit den Hardware-Kosten ist das weit mehr als zum Beispiel ein zusätzliches Megabyte für den Hauptspeicher oder ein intelligenter "front-end" Prozessor kosten würde. Wenn dann der Finanzminister die eingesparten Kosten nicht nur wie üblich als "glücklicherweise nicht ausgegeben" ansieht, sondern sie der Hochschule für andere Zwecke der Datenverarbeitung überläßt, wäre allen geholfen.

Gilt das bisher Gesagte nahezu ausschließlich für den internen Betriebsablauf im Rechenzentrum, so gibt es Aspekte der Arbeitsvorbereitung aber auch im Verhältnis des Rechenzentrums zu seinen Benutzern, das heißt zum Außenbereich in der Hochschule. Es besteht Grund zu der Aussage, daß das Rechenzentrum nicht der Selbstbedienungsladen der Hochschule sein darf. Nicht die sinnvolle Konfiguration nämlich, nicht die geplante Einteilung des Vorhandenen, sondern nur zu häufig der ungezügelte Anspruch von außen kennzeichnen die Arbeit.

Forschung kann grenzenlos werden und glücklich ist der, der es sich leisten kann. Vor Überschreiten der Grenzen sollten aber die vorhandenen Mittel soweit wie möglich ausgeschöpft sein. Nicht Bequemlichkeit und momentaner Vorteil dürfen die Maxime der Rechenzentrumsarbeit sein, sondern konsequentes und wirtschaftlich vertretbares Ausnutzen der Ressourcen. Nicht mehr nur die Forderung nach mehr DV-Kapazität, sondern auch der Nachweis der sinnvollen Ausnutzung des Vorhandenen kann den Hochschulen gegenüber den Finanzministern Glaubwürdigkeit und Verständnis erhalten. Die Arbeitsvorbereitung ist das erste und einfachste Hilfsmittel auf diesem Weg.

Für den Benutzer beinhaltet das eine Einschränkung seiner Bewegungsfreiheit, da nicht mehr alles zu jeder Zeit zur Verfügung steht. Aber das bedeutet nicht allzuviel Neues gegenüber anderen Stationen seines Arbeitslebens; denn dem Physiker steht zum Beispiel weder der Beschleuniger für seine Experimente noch die Druckerei für seine Dissertation jederzeit zur Verfügung. Auch im Privatleben halten Bank und Finanzamt ihre Schalter keinesweg nachts oder während des Betriebsausfluges geöffnet.

Vom Rechenzentrum aber wird genau so etwas erwartet: die Datenverarbeitungsanlage hat dann mit all ihren Betriebsmitteln zur Verfügung zu stehen, wenn die Bücherausleihe geöffnet ist, wenn Gehalt gezahlt wird, wenn Daten aus Experimenten vorliegen, wenn Ergebnisse für Vorträge und Veröffentlichungen gewonnen werden müssen.

Außer dem bisher Genannten gibt es auf dem Gebiet der Hochschuldatenverarbeitung noch eine Fülle von Möglichkeiten, bei denen die Arbeitsvorbereitung eingesetzt werden kann. In jedem Falle muß aber vorher der Aufwand geprüft und im Einzelfall eine Entscheidung über eine Kosten/Nutzenanalyse getroffen werden. Dies mag vor allem zutreffen bei

- Übernahme und Implementierung neuer Anwendungssysteme und Compiler,
- Prioritätenvergabe bei Weiterlauf nach Ausfall der DV-Anlage,
- Stellungnahmen des Rechenzentrums zu Forschungsarbeiten der Fakultäten, Fachbereiche und Institute schon in der Vorbereitungsphase.

Gerade der letzte Punkt ist nicht unumstritten. Hier sei nochmals auf das ADV-Gesetz in Nordrhein-Westfalen verwiesen. Mit ihm ist ein Instrument vorhanden, das zwar auf der einen Seite beim Beschaffungsvorgang viele Belästigungen mit sich bringt, andererseits aber dem Rechenzentrum Gelegenheit zur Planung und damit zur Arbeitsvorbereitung einräumt.

Im nächsten Bild ist der Beschaffungsvorgang aus einem beliebigen Fachbereich der Hochschule einmal im einzelnen dargestellt. Er ist dem ADV-Gesamtplan Nordrhein-Westfalen entnommen und in Form eines Flußdiagramms aufgezeichnet. Die 1 repräsentiert den Antragsteller, also die Hochschule, das Institut oder den Lehrstuhl. Das Kästchen 2 fragt, ob das Beschaffungsvorhaben im Sinne des Gesetzes für die automatisierte Datenverarbeitung erfolgt; falls nein, zeigt der Pfeil ins Kästchen 3 und der Vorgang wird nach bisher üblichen Beschaffungsverfahren abgewickelt. Falls ja, stellt Kästchen 4 die Frage, ob Landesmittel bei der Beschaffung beteiligt sind.

Abb. 2:

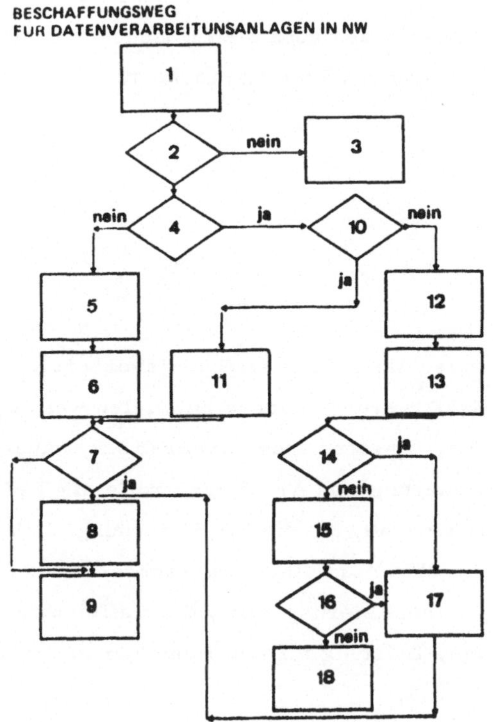

Falls nein, geht der Weg über 5 und 6, das heißt der Antrag geht an den Geldgeber sowie eine Kopie des Antrags an den Minister für Wissenschaft und Forschung zur Zustimmung. Diese Kopie geht über die Hochschule und das Rechenzentrum, wobei letzteres zum Antrag eine Stellungnahme abgeben muß.

War bei Punkt 4 die Frage der Landesmittel zu bejahen, so stellt sich in 10 erneut die Frage, ob das Land auch Drittmittel beantragt. Falls ja, gehen die Teilanträge über 11 an die Geldgeber, der Gesamtantrag wieder mit der Stellungnahme des Rechenzentrums an den Minister für Wissenschaft und Forschung.

Falls die Frage bei 10 mit nein beantwortet wurde, geht der Beschaffungsantrag über 12 und 13 an den Minister, aber erst, nachdem das Rechenzentrum Stellung genommen hat.

In der Ebene 6, 11, 13 innerhalb des Beschaffungsvorganges ist in jedem Fall die Stellungnahme des Rechenzentrums vorgesehen. Durch das ADV-Gesetz wird also dem Rechenzentrum die großartige Möglichkeit eingeräumt, eine schon bei der Planung aller DV-Vorhaben des gesamten Hochschulbereiches sich abzeichnende Verantwortung zu übernehmen. Eine Verantwortung, die automatisch zur Arbeitsvorbereitung führt.

Schlußbemerkungen

Es ist also offensichtlich, daß gewisse Methoden der Arbeitsvorbereitung in Hochschulrechenzentren bereits eingesetzt werden, andere auf vielen weiteren Gebieten eingesetzt werden können und der Einsatz wieder anderer nicht ausgeschlossen ist. Arbeitsplanung, Arbeitssteuerung und Arbeitskontrolle als Teile der Arbeitsvorbereitung sind überall dort sinnvoll, wo die für Forschung, Lehre und Verwaltung notwendige Flexibilität nicht unzumutbar eingeschränkt wird; denn Arbeitsvorbereitung als Teil der Rationalisierung hilft, die Effizienz des Hochschulrechenzentrums und damit seine Leistung für den Benutzer zu erhöhen.

ORGANISATION UND FÜHRUNG GROSSER DATENBESTÄNDE

M. Windfuhr, Hoesch Werke Aktiengesellschaft, Dortmund

Innerhalb des Themenkreises: "Ablauforganisation und Automatisierungshilfsmittel" wollen wir uns im folgenden mit der

ORGANISATION UND FÜHRUNG GROSSER DATENBESTÄNDE

in Rechenzentren befassen.

0. Einleitung und Problemstellung

Wir müssen uns in der Datenverarbeitung - wie Ihnen bekannt ist -

. dem sich ständig ändernden Anforderungsprofil

. der fortschreitenden Verflechtung der Informationssysteme

. den schnell anwachsenden Datenbeständen

. den sich ständig ändernden Produktionsmitteln und dergl.

laufend anpassen, d. h.

- durch den schnellen und großen technologischen Fortschritt verändern sich in der Datenverarbeitung häufig die Produktionsmethoden und Produktionsmittel. Jede technologische oder methodische Änderung kann die jeweilige Organisationsform und Ablaufsystematik infrage stellen!
- durch die zu lösenden Aufgaben, d. h. also durch die Umwelt, werden die organisatorische Struktur der Datenverarbeitungsabteilung und der Arbeitsablauf innerhalb dieser Struktur geprägt und gegebenenfalls geändert.

Diese Vorgänge wirken sich sowohl auf die Erstellung der Programme wie auch auf die Verarbeitung der Daten aus. Treten in einem dieser genannten Einflußbereiche schwerwiegende Änderungen auf, sind Untersuchungen über die Zweckmäßigkeit der derzeitigen Organisationsform bzw. des derzeitigen Arbeitsablaufes notwendig.

Eine systematische Gliederung aller Funktionen in der Datenverarbeitung ist unbedingt zu fordern; sie erleichtert eine solche Überprüfung der Zweckmäßigkeit der Organisationsform und erleichtert eine evtl. Veränderung. Ferner ermöglicht diese systematische Gliederung auch eine schnelle und schrittweise Überführung einzelner Funktionen oder Funktionsgruppen von der manuellen Bearbeitung zu automatischen Verfahren. Ein Beispiel dafür ist das automatische Verfahren zur "Führung großer Datenbestände", auf das ich später im einzelnen zu sprechen komme.

Die folgenden Funktionsgruppen können für eine Datenverarbeitungsabteilung als typisch angesehen werden:

. Strukturierung und Verwaltung von Daten und Programmen

. Erstellung von Modellen und Hilfsmitteln zum Studium von ökonomischen und technischen Abläufen

. Verknüpfung und Umwandlung von Daten, d. h. Bau von Informationssystemen

. Bearbeitung von Datenschutzproblemen

. maschinelle, meist periodische Verarbeitung von Daten

. Verwaltung der DV-Abteilung

Aufgrund dieser Funktionsgruppen läßt sich in Abhängigkeit von der Größe der Datenverarbeitungsabteilung - und damit von dem möglichen Grad der Arbeitsteilung - die folgende organisatorische Struktur ableiten (Abb. 1). Das Bild zeigt ein mögliches Organisationsschema für eine große Datenverarbeitungsabteilung. Zu beachten ist, daß eine fein gegliederte Struktur mit starker Funktionstrennung den Servicegrad und die Datensicherheit erhöht, aber auch mehr Koordination und eine perfekte Dokumentation erfordert.

1. Aufteilung der Funktionen

1.0. Leitung

Die Leitung der EDV-Abteilung ist in unserem Beispiel zuständig für die

. EDV-Politik

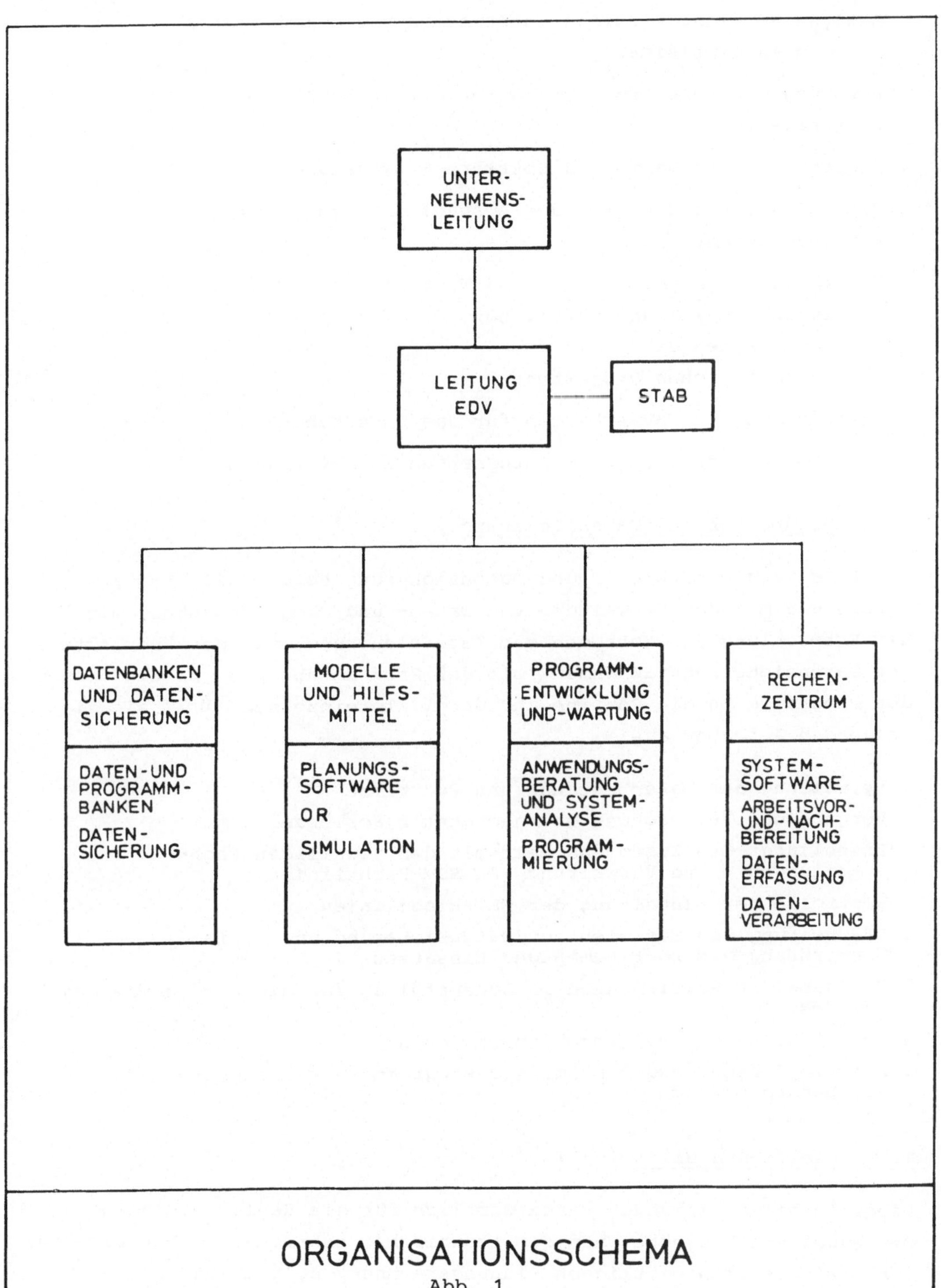

ORGANISATIONSSCHEMA

Abb. 1

- Analyse der langfristigen Unternehmensziele im Hinblick auf die Automatisierung
- Beratung des Vorstandes und aller Dienststellen in EDV-Fragen
- Beobachtung der Hard- und Software-Entwicklung
- Planung und Koordination der Auswahl und des Einsatzes von EDV-Systemen
- Entwicklung, Programmierung und Wartung von
  technisch/wissenschaftlichen
  technischen und
  kaufmännischen Projekten
- Durchführung von DV-Arbeiten für das Unternehmen
- Aus- und Weiterbildung im Unternehmen in EDV-Fragen

1.1. Datenbanken und Datensicherung

Die Abteilung Datenbanken und Datensicherung befaßt sich mit dem Aufbau und mit der Verwaltung von Daten- und Programmbanken, mit der Entwicklung von Methoden zur Datensicherung, mit der Überprüfung der Datensicherungsmaßnahmen, mit der Programmabnahme vor Einführung der Programme in die Routine und dergl. Im einzelnen führt sie die folgenden Aufgaben aus:

- Verwaltung der Datenbestände und Programme
- Vergabe und Überwachung übergeordneter Schlüssel
- Erstellung - in Zusammenarbeit mit den jeweiligen Fachabteilungen - und Verwaltung von EDV-Richtlinien
- Kontrolle der Einhaltung der EDV-Richtlinien
- Erarbeitung von Methoden zur Datensicherung und laufende Überprüfung des routinemäßigen Einsatzes
- Freigabe von Routinedaten in Sonderfällen für die Programmierung zum Test
- Durchführung von Dateireorganisationen
- Formale Prüfung und Abnahme der Programme vor Übergabe an das Rechenzentrum

1.2. Modelle und Hilfsmittel

Diese Abteilung zeichnet verantwortlich für die Realisierung und Betreuung von Projekten auf dem technisch/wissenschaftlichen Bereich, von betriebswirtschaftlichen Planungsrechnungen, Simulation von Systemen, Prozeßmodellen und dergl.

1.3. Programmentwicklung und -wartung

Zu den Aufgaben dieser Abteilung gehören die:

- Beratung der Anwender über die Möglichkeiten des EDV-Einsatzes
- Systemplanung, Realisierung, Einführung und Wartung von EDV-Anwendungen
- Überwachung von EDV-Projekten bei der Einführung hinsichtlich der Termine und des Personaleinsatzes
- Entwicklung und Vereinheitlichung von Verfahren zur Verbesserung der Methoden bei der Abwicklung von EDV-Projekten
- Beurteilung und Einführung projektbezogener Standardanwendungs-software
- Erstellung der vorgeschriebenen Dokumentation für Operation und Anwender

1.4. Rechenzentrum

Das Rechenzentrum ist für die formale Abwicklung aller anfallenden routinemäßigen Datenverarbeitungsaufgaben und für die Inbetriebnahme und Pflege der Produktionsmittel verantwortlich. Es ist untergliedert in die Abteilungen:

1.4.1. Systemsoftware, die sich befaßt mit der

- Generierung, Modifizierung und Pflege der Betriebssysteme, sie implementiert alle Systemsoftware-Pakete
- Entwicklung und Einführung aller neuen, auf Software basierenden Arbeitstechniken des Rechenzentrums
- Performance-Überwachung des Rechnersystems
- laufenden systemtechnischen Unterstützung des vierschichtig betriebenen Datenverarbeitungsbetriebes

1.4.2. Arbeitsvor- und -nachbereitung, die die monatlichen Planungsaufgaben, die Steuerungs- und Überprüfungsaufgaben für alle Bearbeitungsvorgänge - im Rechenzentrum selbst und zwischen dem Rechenzentrum und den Fachabteilungen - wahrnimmt.

1.4.3. Datenerfassung, die für die Erfassung, Prüfung und Aufbereitung der Daten für die Verarbeitung durch den Rechner zuständig ist.

1.4.4. Datenverarbeitung, die die Bedienung der Rechner und der Peripherieeinrichtungen für die Bearbeitung von Routine- und Testjobs durchführt und verantwortlich ist für die tageweise Produktionsablaufsteuerung.

1.5. Stab

Zur Erledigung aller Schulungsmaßnahmen und Verwaltungsangelegenheiten steht ein Stab zur Verfügung, seine Aufgaben brauchen in diesem Rahmen nicht weiter spezifiziert zu werden.

1.6. Datenspeicherung

Hiermit möchte ich die Betrachtungen über die Organisation der Datenverarbeitungsabteilung, die eine Basis darstellt für einen möglichen Einsatz bestimmter Rechnerkomponenten - ich denke hier an die Speicherung großer Datenbestände - verlassen und zusammenfassend noch einmal die organisatorischen Merkmale einer zentralen Datenspeicherung darstellen:

. Alle Datenstrukturen werden an einer Stelle im Konzern konzipiert bzw. koordiniert.

. Alle Ordnungskriterien für Daten werden von einer Stelle vergeben, registriert und kontrolliert.

. Die Programmierer greifen nur auf bestehende Datenstrukturen zu.

. Die gesamte Test- und Routineabwicklung geschieht in einem Rechenzentrum.

. Schaffung einer funktionalen Aufteilung des Ablaufs, möglichst weitgehend untergliedert und automatisiert.

Dies sind neben dem Vorhandensein großer Datenmengen die wesentlichen Voraussetzungen für die Auswahl von automatisierten Geräten zur Datenspeicherung.

2. Datenhaltung

2.0. Datenhaltung allgemein

Die Frage ist: Wo sind die Daten eines Unternehmens? Wo werden sie am kostengünstigsten gespeichert?

Bisher war es üblich, geringe Datenmengen im Hauptspeicher zu halten, häufig benötigte Datenmengen bis zu wenigen Milliarden Bytes auf Magnetplatten und größere und weniger bewegte Datenmengen auf Magnetbändern zu speichern. Darüber hinaus gibt es eine Menge sogenannter "flüchtiger" Daten, die im Konzern nicht auf irgendwelchen magnetischen Datenträgern gespeichert sind, sondern in den verschiedensten Archiven eines Unternehmens lagern. Diese Palette der klassischen Datenspeicher der Computertechnik ist in der letzten Zeit durch eine Variante erweitert worden, durch den Massenspeicher, hergestellt von CDC oder IBM.

2.1. Verwaltung der Daten

Die im Hauptspeicher eines Rechners gespeicherten Daten werden durch das Betriebssystem verwaltet, diese Aussage kann erweitert werden auf die Daten, die auf den Magnetplatten gespeichert sind. Weitaus schwieriger und aufwendiger für den Anwender ist die Datenspeicherung auf Magnetband.

In der Magnetband-Verarbeitung war seit einigen Jahren nur die Automatisierung des Informationsablaufs möglich. Wir verwenden seit 1972 ein eigenes Tape-Management-System. Die verbleibende manuelle Montage der Magnetbänder und deren Transport von und zum Magnetbandarchiv erfordert einen hohen Aufwand. Kein auf dem Markt befindliches Produktionsmittel, z. B. Magnetbandtransportanlagen, schafft auf diesem Gebiet die benötigte Entlastung. Das Heranschaffen der Magnetbänder dauert mehrere Minuten. Der reibungslose Ablauf über Remote-Job-entry-Stationen ist nicht gewährleistet, da die Bearbeitungszeiten für die Programme in Korrelation stehen zum Arbeitseifer der Operatoren, d. h. mit Off-line-Speichern gibt es eine Menge Probleme.

Im Jahre 1974 hatte unser Rechenzentrum einen Magnetbandbestand von 16.000 Magnetbändern; es waren 16 Magnetbandgeräte im Einsatz, im 4-Schicht-Betrieb waren 14 Mitarbeiter damit beschäftigt, die Magnetbänder aus dem Archiv zu holen, sie auf die Magnetbandgeräte zu montieren bzw. von ihnen zu demontieren und wieder in das Archiv zu schaffen. In der 3-Jahres-Planung aus dem Jahre 1974 waren bis 1977 eine Zunahme um ca. 10.000 Magnetbänder und um 6 Mitarbeiter in dem Bereich der Magnetbandperipherie eingeplant, die auch in etwa erreicht wurde. Dieser Entwicklung mußten wir entgegenwirken, um nicht ständig die Kosten für den manuellen Aufwand im Rechenzentrum absolut und prozentual zu erhöhen. In der Ankündigung des Massenspeichersystems IBM 3850 (MSS) sahen wir die erwartete wirtschaftliche Lösung.

3. Massenspeichersystem

Wie ist nun dieses Massenspeichersystem aufgebaut? Für das Produkt der IBM läßt sich folgendes sagen: Der CDC-Speicher ist in wesentlichen Punkten anders konzipiert.

3.O. Hardware

Die Hardware besteht aus einem

- Magnetplattensystem einschl. einer Plattensteuerung und einem Zwischenspeicher und
- aus einer Bibliothekseinheit mit einer Kassetten-Bibliothek, Zugriffsmechanismem, Steuerungsteil und Schreib- und Lese-station

Diese beiden Teilsysteme bilden eine Hierarchie von externen Speichern, bei der relativ wenig Plattenspeichereinheiten mit schnellem Zugriff, mit einem Massenspeicher sehr großer Kapazität und langsamerem Zugriff zusammenwirken.

Für die logische Speicherorganisation des Systems existieren diese neuen Speicherkassetten praktisch nicht. Es wird nur zwischen realen Datenträgern (Plattenstapeln) und virtuellen, auf Massenspeicherkassetten abgebildeten Datenträgern unterschieden. Für den Benutzer stellt sich der Speicher so dar, als ob er nur aus Plattenstapeln bestünde.

Das Massenspeichersystem der IBM ist ausbaufähig bis zu einer Speicherkapazität von ca. 470 Mrd. Bytes. In unserem Fall wurde ein Modell mit einer Kapazität von ca. 170 Mrd. Bytes installiert.

3.1. Software

Für die Kanäle, die Zentraleinheit und das Betriebssystem sind die virtuellen Einheiten ein neuer Gerätetyp. Das Betriebssystem leitet die Montier- und Demontierbefehle an diesen Gerätetyp, nämlich an die Massenspeichersteuerung weiter. Das Betriebssystem generiert Kanalprogramme, die virtuelle Einheiten und Zylinderadressen enthalten, und kümmert sich nicht um den Adressenumsetzungsprozeß, der durch die Massenspeichersteuerung - es handelt sich hier um ein eigenes Rechnersystem - durchgeführt wird.

Zusammenfassend läßt sich sagen: Der bei der Hoesch Werke AG installierte Massenspeicher erlaubt, ca. 170 Mrd. Bytes in direktem Zugriff zu verarbeiten.

4. Erwartete Verbesserungen

Bei der Wirtschaftlichkeitsbetrachtung zeigte sich folgendes Bild: Die Anzahl der Magnetbänder und damit auch die Anzahl der Magnetbandgeräte und Steuereinheiten, wie auch die Anzahl der täglichen Bandmontagen konnten reduziert werden. Dadurch wurden nach unseren Berechnungen 11 Mitarbeiter freigestellt. Diese Einsparung allein gleicht den Mehraufwand an Miete für den MSS aus. Noch weitere, nicht zu quantifizierende Vorteile sind:

. Reduzierung der Jobverweilzeiten, besonders für TP-Anwendungen
. Automatischer Ablauf im Rechenzentrum
. Reduzierung der Fehlerursachen
. Erhöhung des Datensicherungsgrades und dergl.

Wir müssen an dieser Stelle noch einmal festhalten, daß der Massenspeicher einen Meilenstein darstellt auf dem Wege zum "Datenverarbeitungsautomaten."

5. Planung der Umstellung

Die Implementierung des Massenspeichers in die Maschinenkonfiguration (Abb. 2) war wegen der Größe der Umstellung und wegen der bisher in Europa noch nicht vorliegenden Erfahrung ein nicht zu unterschätzender Unsicherheitsfaktor. Die Umstellung mußte also sehr detailliert geplant und überwacht werden.

Ein Umstellungsteam wurde gebildet, welches alle Aktivitäten, die mit der Installation, mit der Umstellung der Jobs und mit der späteren Fahrweise in Zusammenhang stehen, zu planen und zu überwachen hatte.

Ca. 1 Jahr vor dem Installationsbeginn wurde von dem Umstellungsteam damit begonnen, alle Aktivitäten für die Einführung zu definieren und in einem Netzplan darzustellen.
Für die Realisierung dieser Arbeiten wurden ca. 1,5 Mannjahre benötigt.

Wichtige durchgeführte Aktivitäten waren:

. Erstellung eines JCL-Umsetzungsprogrammes
. Aufteilung der Dateien im Massenspeicher
. Schaffung von Recovery-Prozeduren
. Anpassen der laufenden Systeme, z. B. des Magnetband-Verwaltungsprogrammes

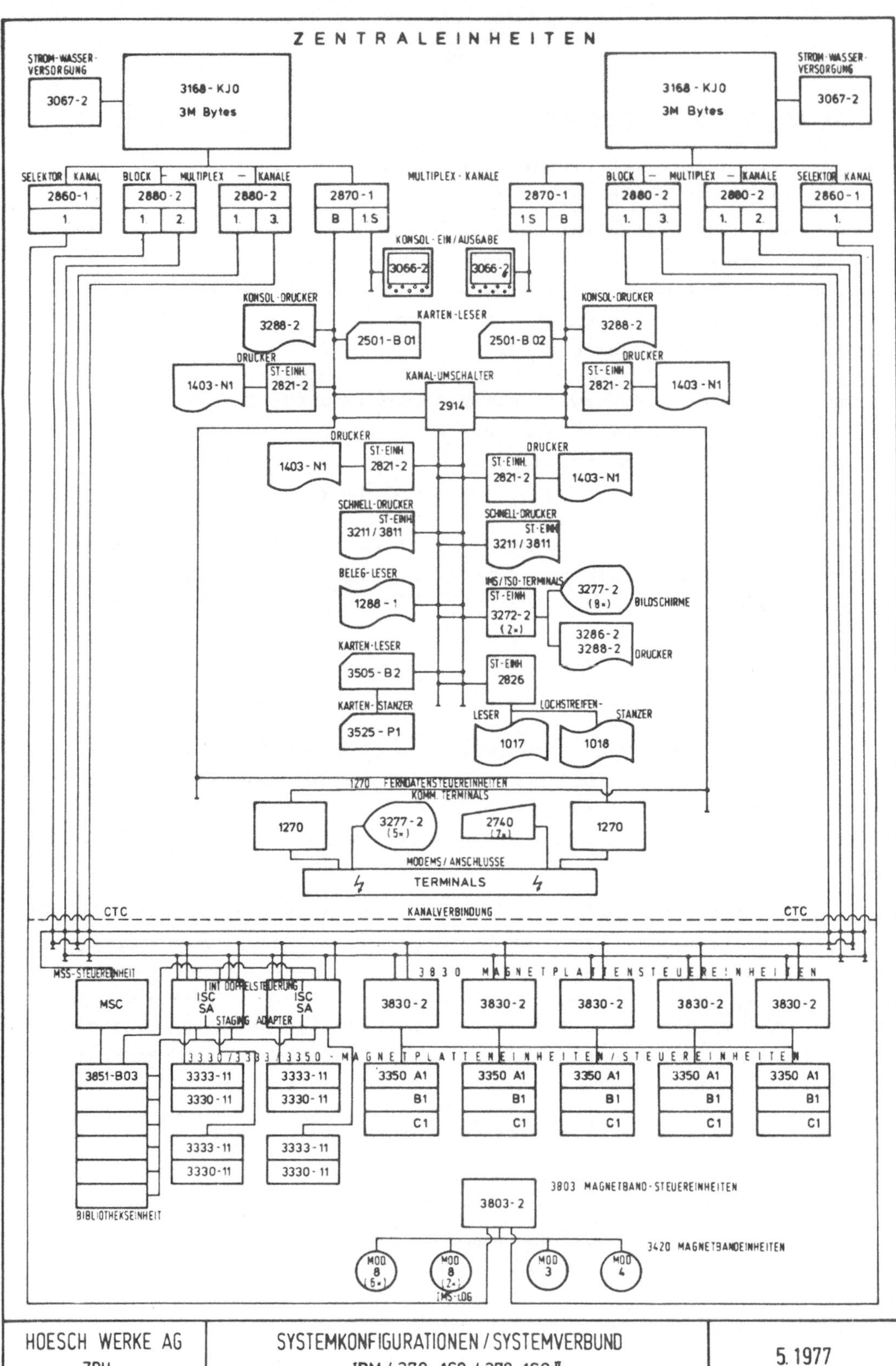

HOESCH WERKE AG ZDH	SYSTEMKONFIGURATIONEN / SYSTEMVERBUND IBM / 370-168, / 370-168 II	5.1977

. Erprobung des Massenspeichers durch Dauertests
. Operator-Training
. Unterrichtung der Programmierer
. Übernahme-Strategie für Test- und Routinejobs

6. Vergleich: Planung / Realität

6.0. Hard- und Software

Der jetzige Zustand der Hard- und Software muß als zufriedenstellend bezeichnet werden. Die Kurve der Ausfälle des Speichers zeigt eine mittlere Verfügbarkeit von über 99 %. Dieser Wert wird nur noch um einen geringen Betrag zu steigern sein. Die Verfügbarkeitskurven für die Lese- und Schreibstationen zeigen keine so zufriedenstellenden Werte, allerdings ist der Ausfall einer Lese- und Schreibstation nicht ganz so kritisch, da 6 Schreib-/Lese-Stationen im Massenspeicher vorhanden sind und der Ausfall einer Station nur zu Performance-Reduzierungen führen kann.

6.1. Performance

Ein wesentlicher Faktor, der bei der Erstellung der Wirtschaftlichkeitsrechnung nicht eindeutig beurteilt werden konnte, ist die evtl. unterschiedliche Performance des Systems, wenn die Jobs von einer Magnetband-Verarbeitung auf die Massenspeicherverarbeitung umgestellt werden. Um das neue Performance-Verhalten des Systems beurteilen zu können, haben wir einen vorhandenen Benchmark - dieser besteht aus 30 Routinejobs bzw. 150 Programmen des täglichen Workloads - auf das Massenspeichersystem umgestellt und den relativen Leistungsfaktor als Funktion des Multiprogrammingfaktors ermittelt: Diese Kurven zeigen praktisch keinen Unterschied im Leistungsverhalten gegenüber dem Einsatz von Magnetbändern. Beim Einsatz des Massenspeichers ist die Performance des Systems etwas größer (Abb. 3).

Festzustellen ist also, daß Performance-Überlegungen nicht mehr nachträglich in die Wirtschaftlichkeitsrechnung einbezogen werden müssen, da die Performance bei beiden Systemen - Bearbeitung der Programme mit dem Massenspeicher und Bearbeitung der Programme mit Magnetbändern - praktisch gleich ist.

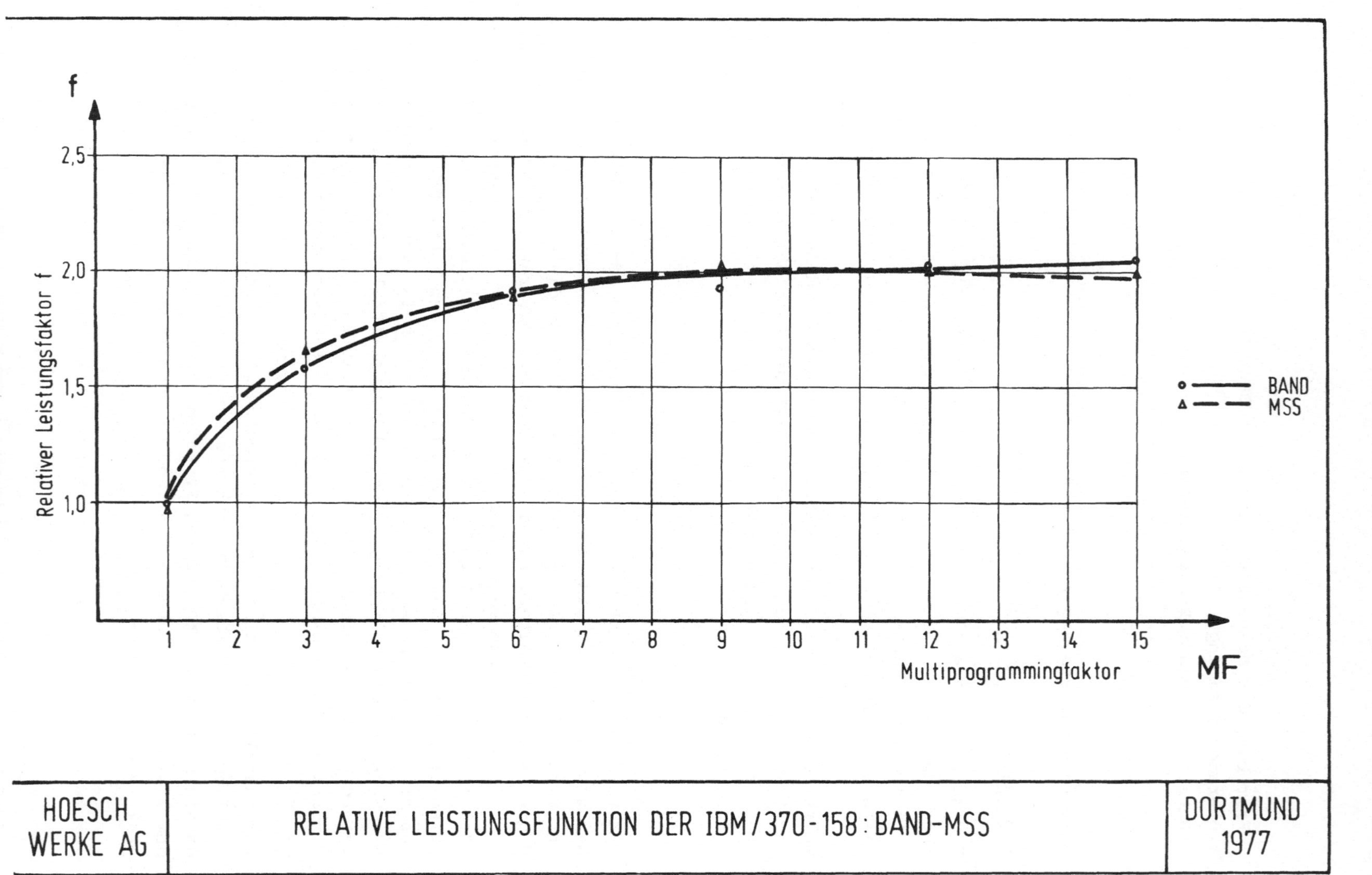
f
2,5
2,0
1,5
1,0
Relativer Leistungsfaktor f
1 2 3 4 5 6 7 8 9 10 11 12 13 14 15
Multiprogrammingfaktor
MF
BAND
MSS
HOESCH
WERKE AG
RELATIVE LEISTUNGSFUNKTION DER IBM/370-158: BAND-MSS
DORTMUND
1977

Kritiker könnten bei der Betrachtung dieser beiden Kurven das eingesetzte Verfahren anzweifeln. Aus diesem Grunde möchte ich kurz das Verfahren der Messung darstellen und verschiedene Meßergebnisse vorführen:

- Die "Rechnerleistung" wurde definiert durch den Quotienten "Anzahl Programmanweisungen : Rechnerverweilzeit".
- Der "relative Leistungsfaktor f" des Rechners bezieht sich auf den Basiswert der Verarbeitungsleistung einer Hard-Software-Konfiguration bei sequentiellem Betrieb, d. h. Multiprogrammingfaktor = 1.

  (Weitere Erläuterungen: WINDFUHR, M.: Methoden und Verfahren zur Leistungsermittlung von Datenverarbeitungsanlagen für den standardisierten Einsatz in Unternehmen, Dissertation, Technische Hochschule Karlsruhe, 1977)
- Das folgende Programm zeigt den "relativen Leistungsfaktor f" als Funktion des Computertyps, der verwendeten Software und des Multiprogrammingfaktors. Aus den Kurvenverläufen (Abb. 4) ist eindeutig zu erkennen, welche Veränderungen in der relativen Leistung die verschiedenen Hard- und Software-Veränderungen bewirkt haben.

6.2. Kosten

Der wesentliche Punkt der Wirtschaftlichkeitsrechnung war die Einsparung von 11 Mitarbeitern! Festzustellen ist, daß bei noch nicht ganz abgeschlossener Übernahme aller möglichen Dateien auf den Massenspeicher inzwischen 9 Personen freigesetzt sind.

Zweitwichtigster Faktor war der Abbau der Magnetbandgeräte einschl. der Reduzierung der Datenpfade. Inzwischen ist die Magnetbandperipherie von 16 auf 8 Magnetbandgeräte reduziert worden.
Schwierig war die Beurteilung der Frage, wieviel Magnetbandgeräte zu welchem Zeitpunkt - ohne irgendwelche Performance-Einbußen des Gesamtsystems - wirklich freigesetzt werden können. Zu diesem Zweck haben wir ein Programm geschrieben, das die prozentuale Verteilung der Anschaltzeit als Funktion der gleichzeitig im Einsatz befindlichen Magnetbandgeräte für einen Tag wiedergibt. Anhand dieser Kurven ist festzustellen, daß im November 1976 die Magnetband-Peripherie stark belastet war. Man könnte sagen, sie war überbelastet. Es ist zu erkennen, daß im Januar 1977 die Anschaltzeit normal verteilt war. Im Februar 1977 war eine deutliche Entlastung festzustellen, was zur Freigabe der ersten beiden Magnetbandgeräte führte.
Diese Untersuchung wurde in monatlichen Abständen erneut durchgeführt.

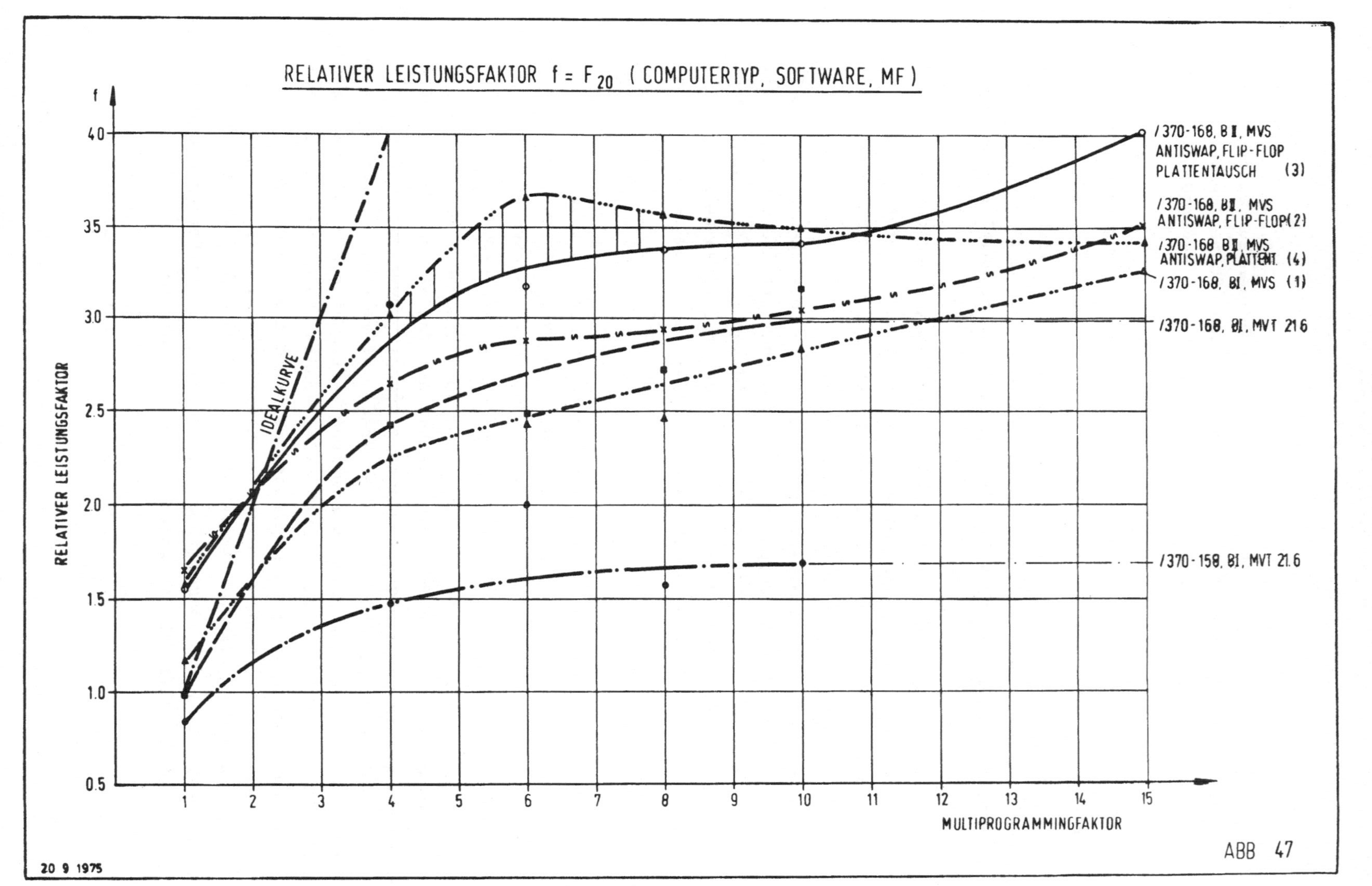
RELATIVER LEISTUNGSFAKTOR f = F 20 (COMPUTERTYP, SOFTWARE, MF)
f
4.0
3.5
3.0
2.5
2.0
1.5
1.0
0.5
RELATIVER LEISTUNGSFAKTOR
IDEALKURVE
1 2 3 4 5 6 7 8 9 10 11 12 13 14 15
MULTIPROGRAMMINGFAKTOR
/370-168, B II, MVS ANTISWAP, FLIP-FLOP PLATTENTAUSCH (3)
/370-168, B II, MVS ANTISWAP, FLIP-FLOP (2)
/370-168 B II, MVS ANTISWAP, PLATTENT. (4)
/370-168, B I, MVS (1)
/370-168, B I, MVT 21.6
/370-158, B I, MVT 21.6
ABB 47
20 9 1975

7. Zusammenfassung

Abschließend möchte ich sagen, daß meine Ausführungen unsere Meinung, basierend auf dem heutigen Stand der Datenverarbeitung, wiedergeben, daß weder die Organisation noch die Art der Führung großer Datenbestände für lange Zeiten fest zementiert sein werden.

Die Organisation der Datenverarbeitungsabteilung muß ständig wegen irgendwelcher äußerer Veränderungen überarbeitet werden. Wichtig ist, daß alle Arbeiten in der Datenverarbeitung systematisch nach den verschiedensten Funktionen untergliedert sind, so daß eine Überprüfung der derzeitigen Organisationsform auf Zweckmäßigkeit jederzeit möglich ist und eine Änderung schnell durchgeführt werden kann.

Im Bereich der Führung großer Datenbestände sind wir m. E. noch nicht am Ziel angekommen. Die Aufzeichnungsdichte der Speicher und die Datenübertragungsraten werden aufgrund technischer Weiterentwicklung weiter erhöht werden. Neu ist im Konzept des Massenspeichers der IBM, daß ein Subsystem zur Führung großer Datenbestände geschaffen wurde. Meiner Meinung nach - im Gegensatz zum Konzept des CDC-Massenspeichers - der richtige Weg in die Zukunft!

Oldrich Sova, Dipl. Ing.

MASCHINELLE ZUSAMMENSTELLUNG DES JOBSTREAMS ALS VORSELEKTION FÜR EIN BETRIEBSSYSTEM BEI MULTIPROGRAMMING (System CUSEP)

1. Überlegungen zur Problematik der Planung und Steuerung der Rechenzentrumsproduktion

Planung und Steuerung der Rechenzentrumsproduktion sind keine starren Aufgaben. Das Rechenzentrumsmanagement muß ständig mit Änderungsfaktoren, die den Job-Ablauf beeinflussen, rechnen. Dazu gehören :

- Unterschiedliche Datenvolumina und unregelmäßige Zustellung der Daten,
- Sonderanforderungen an die Datenverarbeitung,
- unregelmäßige Belastung der Anlage bei der Bearbeitung in Real-Time (Datenverarbeitung am Arbeitsplatz),
- Störungen durch Maschinenausfall, Date-, Programm- oder Handlungsfehler.

Bei der Zusammenstellung eines Jobstreams ist besonders zu berücksichtigen :

- Abhängigkeiten (Verknüpfungen) zwischen einzelnen Programmen oder ganzen Verarbeitungsgebieten (z.B. muß der Wareneingang früher als der Warenausgang verarbeitet werden),
- Beanspruchung der Peripherie durch die Programme (z.B. können nicht mehr Bandeinheiten angesprochen werden als in der Konfiguration vorhanden sind),
- Gegenseitige Behinderung mehrerer Programme, die auf dieselbe Datei zugreifen, womit beträchtliche Wartezeiten durch Blockierung der Kanäle entstehen.

Das Problem, zu welchem Zeitpunkt welche Jobs in welcher Reihenfolge günstig verarbeitet werden können, ist für einen einzelnen Programmkomplex relativ leicht zu lösen.

Als Hilfsmittel hierfür bieten sich Netzplantechnik und Matrix-Tabelle an.

Bei Multiprogramming jedoch, wo nebeneinander in mehreren Partitions zu gleicher Zeit mehrere Programme in verschiedenen Kombinationen parallel laufen, sind Planung und Steuerung der Rechenzentrumsproduktion mit Schwierigkeiten verbunden.

Bei diesen zahlreichen Prozessen, die in einem Rechenzentrum anlaufen und bei der Vielfalt der ablaufbestimmenden Faktoren ist eine optimale Zusammenstellung und Stuerung der Produktion nur durch computerunterstützte Organisation möglich.

In vielen Anwendungsgebieten steuert schon der Computer direkt die Produktion. In Rechenzentren sind bisher meistens nur die Zugriffsmethoden und die interne Verarbeitung in der Rechenanlage von Betriebssystemen unterstützt.

Obwohl sich die Fachwelt seit langem mit der Auslastung der Datenverarbeitungsanlagen beschäftigt, konnte die vollständige Beherrschung der relativ hochentwickelten Technik noch nicht erreicht werden.

Dieser Problematik wurde im Dritten Datenverarbeitungsprogramm der Bundesregierung für die Jahre 1976-1979 besondere Aufmerksamkeit gewidmet. Es wurde darauf hingewiesen, daß die Wirksamkeit der Datenverarbeitung als Problemlösungsinstrument nicht allein von der Leistungsfähigkeit einzelner technischer Komponenten (Rechner, Fernverarbeitungssysteme, Programmteile) abhängt, sondern vor allen Dingen von der organisatorischen und technischen Integration der Datenverarbeitung in die einzelnen Problembereiche.

Angesichts der geschilderten Situation wurde im Rahmen des Dritten Datenverarbeitungsprogrammes beschlossen, Dispositions- und Entscheidungssysteme zu fördern, vor allem aber die Entwicklung von Programmen, die die Tätigkeiten im Rechenzentrum maschinell unterstützen - wobei hier in erster Linie an eine maschinelle Unterstützung der Arbeitsabläufe gedacht ist - voranzutreiben. [1].

2. Softwaremarkt für Rechenzentrumsmanagement und Ablaufslenkungssysteme

"Der Softwaremarkt in der Bundesrepublik ist durch eine Vielzahl von Anbietern gekennzeichnet und noch immer sehr unübersichtlich. Bei den Anbietern sind folgende Gruppen zu nennen: Datenverarbeitungs-Hersteller, Softwarehäuser und Beratungsfirmen, Service-Rechenzentren sowie Datenverarbeitungsanwender, die zunehmend versuchen, die für eigene Bedürfnisse entwickelten Programme zu vermarkten." [1].

Auch zur Unterstützung der Planung und Steuerung der Rechenzentrumsproduktion gibt es schon einige Softwareprogrammpakete. Kurzbeschreibungen der angebotenen Software über Rechenzentrumsmanagement und Job-Accounting-Control findet man z.B. in ISIS-Report [2], in Unterlagen aus speziellen Seminaren [3] und in verschiedenen Artikeln. [4]

Die Softwareprogrammpakete sind meistens

a) entweder Hardware- oder Betriebssystem-spezifisch orientiert
   (z.B. JES für IBM OS/VS II),
b) oder an ein bestimmtes Software-Paket gebunden
   (z.B. NAMIC system V an System III und dieser an System I),
c) bzw. bieten nur Teillösungen
   (z.B. Accounting, Bandverwaltung und dergl.)

Auch Betriebssysteme, bei denen durch eine einseitige Entwicklung die externe Ablaufsteuerung zu Gunsten der Optimierung der internen Prozesse vernachlässigt wird, sind nicht ohne zusätzliche Software oder ergänzende Funktionen in der Lage eine optimale Reihenfolge des Produktionsablaufes zu gewährleisten. Die Steuerung der Betriebssysteme ist mehr auf die Dialogverarbeitung orientiert. Die Unterstützungsfunktion, die für die tägliche Belegungsplanung erforderlich ist, ist zurückgeblieben.

Als Beschreibung zu den angebotenen Programmpaketen stehen meistens nur Prospekte bzw. Angebotsunterlagen oder allgemeine Informationen aus Zeitschriften, Seminaren und Konferenzen zur Verfügung. Nur zu bereits abgeschlossenen Verträgen oder zu eingesetzten Programmen wird Hersteller-Manual geliefert.

3. Darstellung des Systems CUSEP als Fallstudie einer computerunterstützten Planung und Steuerung der Rechenzentrumsproduktion.

In Anlehnung an die obengenannten Erkenntnisse wurde vom Autor versucht, ein allgemeines System zur computerunterstützten Steuerung der EDV-Produktion CUSEP zu entwickeln, das die ganze Scala von der langfristigen Kapazitätsplanung über die Maschinenbelegungsplanung bis zur Ablaufsteuerung umfaßt.

Es ist natürlich, daß jede Arbeit dieser Art ähnliche Überlegungen, Schlüsse und Routinen beinhalten muß, wie einige auf dem Softwaremarkt angebotene oder realisierte Systeme. Die allgemein bekannten Informationen wurden durch die Überlegungen des Autors ergänzt und zu einem abgeschlossenen System aufgebaut.

Die Darstellung des Systems CUSEP, die in diesem Vortrag kurz gegeben wird soll dienen :

a) als Unterlage zur Analyse der Problematik der computerunterstützten Steuerung der EDV-Produktion,

b) als Grundlage zur Projektierung und Programmierung eines computerunterstützten Planungs- und Steuerungssystems, wenn sich ein Rechenzentrum entschließt, die Programme selbst herzustellen,

c) als Checkliste der Aufgaben, die zur Realisierung eines computerunterstützten Systems der EDV-Produktion notwendig sind.

Das System CUSEP ist als Planungs- und Steuerungsinstrument aufgebaut. Die Dialogverarbeitung ist überwiegend unplanbar und fällt deshalb nicht in dieses Konzept.

Da noch für Jahre die Stapelverarbeitung trotz Tendenzen zur Datenverarbeitung am Arbeitsplatz (Dialog-Verkehr) eine bedeutende Rolle in der Wirtschaft behält, wird man ohne automatische RZ-Ablaufslenkungssysteme in der weiteren Entwicklung der Datenverarbeitung nicht auskommen.

3.1 Funktionsanalyse des Systems

Die Planung und Steuerung der EDV-Produktion, die sich ähnlich wie die Planung der Güter-Produktion stufenmäßig entwickelt, läßt sich in fünf Stufen aufteilen :

- Kapazitätsplanung,
- Dispositionsplanung,
- Maschinenbelegungsplanung,
- Arbeitsvorbereitung,
- Produktionssteuerung.

a) Die Kapazitätsplanung

dient langfristig als Entscheidungsgrundlage zur Beschaffung der Maschinenkapazität (Invetitionen, Miete) und des Personals für die zukünftigen Aufgaben (im nächsten Jahr, Quartal, Monat).

b) Die Dispositionsplanung

gestattet das kurzfristige Umdisponieren der Maschinenkapazität, des Personals (Schichten-Umpolung, Überstunden-Anordnung), der Termine und des Produktionsablaufes. Diese Umdispositionen kann man für eine Woche oder für den nächsten Arbeitstag vorsehen.

c) Die Maschinenbelegunsplanung

bestimmt die Zusammenstellung und die Reihenfolge der Produktion. Sie wird für den Produktionstag, bzw. als Maschinenbelegunsplanung für die Produktionsschicht vorgenommen.

d) Die Arbeitsvorbereitung

ist ein Werkzeug für die Erstellung der Arbeitsanweisungen für Arbeitsvorbereitung, Operating und Nachbearbeitung. Sie ist als Ergänzung zur Produktionsplanung anzusehen.

e) Die Produktionssteuerung

schließlich beeinflußt direkt die Arbeitsdurchführung.

In allen genannten Stufen ist eine maschinelle Unterstützung denkbar, wobei man die einzelnen Planstufen als separate Systeme projektieren kann. Die Konzeption des Systems CUSEP ist in diesem Sinne als ein Komplex separater Systeme ausgelegt.

3.2 Kurzbeschreibung des Systems CUSEP

3.2.1 Alle Charakteristiken, Verknüpfungen, Termine, Handling und dergl. der Programme sind in Stammdateien
- Plandaten
- Arbeitsanweisungen

gespeichert

3.2.1 Anhand des Verarbeitungs- und Intervallschlüssels wird maschinell die Auswahl der Programme für die Planung oder Steuerung getroffen.

3.2.3 Für die Kapazitäts- resp. Dispositionsplanung wird auch die vorgesehene Produktion lt. dem geplanten Projekt (Schätzung) eingeschlossen.

3.2.4 Zu jedem Ablauf können variable Komponenten eingegeben werden, wie z.B.
- Änderungen der Gebiet/Job-Folge,
- Änderung der Prioritätskennzahl,
- Änderungen der Liefertermine der Auswertungen,
- Abweichungen der aktuellen Einsatzmöglichkeiten der Peripherie-Einheiten von der Standard-Konfiguration.

3.2.5 Die ausgewählten Programme werden nach Zustellungsterminen sortiert.

3.2.6 Aus der vorsortierten Auswahldatei wird ein Maschinenbelegungsplan mit Arbeitsaufträgen für Arbeitsvorbereitung, Operating und Arbeitsnachbearbeitung erstellt.

3.2.7 Dieser maschinell zusammengestellte Jobstream wird als Vorselektion dem Betriebssystem zugestellt.

Der Zusammenhang der Planungs- und Steuerungsstufen ist in Abb. 1 schematisch dargestellt.
Durch die maschinelle Zusammenstellung des Job-Ablaufes und durch die computerunterstützte Steuerung der Rechenzentrumsproduktion sollte erreicht werden :
- Verbesserung der Planungs- und Steuerungsunterlagen,
- Erleichterung der Arbeitsabwicklung,
- Ausnutzung der Maschinenkapazität,
- Reduzierung der Fehlerquote bei der Verarbeitung,
- Verbesserung der Kommunikation mit den Benutzern,
- Kostensenkung.

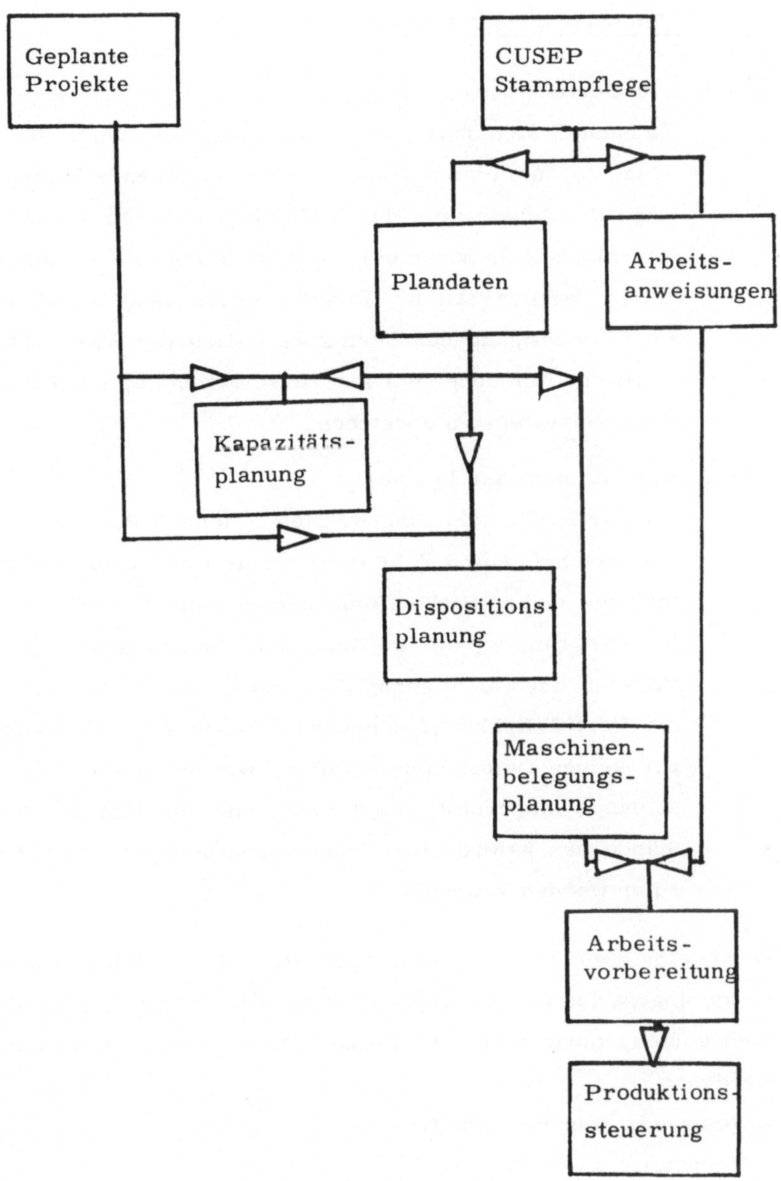

Abb. 1: System CUSEP - Gesamtübersicht

3.3 Modell der Maschinenbelegungsplanung

3.3.1 Die Entscheidungsphilosophie

Es handelt sich dabei um Simulierung des echten Job-Ablaufes, um eine zulässige und befriedigende Reihenfolge des Jobstreams durch Balancierung der Peripherie (technische Komponenten) bei Einhaltung der Abhängigkeiten der Programme (logische Komponenten) und bei Berücksichtigung der Zustellungszeiten der Auswertungen (zeitliche Komponenten) als Vorselektion für ein EDV-Betriebssystem zu erreichen.

3.3.2 Algorithmus der Lösung.

Die zur Produktion ausgewählten (siehe 3.2.2) und vorsortierten (siehe 3.2.5) Programme werden auf technische, logische und zeitliche Komponenten geprüft (siehe 3.3.1). Die Programme, die die Zulässigkeitsbedingungen (kein Vor-Job oder nicht genug Peripherie vorhanden) oder die Verträglichkeitsbedingungen (große Zugriffsintensität zur selben Datei) nicht erfüllen, werden in eine Warteschlange eingereiht, bis sie aufgrund günstigerer Um-Stände den geforderten Bedingungen genügen und aufgerufen werden können.

Wird beim Simulationsablauf errechnet, daß die Liefertermine nicht eingehalten werden können, resp. daß Peripherieengpässe vorkommen, müssen entsprechende Entscheidungen getroffen werden :

- Reorganisation des Jobstreams,
- Neuzuteilung der Peripherie,
- Änderung der Priorität und dergl.

Jede Maschinenbelegungsplanung muß beinhalten :

a) einen Anschlußplan (als Teil der Vergangenheit), in dem berücksichtigt wird, was schon vorher (evtl. auch in Vorschichten) erledigt wurde,

b) einen Arbeitsplan, der bestimmt, zu welcher Zeit die Arbeitsvorgänge an den Arbeitsplätzen (AV, OP) zu erwarten sind,

c) eine Übersicht, wann mit der Fertigstellung der Auswertungen zu rechnen ist.

Ablaufdiagramm zur Maschinenbelegungsplanung siehe Abb. 2

3.4 CUSEP als Vorselektion für das Betriebssystem

Der gesamte Produktionsablauf wird anhand der vorselektierten Reihenfolge der Jobs aus der CUSEP-Auftragsdatei unterstützt.

Die CUSEP-Auftragsdatei dient dabei als Ersatz für Job-Steuerkarten, die sonst manuell zusammengestellt werden müßten (u.U. aus katalogisierten Prozeduren).

Der Einsatz der Programme soll ausschließlich über die automatisierte Auftragssteuerung erfolgen.

Der Operateur kann jederzeit über die Konsole den Ablauf beeinflussen. Die bereits in der Inputqueue wartenden Programme kann er dabei

- entweder einzeln (Planelemententnahme genügt),
- oder ab einem bestimmten Step lt. Maschinenbelegungsplan

stoppen oder freigeben, resp. löschen.

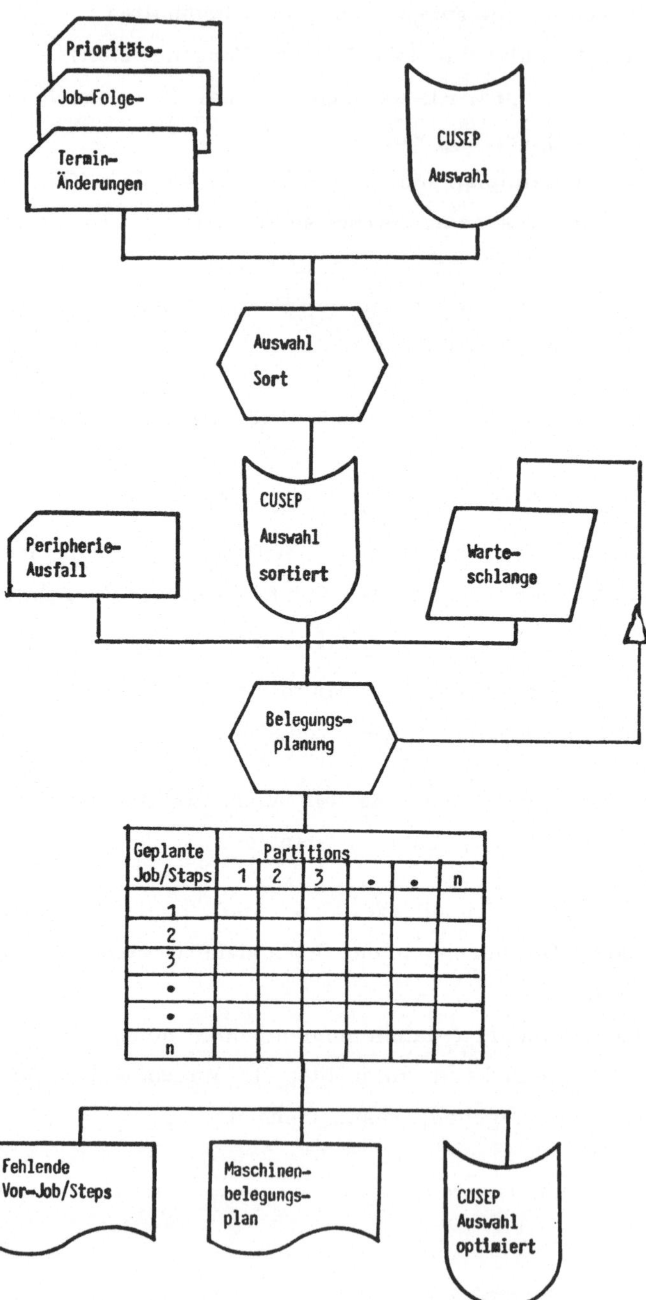

Abb. 2: Ablaufdiagramm zur Maschinenbelegungsplanung

Die manuellen Eingriife durch den Operator sind jedoch in Ausnahmefällen (Katastrophen, Blitz-Änderungen) erlaubt. Die Job-Steuerkarten können dabei in Ausnahmefällen manuell hinzugefügt werden.

Die Vorbereitungsfolge (aktuelle Situation, Abweichungen) kann sowohl vom Operator im Maschinenraum als auch von der Arbeitsvorbereitung direkt am Arbeitsplatz auf den Bildschirmen verfolgt werden. Durch dieses Zusammenwirken von Arbeitsvorbereitung und DV-System wird die Kommunikation mit dem Maschinenraum erleichtert.

3.5 Integration von CUSEP in das Betriebssystem

Wirklichkeit (Ist-Lauf) wird selbstverständlich von dem Maschinenbelegungsplan (Soll-Lauf) mehr oder weniger abweichen. Dies hängt davon ab, wie :

a) das Betriebssystem reagieren wird, beeinflußt durch
   - Dialogverarbeitung,
   - Prioritätsänderungen,
   - Hardware-Störungen,
   - Eingriffe des Operators (Utilities) und dergl.

b) die Datenvolumina schwanken werden
   z.B. am Jahresende können die Datenvolumina den Durchschnitt wesentlich überschreiten und an extrem schwachen Tagen nicht erreichen.

Ein Teil der Störungen, die durch Hardware- und/oder Softwareausfällen bzw. durch Fehler bei der Arbeitsvorbereitung oder des Operatings entstehen, läßt sich durch rasche Revision der Belegungsplanung mindern.

Das CUSEP-Plan-Verfahren wird bei der Störung (Verzögerung) größeren Ausmaßes wiederholt, selbstverständlich nur für den verbleibenden Zeitraum und für die aktuell verfügbare Konfiguration.

Die Wiederholungen können außer in Ausnahmefällen (Katastrophen) entfallen, wenn das Betriebssystem nicht nur die vorselektierte CUSEP-Auftragsdatei, sondern die gesamten Funktionen des CUSEP-Systems übernimmt, wie in der Maschinenbelegungsplanung dargestellt wurde.

Bei der Integration des Systems CUSEP (oder eines ähnlichen Systems) in Betriebssysteme wird die Steuerung auch der organisatorischen Abläufe übernommen. Die Situation wird im Rechner bei der Realisierung des Maschinenbelegungsplanes ständig überwacht und die Abweichungen können sofort erkannt und berücksichtigt werden.

Eine graphische Darstellung der Zusammenarbeit des Betriebssystems, der Software und dem System CUSEP siehe Abb. 3.

4. Aufgaben zur Realisierung eines computerunterstützten Systems der EDV-Produktion

Jedes Rechenzentrum hat für die Steuerung der Produktion Dokumentationsunterlagen über den gesamten Ablauf. Daraus könnte man entnehmen, es sei kein Problem, diese auf verschiedene Stellen verstreuten Informationen einzusammeln, zu ergänzen und als Eingabe für die maschinelle Steuerung der Produktion der Rechenanlage zu nutzen.

Der Übergang vom manuellen zum maschinellen Planungs- und Steuerungs-System der EDV-Produktion ist jedoch nicht problemlos.

Schematische Darstellung	Aktivität

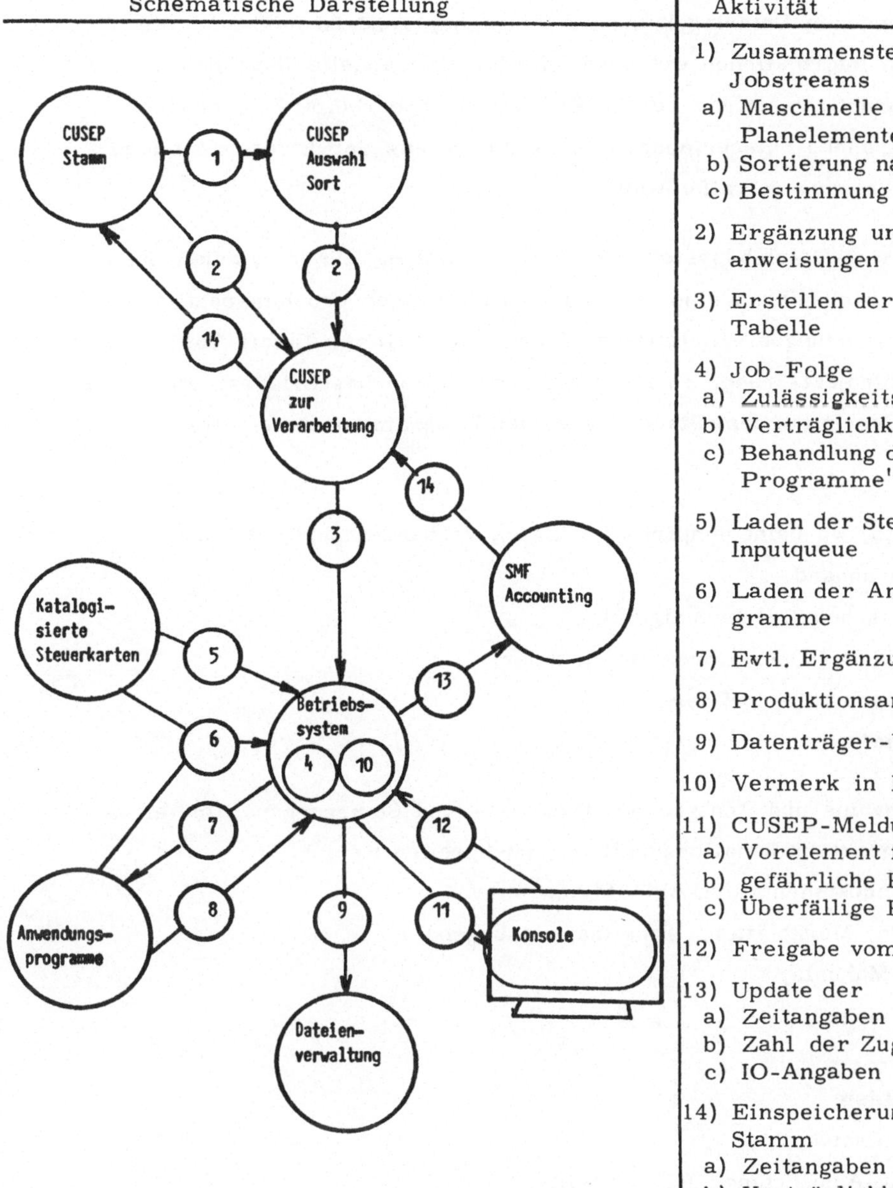

Abb. 3: Graphische Darstellung der Software-Zusammenarbeit im System CUSEP

1) Zusammenstellung des Jobstreams
   a) Maschinelle Auswahl der Planelemente
   b) Sortierung nach Liefertermin
   c) Bestimmung der Reihenfolge
2) Ergänzung um die Arbeitsanweisungen
3) Erstellen der Soll-Ablauf-Tabelle
4) Job-Folge
   a) Zulässigkeitsprüfungen
   b) Verträglichkeitsprüfungen
   c) Behandlung der "Riesen-Programme"
5) Laden der Steuerkarten in Inputqueue
6) Laden der Anwendungsprogramme
7) Evtl. Ergänzung aus CUSEP
8) Produktionsanweisung
9) Datenträger-Verwaltung
10) Vermerk in Ist-Tabelle
11) CUSEP-Meldungen
   a) Vorelement fehlt
   b) gefährliche Programme
   c) Überfällige Programme
12) Freigabe vom Operator
13) Update der
   a) Zeitangaben
   b) Zahl der Zugriffe
   c) IO-Angaben
14) Einspeicherung in CUSEP-Stamm
   a) Zeitangaben
   b) Verträglichkeitsintensität

Die Ist-Aufnahme darf nicht nur die bereits bekannten Informationen aus den verschiedenen Unterlagen zusammentragen, sondern muß auch die zusätzlichen Informationen erfassen, die für die manuelle Steuerung bisher nur als Hilfsnotizen, sogar nur im Kopf des Sachbearbeiters vorhanden sind, weil manche Entscheidungen des Ablaufes aus der Erfahrung oder dem Gefühl heraus getroffen wurden.

Außer den vom Betriebssystem verlangten Angaben, die im Manual des Herstellers nachzulesen sind, gibt es zusätzlich noch problemspezifische, spezielle Anweisungen, Richtlinien, Merkblätter. Diese Detail-Anweisungen sind in der Projekt- resp. Programmdokumentation beschrieben. Manchmal sind diese Regeln auf dem Stand der ersten Programmdokumentation geblieben.

In den Fällen, wo keine empirischen Daten vorhanden sind, müssen Schätzungen anhand
- der technischen Geschwindigkeit,
- der Anzahl der Operationen im Rechner,
- der Datenvolumina und dergl.

die Basis liefern.

Die Ist-Aufnahme und Analyse der Planungs- und Steuerungsparameter muß auf folgende Informationsquellen zurückgreifen :
- Programmdokumentation, Ablaufdiagramme,
- Richtlinien, Merkblätter, Arbeitsanweisungen,
- Software-Manuale,
- JCL-Unterlagen,
- Datenträger,
- Ausgabe-Liste,
- Konsolen-Protokolle,
- Accounting-Auswertung, RZ-Statistiken,

- Privat-Notizen des Personals,
- Erfahrungen,
- Schätzungen.

Es müssen alle
- Merkmale der Datenträger und der Ausgabe-Listen,
- Bedingungen für die Zusammenstellung des Jobstreams,
- Aktivitäten der Bedienung,

die für die Rechenzentrumsproduktion notwendig sind, erfaßt und ausgewertet werden.

Diese Ist-Analyse - exakt, wie sie ein Computer für einen maschinellen Vorgang benötigt - kann oft zeitaufwendiger als die eigentliche Programmierung sein.

Mit unvollständigen oder ungenauen Unterlagen, resp. aus dem Gedächtnis kann man nur eine manuelle Produktion und nur unter Vorbehalt steuern. Bei einer computerunterstützten Steuerung ist eine Präzisierung der Steuerungsinformationen als Voraussetzung unbedingt notwendig. Alle Mängel der Dokumentation müssen beseitigt werden und alle Merkmale, Bedingungen, Aktivitäten und derl. permanent aktualisiert werden.

Beispiel einer Checkliste der Aufgaben zur Realisierung eines computerunterstützten Systems der EDV-Produktion siehe Anlage 4.

5. Effektivität eines Systems zur computerunterstützten Steuerung der EDV-Produktion

Schon die für die maschinelle Bearbeitung notwendige Präzisierung der bestehenden Organisation, wie :
- Formulierung der Kriterien für Besonderheiten des Ablaufes,
- Festlegung der Zwangsfolge der JOB/STEPs für die periodischen Arbeiten sowie Sonderarbeiten,

bringt mehr Ordnung in die Dokumentation und tiefere Erkenntnisse über Zusammenhänge des Ablaufes, wozu ein manueller Ablauf nicht unbedingt zwingt.

	Aufgabe	Informationsquelle														
		Programmdokumentation	Richtlinien, Merkblätter	Software-Manual	JCL-Unterlagen	Datenträger	Ausgabe-Liste	Konsole-Protokolle	Accounting-Auswertung	Rechenzentrum-Statistiken	Notizen	Erfahrungen	Schätzungen			System CUSEP
1	2	3	4	5	6	7	8	9	10	11	12	13	14	15	16	17
A	Ist-Analyse :															
1	Programme (Programm-Namen)	/														
2	JCL-Angaben (Prozedur-Namen)	/			/											
3	Verarbeitungsvarianten (Planelemente)	/	/		/											
4	Verkettungen der Abhängigkeiten (Vorelemente)	/	/		/											
5	Intervalle der Verarbeitung (T, W, M, Q, J)		/													
6	Prioritäten	/		/					/							
7	Zustellungstermine		/							/	/					
8	Dateien-Namen	/			/				/							
9	Anzahl der Peripherie-Einheiten	/		/	/				/							
10	Anzahl der Zugriffe je Peripherie-Einheit und Datei-Name								/	/			/			
11	Ø CPU-Zeit pro Intervall								/	/			/			
12	Ø Durchlaufzeit pro Intervall								/	/			/			
13	Start-Zeit		/					/		/						
14	End-Zeit							/	/	/						
15	Zusammenstellung des Jobstreams	/	/	/	/				/	/	/	/				
16	Nichtperiodische Besonderheiten des Ablaufes		/								/	/				
17	Anzahl der Eingabe-Sätze					/			/	/			/			
18	Nachrichten und Antworten der Konsole-Kommunikation	/	/	/				/								
19	Variable JCL-Angaben (Vorlaufkarten)		/	/	/			/								
20	Belegung der Partitions							/	/	/		/	/			
21	Sicherheitsmaßnahmen	/	/	/	/							/				
22	Formulare (Formular-Nummer)	/			/		/				/					

Abb. 4: Beispiel einer Checkliste der Aufgaben zur Realisierung eines computerunterstützten Systems zur Planung und Steuerung der Rechenzentrumsproduktion

Aufgabe		Informationsquelle														
		Programmdokumentation	Richtlinien, Merkblätter	Software-Manual	JCL-Unterlagen	Datenträger	Ausgabe-Liste	Konsole-Protokolle	Accounting-Auswertung	Rechenzentrum-Statistiken	Notizen	Erfahrungen	Schätzungen			System CUSEP
1	2	3	4	5	6	7	8	9	10	11	12	13	14	15	16	17
23	Anzahl der Kopien	/			/		/				/	/				
24	Abstimmungsregeln	/	/				/				/	/				
25	Nachbearbeitung der Auswertungen (Schneiden, separieren, trennen)	/	/				/				/	/				
26	Verteiler der Liste pro Blatt und Kopie	/	/								/	/				
27	Rücklauf der Unterlagen		/			/					/	/				
28	Archivierungsvorschriften (Protokolle und Medien)	/	/													
B	Realisierung des Systems CUSEP															
1	Erstellen der Programme für :	/	/	/	/	/	/	/	/	/	/	/	/			/
	a) CUSEP-Stammdaten (Plandaten und Arbeitsanweisungen)															
	b) Langfristige Planung															
	c) Maschinenbelegung															
	d) Vorbereitung der Produktion - Festlegung der Vorbereitungs-Vorschriften - Nachrichten zur Verfolgung des Ablaufes															
	e) Steuerung der Produktion															
2	Katalogisieren der Steuerkarten	/	/	/	/							/				/
3	Anpassung der Software	/		/					/			/				/

Abb.4: Beispiel einer Checkliste der Aufgaben zur Realisierung eines computerunterstützten Systems zur Planung und Steuerung der Rechenzentrumsproduktion

Aus der CUSEP-Datei lassen sich die Produktionspläne im Rechenzentrum für tägliche, wöchentliche, monatliche und jährliche Arbeiten schnell maschinell erstellen. Damit ergeben sich konkrete Unterlagen für rechtzeitige Entscheidungen über die Rechenzentrumsproduktion entsprechend der Kapazität und den Prioritäten der Arbeiten.

Die Überwachung des Arbeitsablaufes im Rechenzentrum über die Plantafel resp. mit einem Bildschirm ermöglicht eine exakte Produktions- und Fertigungskontrolle.

Die Fehlerquote sinkt beim CUSEP-Einsatz linear mit der Anzahl der Programme durch die Reduzierung der manuellen Aktivitäten in der Arbeitsvorbereitung und im Operating.
Der Arbeitsaufwand (Zeit, Kosten) entwickelt sich beim Einsatz vom CUSEP ab einer gewissen Zahl von Programmen (JOB/STEP) unterproportional (im Vergleich zum Vorgang ohne CUSEP), je nachdem, wie der Rechner anhand der CUSEP-Datei unter Berücksichtigung der vorhandenen Kriterien den Arbeitsablauf unterstützt und die manuellen Arbeiten einschränkt.

Bei der Beurteilung des Arbeitsaufwandes muß berücksichtigt werden, daß naturgemäß zuerst die Kosten der einmalig investierten Vorbereitungen anfallen, wie z.B. :
- Programmierung der CUSEP-Stammdateipflege,
- Erstellen der CUSEP-Datei,
- Anpassen der Software u.a.

Die Wirtschaftlichkeit wird sich deshalb individuell je nach den spezifischen Gegebenheiten der Ordnungsgröße der Programmenge (JOB/STEP) und der gesamten Organisation auswirken. [5)]

Literaturnachweise :

1) Drittes DV-Programm der Bundesregierung 1976-1979
Bonner-Universitätsdruckerei, 1976

2) ISIS-Software-Report
Infratest GmbH, München, 1977/II

3) z.B. BIFOA, Köln, Fachseminare "Arbeitsvorbereitung im RZ",
GES-Seminar : "RZ-Rationalisierung",
Workshop der Gesellschaft für Informatik, Karlsruhe 1975
u.a.

4) z.B. Auckenthaler, K.: "Automatisierte Fertigungsablaufsysteme für Rechenzentren" in Angewandte Informatik, 1976/12

5) Vergl. Sova-Hellwig: "Rationelle Steuerung der EDV-Produktion" in ONLINE 1975/5

CHANGE MANAGEMENT - ORGANISATION UND STEUERUNG VON ÄNDERUNGSANFORDERUNGEN AN DAS RECHENZENTRUM

Dr. D.S. Koreimann

1. Problemstellung und Abgrenzung

Ein planmäßiger - d.h. ein weitgehend störungsfrei ablaufender RZ-Betrieb ist vielfach nicht mehr möglich, da durch die zunehmende Komplexität der technischen Ausrüstung einerseits, durch die vielfältigen Anforderungen aus der peripheren Organisation andererseits die Ablauforganisation des Rechenzentrums ständig beeinflußt wird.

Versteht man unter einem Problem eine "Abweichung vom Normalen", d.h. eine Situation, die außerhalb geplanter Toleranzbereiche liegt, dann kann die Aufgabe eines Rechenzentrums u.a. auch dadurch gekennzeichnet werden, daß ständig Probleme zu lösen sind, wobei die Vielfalt der problemauslösenden Ursachen selten die Zeit für eine systematische Analyse und Problembewertung zuläßt. Der im angelsächsischen Sprachgebrauch übliche Begriff "Changes" soll daher im folgenden dahingehend interpretiert werden, daß darunter Änderungen bzw. Änderungsanforderungen an das Rechenzentrum verstanden werden, die ihrem Wesen nach ein Problem darstellen, da sie außerplanmäßig, ad hoc und unvorhersehbar auftreten und dementsprechend auch gelöst werden müssen.

"Change Management" bedeutet eine verfahrenstechnisch und organisatorisch ausgewogene Methodik, deren Ziel in der systematischen Steuerung, Planung und Durchführung von Änderungsanforderungen besteht. Die Entwicklung der Datenverarbeitung, die durch Dezentralisierung, weitverzweigte TP-Netze, Datenbanken und vermehrten On-Line-Betrieb gekennzeichnet werden kann, läßt erwarten, daß aus dieser Komplexität der Aufgabenstellung eine erhöhte Aufmerksamkeit für die Techniken und Methoden des Change Managements resultieren wird.

2. Systemkomponenten und Änderungsarten

Änderungsanforderungen haben verschiedene Ursachen und stammen aus unterschiedlichsten Bereichen der peripheren Organisation des Rechenzentrums sowie aus dem organisatorischen Ablauf des RZ selbst. Dabei ist im Sinne des Change Managements zu unterscheiden, welche Beeinflussungsmöglichkeiten der Leistungsfähigkeit des Rechenzentrums von einzelnen Änderungen ausgehen, um im Einzelfall abwägen und planen zu können, welche Maßnahmen im konkreten Fall der Problemlösung jeweils zu treffen sind. Oftmals kann beobachtet werden, daß Störungen des Normalablaufs den Charakter des Faktisch-Unausweichbaren annehmen, zur Resignation und teilweise zur Frustration des Rechenzentrums-Personals führen, so daß statt eilfertigen Bemühens um die Lösung der Probleme resignierende Hilflosigkeit einerseits, überhastetes "Trouble Shooting" andererseits angetroffen werden, beides mit der Folge, daß die vermeintliche Lösung eines Problems bereits die Ursache für weitere Probleme in sich birgt. Um die Grundlage für einen Aktionsplan im Rahmen des Change Managements schaffen zu können, sind zunächst alle potentiellen Störfaktoren zu erfassen. Damit kann präventiv zumindest die Reaktionszeit auf Änderungen und deren Beachtung reduziert werden. Abb. 1 zeigt in schematischer Form das Problemumfeld eines Rechenzentrums, aus dem Änderungsanforderungen und Probleme resultieren können.
Es ist unmittelbar ersichtlich, daß die Änderungsanforderungen unterschiedlichen - d.h. sowohl technischen als auch organisatorischen - Bereichen zugeordnet sind. Daraus resultiert eine spezifische Problematik insoweit, als das für die Lösung derartiger Änderungsanforderungen eingesetzte Personal technisches und organisatorisches Verständnis aufbringen muß, eine Forderung, die in Anbetracht der bisher kultivierten Spezialisierung nicht ohne weiteres erfüllt werden kann. Die Tatsache, daß dem Problemkreis "Change Management" bislang relativ wenig Aufmerksamkeit gewidmet wurde, dürfte in erster Linie darauf zurückzuführen sein, daß im technischen Bereich der Informatik ein gravierender Mangel an methodischer Orientierung festzustellen ist, und daß der technischen Beherrschung des Aggregates eine unverhältnismäßig höhere Aufmerksamkeit gewidmet wird, als den anwendungsorientierten Problemstellungen.

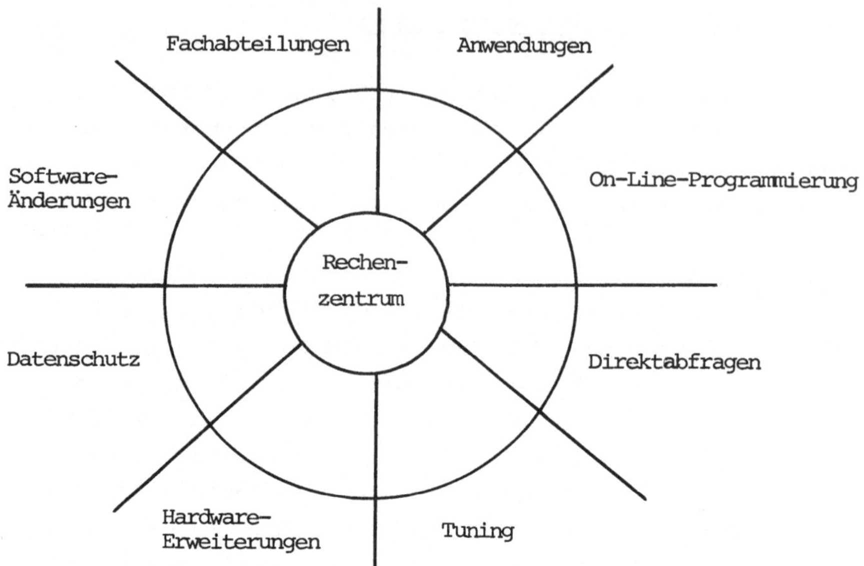

Abb. 1: Einflußfaktoren auf die Leistungsfähigkeit des RZ

Ordnet man den einzelnen Änderungsarten die möglichen Ursachen und Folgen zu, dan ergibt sich die in den folgenden Tabellen dargestellte Übersicht:

Tabelle 1

Die in den Tabellen dargestellten Änderungsarten sind durch weitere Kriterien modifizierbar. So können beispielsweise die Änderungen unterschieden werden nach:

- dem Grade ihrer Beeinflußbarkeit,
- ihrer Dringlichkeit, womit zugleich die Reaktionszeit determiniert wird,
- der Bedeutung, die der Lösung des Problems zuzumessen ist und nach
- den Kosten bzw. Vorteilen (Nutzen) einer schnellen Problemlösung.

Die Ausarbeitung derartiger Kriterien zur Änderungsbewertung und deren Operationalisierung bildet eine wesentliche Aufgabenstellung des Change Managements.

BEREICH	ÄNDERUNGSART	KURZBESCHREIBUNG	URSACHE	FOLGEN
ANWENDUNGS-SOFTWARE	KORREKTUREN	Änderungen von Programmausgaben: Listenbilder, Formate, Bildschirmmasken. Änderungen von Überschriften, Spalteneinteilungen, Matrizen; andere Papierformate für die Ausgaben; andere Laufrythmen für die Programme.	Veränderte Benutzerwünsche, Änderungen in der Ablauforganisation.	Programmänderungen, Zeit für Umwandlung, Test und Dokumentation.
	FUNKTIONELLE SPEZIFIKATIONS-ÄNDERUNGEN	Einbau neuer bzw. Modifikation bestehender Rechenalgorithmen. Änderungen der Modularstruktur des Programms.	Organisationsänderungen, z.B. gesetzliche Auflagen, Verbandsauflagen, Zusatzauswertungen.	Datei-Reorganisation, Zeit- und Personalaufwand. Update von Standards und Dokumentation.
	INTEGRATION NEUER ANWENDUNGEN	Einführung neuer Anwendungssoftware, Kopplung an die bestehenden Anwendungen, Reorganisation der Dateien, Überarbeitung der Checkpoint-Restart-Prozeduren.	Erweiterung des Anwendungsspektrums, Rationalisierungstendenzen, Integration.	Höhere Belastung, komplexere Ablaufsteuerung, erhöhte Arbeitsbelastung.
DATENBANKEN und PROGRAMM-BESTÄNDE	ARCHIVIERUNGS-VORSCHRIFTEN	Einführung der automatischen Archivierung, Berücksichtigung der Datenschutzvorschriften	Gesetzliche Auflagen, erhöhtes Sicherheitsbedürfnis der Anwender.	Kapazitätserweiterung, neue Vorschriften, veränderte Abläufe, Programmänderungen.

BEREICH	ÄNDERUNGSART	KURZBESCHREIBUNG	URSACHE	FOLGEN
	REORGANISATION der DATEIEN	Erneuerung der Datenbestände, Konzentration, Zusammenfassung von Einzeldateien.	Hohe Update-Frequenzen, Datenbestandserweiterungen.	Zusatzläufe, Zeit- und Kapazitätserweiterungen, Wiederholungsläufe.
	DATENSCHUTZ und DATENSICHERHEIT	Erweiterungen der System- und Anwendungssoftware für Chiffrierungs-Verfahren, Duplikat-Bestände für Archive, Zugriffsroutinen und -Sperren.	Erhöhtes Sicherheitsbedürfnis, Risikominimierung, gesetzliche Auflagen.	Kapazitätsausweitungen, Reduzierung des Throughputs, Kanalbelastung, Leitungssicherung, zusätzliche Hardware.
SYSTEMSOFTWARE	NEUE RELEASES und FEATURES	Herstellerbedingte Verbesserung und Erweiterung der Software.	Anpassung an neue Anwendungsaufgaben. Verbesserung des Preis/Leistungsverhältnisses, technischer Fortschritt	Reorganisation der Systemsoftware, Generierungsläufe.
	KORREKTUREN	Fehlerbereinigungen	Fehlverhalten bei bestimmten Situationen	Generierungsläufe, Wiederholungen, Datei-Recovery.
	FUNKTIONS-ÄNDERUNGEN	Erweiterungen des Leistungsspektrums sowie spezielle Anpassungen.	Analog "Neue Releases und Features".	
HARDWARE	AUSBAU der KONFIGURATION	Systemerweiterungen durch zusätzliche Komponenten.	Erweiterung des Leistungsangebots, z.B. Übergang auf On-Line-Verarbeitung	Umorganisation im RZ, Installationsaufwand, Anlaufschwierigkeiten.
	REKONFIGURATION	Anpassung der Komponenten an die Anwendungsbedingungen.	Varieetät der Anwendungen.	Zeitbedarf und Unterbrechungen, Umrüstungsaufwand.

BEREICH	ÄNDERUNGSART	KURZBESCHREIBUNG	URSACHE	FOLGEN
TECHNISCHE INSTALLATIONEN	ENGINEERING CHANGES	Technische Änderungen, zumeist von Hersteller veranlaßt.	Mängel im Leistungsverhalten, techn. Fortschritt.	Stillstandszeiten.
	WARTUNG	Überprüfung und Korrektur von Fehlern.	Fehlverhalten des Systems. Ausfall von Komponenten.	Stillstandszeiten, Kostenbelastung.
	STROM und KLIMA SCHUTZMASSNAHMEN	Aufrechterhaltung der Energieversorgung, vorbeugende Maßnahmen gegen Ausfälle.	Erhöhtes Sicherheitsbedürfnis, Risiko des Systemausfalls.	Stillstandszeiten, technischer Umbau.
BENUTZER	ABFRAGEN	Ungeplante Ad-hoc-Abfragen, Änderungen in den Abfrage-Gewohnheiten.	Änderung des Benutzerverhaltens, organisatorische Änderungen, neue Aufgaben.	Reduzierung der Verfügbarkeit, Inanspruchnahme ungeplanter Kapazitäten, Beeinträchtigung der Service-Bereitschaft.
	ANFORDERUNGEN an TESTZEITEN	Überschreitung geplanter Testkapazitäten.	Mangelhafte Programmierung. Fehler im Design neuer Anwendungen.	Kapazitäts- und Zeitaufwand. Veränderung gesetzter Prioritäten.
	ON-LINE-PROGRAMMIERUNG	Ungeplante Inanspruchnahme von On-Line-Services.	Fehlplanungen der Benutzer.	Kapazitäts- und Zeitaufwand, Beeinträchtigung der Service-Bereitschaft.

Tab. 1: Änderungsarten

3. Konsequenzen der Änderungsanforderungen

Das Rechenzentrum hat primär eine Dienstleistungsfunktion gegenüber den peripheren Organisationseinheiten eines Unternehmens. Aus dieser Funktion resultieren zwei Hauptziele:

a) Maximale Service-Bereitschaft, d. h. Bereitstellung von DV-Service-Leistung entsprechend den Anforderungen der Organisation. Diese Service-Bereitschaft kann sich beziehen auf: Personaleinsatz, d.h. Dientbereitschaft des RZ-Personals für die unterschiedlichen Aufgaben wie Tests, Operation und Sicherheit, Materialbereitschaft, d.h. Disposition von Ressourcen und Kapazitäten entsprechend den Anforderungsterminen und Organisationsbereitschaft.

b) Hohe Systemverfügbarkeit, d.h. Bereitstellung und Sicherung des Systems nach Maßgabe der Benutzeranforderungen. Systemverfügbarkeit impliziert zugleich ein Streben nach einer hohen Systemauslastung, was seinerseits wiederum eine genaue - geplante - Disposition des Aufgabenprofils voraussetzt. Damit werden auch zugleich die Unterziele Kostenverantwortung und Aufgabenkontrolle berücksichtigt.

Beide Hauptziele des Rechenzentrums werden durch ungeplant auftretende Änderungsanforderungen beeinträchtigt, so daß sich folgende Konsequenzen ableiten lassen:

3.1 Systemverfügbarkeit

Die Menge der Änderungsanforderungen steht im umgekehrten Verhältnis zur Systemverfügbarkeit. Dieser Zusammenhang ist empirisch nachweisbar und ist in Abb. 2 schematisch dargestellt:

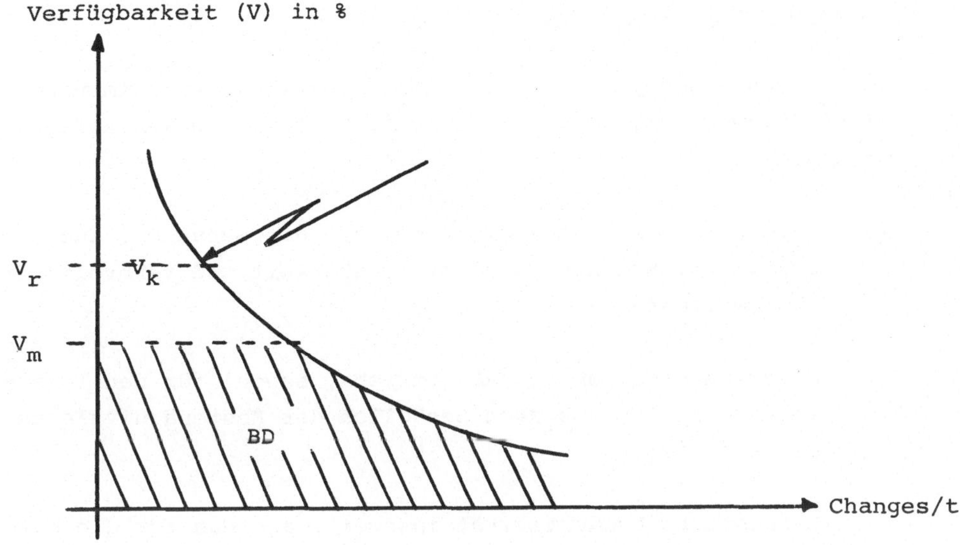

Es bedeuten:

V_m	:	Mindestverfügbarkeit zur Aufrechterhaltung der laufenden Prozesse
$V_r - V_m$	:	Verfügbarkeitsreserve ($\approx V_m$ + 20 %)
V_k	:	Kritischer Punkt: Ab hier sollten Maßnahmen für ein organisiertes Change Management zur Sicherung der Verfügbarkeit ergriffen werden.
BD	:	"Break Down"-Bereich: In diesem Bereich kann eine Sicherung und Aufrechterhaltung aller Betriebsprozesse nicht mehr gewährleistet werden.

3.2 Entwicklung neuer Projekte

Die organisatorische und technische Implementierung von Changes ist personalintensiv, wird ad hoc durchgeführt und wirkt somit entwicklungshemmend. Wenn die Erfahrungen zeigen, daß in einzelnen Großunternehmen bis zu 40 % des EDV-Personals mit der sog. "Wartung" befaßt ist, dann entfällt ein beachtlicher Teil dieses Personals auf die Durchführung der notwendigen Changes. Dieses Personal fehlt in aller Regel für die Weiterentwicklung neuer Anwendungsgebiete. Analoges trifft zu für die Inanspruchnahme des technischen Inventars, so daß aufgrund von Changes Testzeiten reduziert bzw. Testläufe für neue Projekte zeitliche Verschiebungen erfahren, die zu erhöhten Kosten für die Realisierung des neuen Projekts führen.

4. Aufwand und Nutzen für Change Management

Der Nutzen eines problemreduzierten RZ-Ablaufs kann im Sinne einer Nutzwertanalyse durch folgende Kriterien gekennzeichnet werden:

1. Verbesserte Service-Leistungen für die Benutzer, ausgedrückt in: Erhöhter Systemverfügbarkeit und verbreiteter Systemsicherheit.

2. Niedrigere Kosten des RZ-Betriebs, sowohl für den Totalaufwand des RZ als auch bezüglich der Kostenäquivalente der Benutzer.

3. Verbesserte Produktivität insoweit, als das für die Wartung und für die Implementierung eingesetzte Personal für "produktivere" Tätigkeiten wie Systembedienung und -steuerung, Systemverbesserung und Leistungsanalyse benutzt werden kann.

Wenn auch im einzelnen eine kardinale Messung dieses Nutzens nicht immer möglich ist, so zeigt doch bereits eine Gegenüberstellung eines ungeplanten und daher mit Überraschungen und Krisen lebenden Rechenzentrums mit einem auf der Basis des Change Managements organisierten Betriebs die Notwendigkeit und Vorteile einer systematischen Ordnung auf.

Eine solche Übersicht kann im Einzelfall - insbesondere wenn es darum geht, Change Management erstmals einzuführen - als Grundschema für die Nutzwertanalyse herangezogen werden.

Kosten für Probleme und Changes ohne besondere Methodik	Potentielle Ersparnisse und Vorteile durch Change Management
1. Kosten für die Benutzer 1.1 Problemidentifikation und Berichtswesen 1.2 Wartezeiten 1.3 Ungenutzte Kapazitäten 1.4 Maschinenkosten für Wiederholungsläufe 1.5 Verzögerung in der Ablauforganisation	1. Vorteile für die Benutzer 1.1 Zentralisierung des Berichtswesens 1.2 Schnellere Reaktionszeit durch das RZ 1.3 Reduzierung durch Zusammenfassung und Planung mehrerer Changes 1.4 Reduzierung der Anzahl der Wiederholungsläufe
2. Verwaltungskosten 2.1 Problemanalyse 2.2 Zeitaufwand für die Entwicklung der Vorschriften 2.3 Kommunikationsaufwand 2.4 Organisationsaufwand, z.B. zur Definition von Problemlösungsteams.	2. Kostensenkung 2.1 Zeitersparnis durch Koordination 2.2 Standardisiertes Vorgehen mit den entsprechenden administrativen Hilfsmitteln 2.3 Reduzierung durch Zentralisierung der Verwaltungsarbeiten. 2.4 Kurze Berichtswege
3. Problemlösungskosten 3.1 Problemlösungsteams 3.2 Ursachen - und Konsequenzen-Analyse 3.3 Zeit und Kapazitäten für Tests 3.4 Zeit für die Ausarbeitung der Lösungsalternativen ohne dokumentierte Analogien	3. Effektivere Problemlösung 3.1 Problemlösung u.U. durch dokumentierte Analogien 3.2 Zentralisierte Verantwortung 3.3 Gruppierung von analogen und sich beeinflussenden Problemen 3.4 Hoher Erfahrungsstand der damit beauftragten Personen
4. Kosten für die Implementierung 4.1 Zeit und Ressourcen für die Implementierung 4.2 Dokumentationsaufwand 4.3 Störung des Normalbetriebs und damit sinkende Systemverfügbarkeit	4. Ersparnisse 2.1 Reduzierte Laufzeiten und geringere Inanspruchnahme des Aggregats 4.2 Standardisierung 4.3 Ersparnisse durch systematisches "Changes Planning".

Tab. 2: Potentielle Ersparnisse und Vorteile durch Change Management

5. Methoden des Change Managements

5.1 Definition

Change Management bedeutet die Summe der Verfahren, Techniken und Methoden, die eingesetzt werden, um die Ablauforganisation eines Rechenzentrums störungsfreier zu gestalten, Probleme und Änderungsanforderungen frühzeitig zu erkennen und zu bewerten und deren Lösung bzw. Implementierung mit geringstmöglichem Aufwand zu realisieren. Die dafür erforderlichen Hilfsmittel werden im folgenden dargestellt, als zusammenfassender Überblick dient Abb. 3:

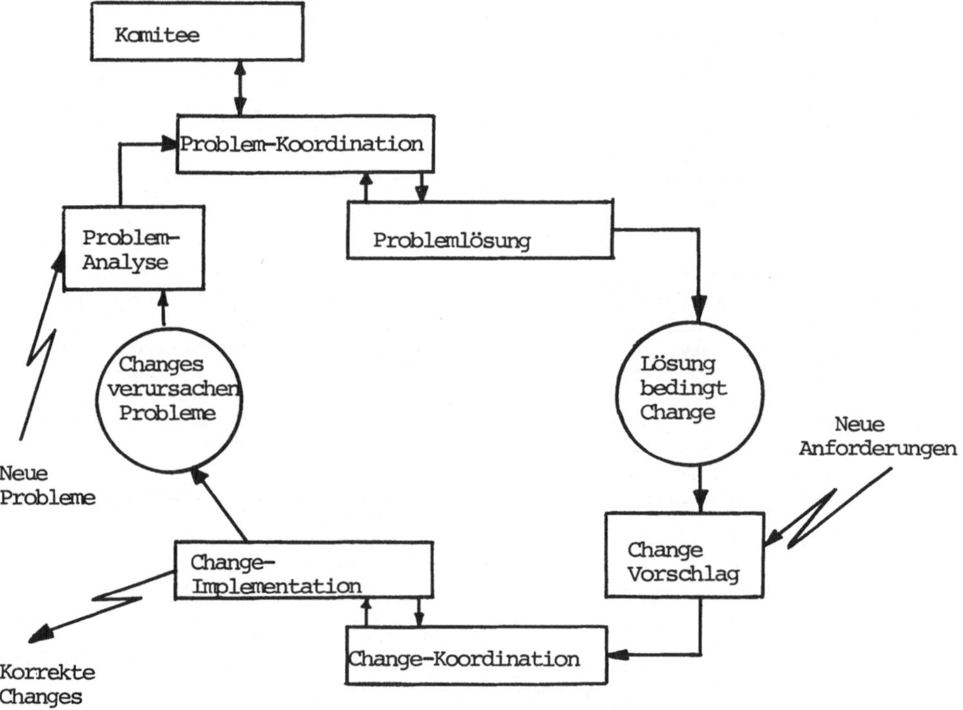

Abb. 3: Organisatorischer Rahmen des Change Managements

Changes stellten i.d.R. faktische Notwendigkeiten dar. Um die Systemverfügbarkeit und die normalen Entwicklungsarbeiten aufrechtzuerhalten, sind sie daher im Rahmen der Organisation planvoll zu steuern. Hierfür sind struktur- und ablauforganisatorische Voraussetzungen zu schaffen. Darüber hinaus stehen für die Zwecke der Analyse und Problemerkennung Einrichtungen der Software zur Verfügung, die als Instrumente des Change Managements im Rahmen der geschaffenen Organisation zum Einsatz gelangen.

5.2 Funktionen und Aufgaben im Rahmen der Strukturorganisation

5.2.1 Koordination

Entsprechend Abbildung 3 unterscheidet man beim Change Management zwei Koordinationsaufgaben:

a) Problemkoordination: Die Problemkoordination bezieht sich auf die Analyse potentieller Problemsituationen, auf die Erfassung der Probleme (Dokumentation und Berichtswesen) und deren Bewertung sowie auf die Ausarbeitung von Problemlösungsvorschlägen, die dann vom Change-Koordinator für die Ausführung geplant und bezüglich ihrer Implementation gesteuert werden. Diese Tätigkeiten sind wie folgt zu kennzeichnen:

   o Problemanalyse: Die Analysefunktion bezieht sich auf die laufende Beobachtung des System- und Benutzerverhaltens und bedeutet: Auswertung der System-Log-Files, der Kontrollnachrichten des Systems, der Fehlerstatistiken, Benutzungsfrequenzen, der ungeplanten Abbrüche, Transaktionsvolumen, Antwortzeitverhalten, Testaufwand und Testabbrüche, Throughput-Leistung, der Tuning-Ergebnisse usw. Es handelt sich demnach um eine laufende Kontrolle derjenigen Komponenten, die insgesamt die Systemverfügbarkeit und die Service-Bereitschaft bestimmen. Als Hauptaufgabe resultiert daraus die Erstellung von Statistiken über das Systemverhalten in Normal- und Ausnahmesituationen.

   o Problembewertung: Für die Problembewertung reicht i.d.R. eine Klassifizierung auftretender Probleme nach verschiedenen Kriterien aus, die insgesamt die Problembedeutung zum Ausdruck bringen. Solche Kriterien können sein:

- Potentieller Schaden (Nutzen), der durch die Nichtbeachtung (Beachtung) des Problems entstehen kann (z.B. gesetzliches Bußgeld bei Nichtbeachtung der Auflagen des Datenschutzgesetzes).
- Verfügbare Zeitspanne bis zur Lösung des Problems, d.h. die Analyse nach der Dringlichkeit der Problemlösung.
- Aufwand für die Problemlösung im Verhältnis zum potentiellen Schaden bei Nichtbeachtung bzw. bei zeitlicher Verschiebung.
- Anzahl der betroffenen Bereiche, Abteilungen, Instanzen und Personen.
- Interdependenz einzelner Probleme mit der Gesamtzahl der zu lösenden Aufgaben.

Aus der Problembewertung resultiert eine Prioritätenliste für die Lösung.

o Problemlösungsvorschlag: Bei der Ausarbeitung von Problemlösungsvorschlägen wird normalerweise eine bestimmte Reihenfolge ihrer Bearbeitung zu beachten sein: Systemprobleme haben Vorrang gegenüber Programmproblemen und diese wiederum gegenüber Problemen, die aus den Benutzerbereichen (z.B. On-Line-Betrieb) resultieren, wobei diese Reihenfolge als Beispiel gedacht ist, da je nach Intensität und Bedeutung der Systemnutzungsarten auch andere Prioritäten denkbar sind.
  Der Problemlösungsvorschlag wird bei einem organisierten Change Management dem Change Koordinator übergeben, dessen Aufgabe die Realisierung der gewünschten Änderungen ist.

b) Change-Koordination: Grundsätzlich bedeutet Change-Koordination die Sammlung, Bewertung, Planung und Berichtswesen aller auftretenden Änderungsanforderungen aus den peripheren Organisation (Benutzer- bzw. Anwenderorganisation) sowie der vorgeschlagenen Problemlösungen. Im einzelnen handelt es sich um:

- o Einführung eines standardisierten Berichtswesens zur Erfassung der Änderungen. Dies kann nur in Abstimmung mit der Leitung des Rechenzentrums und mit den betroffenen Benutzerbereichen gelingen. Es handelt sich darum, zunächst jede Art von Änderungsanforderung gleichwertig, d. h. gleich wichtig zu behandeln und zu dokumentieren. Damit soll erreicht werden, daß Änderungsanforderungen diszipliniert über eine koordinierende Stelle bzw. Person laufen, im Gegensatz zu der beobachtbaren Übung, daß jeder Antragsteller seine Änderung als wichtigste und bedeutungsvollste kennzeichnet.

- o Analyse und Änderungsbewertung: Die Analyse bezieht sich auf:
  - Feststellung der von einer Änderung betroffenen Komponenten: Hardware, Software, TP-Leitungen, Datenstationen, Programme, Dateien usw.
  - Festlegung des Zeit- und Personalbedarfs sowie der Systemressourcen für die Implementierung der Änderungen.
  - Terminierung der Einführung der Änderungen.

- o Planung: Planung bedeutet die zeitliche Zusammenstellung aller in einer Berichtsperiode (normalerweise 20 Tage bei einer 10-tätigen Überlappung) zu realisierenden Änderungen. Dabei tritt ein Gruppierungsproblem auf, dessen Lösung allein schon zu beträchtlichen Einsparungen bezüglich des Änderungsaufwands führen kann. Gruppierung bedeutet dabei die Erfüllung der Forderung, möglichst viele Änderungsarten so zusammenzustellen, daß sie mit einem Systemlauf, mit einer Änderungsart realisiert werden können. So kann beispielsweise die Generierung einer Software-Komponente simultan mit einer Dateiänderung und der Einführung eines zusätzlcihen Checkpoints eines Aufwendungsprogramms durchgeführt werden. Gruppierungskriterien können sein: Anwendungsbezogene, systembezogene, oder leitungsbezogene Änderungen, die jeweils für sich mit einer Aktion simultan bearbeitet werden. Darüber hinaus kann nach Anwendungsprogrammen, nach Test und Umwandlung sowie nach On-Line-Service unterschieden werden.

- Steuerung der Implementierung: Die Steuerungsaufgabe bedeutet hier zugleich eine Kontrollfunktion: Überwachung der Ausführung entsprechend der Planung und Messung der Ergebnisse. Bei kleineren Konfigurationen kann diese Stuerungsfunktion mit der Ausführungsfunktion zusammenfallen, d. h. der Change-Koordinator ist zugleich auch die Person , die für die Realisierung der Änderungen verantwortlich ist.

5.2.2 Komitees

Komitees sind Fachausschußorganisationen, die regelmäßig zusammentreten, um aufgrund der Ergebnisse und Planungen der Koordinatoren gemeinsam die Durchführungsbestimmungen festzulegen. In einem Change Management Komitee sind normalerweise vertreten:

- Der Leiter des Rechenzentrums.
- Der Leiter der Anwendungsprogrammierung bzw. die Projektleiter aus dem Systembereich "Organisation".
- Ein Repräsentant für den Benutzerbereich, der sog. Benutzerkoordinator, eine Funktion, der auch im Rahmen des Projektmanagements und der Projektorganisation eine bedeutende Rolle zukommt.
- Der Schichtleiter bzw. der Operations Manager des Rechenzentrums.

Ein solches Komitee hat eine Management-Aufgabe insofern, als hier Entscheidungen getroffen werden, die sich sowohl auf die Realisierung unabdingbarer Problemlösungsvorschläge und Changes beziehen als auch auf die Ablehnung bzw. zeitliche Verschiebung von Änderungsvorschlägen, deren Implementierung aus Zeit-, Kapazitäts- oder Kostengründen nicht gerechtfertigt sind. Die Arbeitssitzungen des Komitees werden strukturiert, d. h. es besteht eine genaue Terminierung, eine Begrenzung der Sitzungsdauer, Definitionen über Anweisungen und Protokolle durch entsprechende Formulare. Bei Großrechenzentren können in derartige Komitees zusätzl. Aufgaben eingebettet sein, die bis zur täglichen Arbeitsplanung ("Daily Operation Meeting") reichen können. Als Mindestanforderung gilt ein wöchentliches Zusammentreten des Komitees, als Planungsrhythmus eine 14-tägige dynamische Vorlaufsplanung.

5.2.3 Organisation und Installationsumfang

Der Organisationsaufwand ist vom Umfang der jeweiligen Installation abhängig, sofern man davon ausgeht, daß der Installationsumfang zugleich als repräsentativ für die Größe des Anwendungsspektrums gilt.

Installationstyp		Problem-Koordinator	Change-Koordinator	Entscheidungsgremium
klein	System /3	unbedeutend	unbedeutend	unbedeutend
↑		Kombinierte Aufgabe durch eine Person Eine Person, fallweise	 Eine Person fallweise	RZ-Leitung, Operation Manager Benutzer
	Eine große CPU und On-Line-Betrieb	Full-time-Job	Full-time-Job	Wöchentliches Meeting
↓ groß	Mehrere CPU's, großes TP-Network, umfangreiche On-Line-Aktivitäten.	Die Funktionen der Koordinatoren können als separate Gruppe (Abteilung) innerhalb des RZ identifiziert werden.		Tägliches Operations Meeting RZ-Leitung, Koordinatoren, Benutzer.

Abb. 4: Organisation in Abhängigkeit vom Installationsumfang

Aus Abb. 4 ist erkennbar, daß das Zusammenspiel zwischen Kokordinatoren und Entscheidungsgremium (Komitee) eine klare Kompetenzabgrenzung voraussetzt. Dies ist durch eine entsprechende Ablauforganisation zu gewährleisten.

5.3 Funktionen der Ablauforganisation

Die Ablauforganisation bezieht sich auf das Zusammenspiel der einzelnen Aufgaben, die von den verschiedenen organisatorischen Einheiten - Koordinatoren, RZ-Leitung und Entscheidungsgremium - durchgeführt werden. Wenn auch im Einzelfall eine eindeutige Trennung zwischen "Changes" und Problemen nicht immer möglich ist, so sollte dennoch eine Aufgabentrennung dann vorgenommen werden, wenn für die Erledigung dieser Aufgaben unterschiedliche Erfahrungen und ein differenziertes Wissen des damit beauftragten Personals erforderlich sind. Je nach Installationsumfang und Anwendungsspektrum ist es auch denkbar, daß beide Funktionen in sich vereinigt werden. In Tabelle 3 ist in schematischer Form dargestellt, wie die einzelnen Verantwortungsbereiche und Tätigkeiten abgegrenzt werden können. Ohne die einzelnen Methoden und Hilfsmittel - die ohnehin aus Nachbardisziplinen stammen - umfassend darstellen zu wollen, sei im folgenden lediglich das Problem der <u>Bewertung</u> mit Hilfe einer Multifaktorenmethode einerseits, der Nutzwertanalyse andererseits erläutert. (S. Tabelle 3).

a) CHANGE-BEWERTUNG mit Hilfe der Multifaktorenmethode (Beispiel):

Bei der Multifaktorenmethode wird eine ordinale Bewertung zweier Situationen durchgeführt: Nutzen der Implementierung eines Changes wird daran gemessen, ob es sich dadurch um eine erhebliche (+ 3), eine deutliche (+ 2) oder um eine geringfügige (+ 1) Verbesserung gegenüber dem bestehenden Zustand handelt. Die von + 3 bis O (keine Veränderung) reichende Punkteskala (P) wird bezüglich der Kriterien des laufenden RZ-Betriebs gemessen, wobei die zugeordneten Werte dieser Punkteskala mit Gewichtungsfaktoren (GW) multipliziert werden: 1 = kaum bedeutend, 2 = bedeutend, 3 = sehr bedeutend. (Siehe Beispiel Seite 19).

TÄTIGKEITEN	VERANTWORTUNG	METHODEN und HILFSMITTEL
CHANGE-ERFASSUNG	CHANGE KOORDI-NATOR	Berichtswesen und Statistiken
CHANGE-BEWERTUNG ANALYSEN und CHANGE TRACKING	CHANGE KOORDI-NATOR	Punktwertverfahren Multifaktorenmethode Nutzwertanalyse
CHANGE PLANUNG	CHANGE KOORDI-NATOR	Planungs-Charts Netzpläne
PROBLEMANALYSE PROBLEMBEWER-TUNG PROBLEMLÖSUNGS-VORSCHLÄGE	PROBLEM-KOORDINATOR	Risikoanalysen + Bewertungen (Kriterien) Aufwand-Ertrags-Ver-gleiche
CHANGE-IMPLE-MENTIERUNG	ENTSCHEIDUNGS-GREMIUM (Komitee)	RZ-Operations-Planung Arbeitsvorbereitung
CHANGE-STEUERUNG und -KONTROLLE	ENTSCHEIDUNGS-GREMIUM	Standards und Normen
CHANGE-DOKUMENTATION	CHANGE- und PROBLEM-KOORDINATOR	Berichtswesen und Statistiken

Tabelle 3: Aufgaben im Rahmen der Ablauforganisation

KRITERIEN	W_1 Punkte (P)	W_2 GW	W_3 WERT GW X P
Aufrechterhaltung Normalbetrieb	+ 1	3	+ 3
Verbesserung d. Service-Grades	+ 1	3	+ 3
Erhöhung der Benutzerfreundlichkt.	+ 2	1	+ 2
Verbeserte Sicherheit	+ 2	2	+ 4
Kostengünstiger Ablauf	- 1	2	- 2
Kurzfristige Realisierbarkeit	+ 1	2	+ 2
Keine Integrationsmängel	- 1	3	- 3
. . .	. . .	. . .	. . .
Ergebnis: $W_3:W_2$ = 9:16 = 0,55 = geringfügige Verbesserung		16	+ 9

Es bedeuten:

W_1 = Erfüllung der Kriterien durch die geplante Realisierung eines Changes:

$\pm$ 1 = geringfügige Verbesserung (Verschlechterung)

$\pm$ 2 = deutliche Verbesserung (Verschlechterung)

$\pm$ 3 = erhebliche Verbesserung (Verschlechterung)

W_2 = Gewichtungsfaktoren, d. h. Bedeutung der selektierten Kriterien für das RZ

W_3 = $W_1 \times W_2$

Bei diesem Beispiel wäre durch die Einführung eines bestimmten Changes kaum eine Verbesserung der gegebenen Situation möglich.

b) CHANGE-BEWERTUNG mit Hilfe der Nutzwertanalyse

Generell handelt es sich bei der Nutzwertanalyse darum, über eine ordinale Bewertung <u>mehrerer</u> Alternativen (z.B. mehrerer Changes) eine <u>Reihenfolge</u> aufzustellen, wobei die Reihenfolge zugleich die Bedeutung (den Wert) zum Ausdruck bringt. Die Nutzwertanalyse basiert auf folgender Vorgehensweise:

1. Aufstellen eines Zielkatalogs, der die zu bewertenden Kriterien zum Ausdruck bringt.
2. Bewertung dieser Ziele (Kriterien). Dabei handelt es sich um eine relative Bewertung, indem die Summe aller Kriterien einen konstanten Betrag (z. B. 100) ergeben muß.
3. Analyse der Alternativen (Changes) bezüglich der Zielerfüllung: Entweder in Form einer prozentualen Ziel-(Kriterien)erfüllungswahrscheinlichkeit oder als ordinaler Vergleich der Alternativen untereinander, wobei dann die Summe aller Zielerfüllungsgrade der Alternativen einen konstanten Betrag ergeben muß.
4. Vergleichende Bewertung: Ziel(Kriterien)wert, multipliziert mit dem Erfüllungsgrad, ergibt einen Wert je Kriterium, die Summe der Werte für alle Kriterien den Gesamtwert der Alternative.

Beispiel:

KRITERIEN	KRIT.-WERT	CHANGE ANFORDERUNGEN					
		C_1		C_2		C_3	
		Erf.	Wert	Erf.	Wert	Erf.	Wert
Sicherheit	20	20	400	10	200	40	800
Optimaler Betriebsablauf	10	30	300	40	400	10	100
Erhöhung Verfügbarkeit	15	60	900	40	600	20	300
Bessere Systemnutzung	5	20	100	50	250	30	150
Kostengünstiges Verfahren	50	10	500	20	1000	30	1500
.							
.							
	100		2200		2450		2850

Ergebnis: $C_3 > C_2 > C_1$

Das bedeutet, daß Change C_3 gegenüber C_2 und dieser wiederum gegenüber C_1 bezüglich der Implementierung Priorität besitzt. Damit wird eine an typischen Kriterien zu messende Bewertung und daraus abgeleitet eine eindeutige Reihenfolge für die Realisierung ermittelt.

Beide Beispiele machen deutlich, daß im Rahmen des Change Managements analoge Methoden realisiert werden können, wie sie auch aus der allgemeinen Systemtechnik und Systemanalyse bekannt geworden sind. Damit kann nicht nur eine Realisierung, sondern auch eine Objektivierung von Problemen und wechselhaften Aufgabenstellungen im Rahmen der gesamten Ablauforganisation eines RZ erzielt werden.

6. Technische Hilfsmittel

Die zur Verfügung stehenden technischen Hilfsmittel beziehen sich vorwiegend auf Analysen und Statistiken des Systemverhaltens. Sie sind somit u.a. auch für das Change Management von großer Bedeutung. Die von der Fa. IBM verfügbaren Instrumente sollen beispielhaft kurz skizziert werden:

a) Service Level Reporter (SLR)

Der SLR extrahiert Daten aus SMF- und IMS-Log-Bändern, verdichtet diese Daten und setzt sie in rechnerische Beziehungen zueinander. Dabei sind drei Arten von Tabellen unterscheidbar:

TYP	definiert durch	gefüllt durch
1. LOG-TABELLEN = Daten der Einzelereignisse	SLR	SLR
2. SUMMEN-TABELLEN = Kategorien von Ereignissen mit Summen	Benutzer	SLR
3. PARAMETER-TABELLEN = Vergleichswerte, Limits, Faktoren	Benutzer	Benutzer

Es sind Auswertungen und Aufzeichnungen für eine Vielzahl von Kennzahlen des Systemverhaltens möglich, z. B.: Jobs und Programme, Summe der CPU-Zeiten, Wartezeiten, Service Allocations, EXCP's, Kanalaktivitäten, Pagingaktivitäten, Transaktionen usw. Das Programm SLR stellt ein komplexes Berichtssystem für das Systemverhalten dar und bietet somit das Basismaterial für vergleichende Statistiken und Analysen.

b) Change Management/Tracking (CM/T)

Das Programm CM/T protokolliert Änderungen in Data Sets, kopiert veränderte Members in eine sog. Back-Up-Bibliothek, erzeugt den Job Stream für die Wiederherstellung von Data Sets und erstellt entsprechende Berichte. Dementsprechend sind Protokolle verfügbar über: Datenträger Back Up, Datei-Änderungen, Member-Änderungen und Programme.

c) Data Processing Accounting for IMS/VS (DPA IMS/VS):

Das Programm DPA ist ein Abrechnungssystem für IMS-On-Line-Aktivitäten. Als Basis dienen die Transaktionen, die über Verrechnungssätze bewertet werden. Es kann eingesetzt werden für: Vorschau auf die DV-Nutzung, Bewertung neuer Anwendungen, Budgetplanung, Kostenanalyse, Kostenträgerrechnung und Abrechnung.

7. Zusammenfassung

Change Management befaßt sich mit den Problemen der Änderungsanforderungen, die ein Rechenzentrum zu bewältigen hat und die - bei ungeplanter Realisierung - die Verfügbarkeit, die Sicherheit und die Wirtschaftlichkeit zu beeinträchtigen vermögen. Dabei handelt es sich um eine systematische Abstimmung zwischen struktur- und ablauforganisatorischen Methoden, die durch entsprechende Einrichtungen der Software unterstützt werden. Von Bedeutung ist dabei eine methodische Orientierung, wobei die im Bereich der Systemtechnik bekannten Methoden des Projektmanagements, der Analyse und Bewertung sowie der Planung analoge Anwendung finden können. Es ist zu erwarten, daß in Anbetracht der zunehmenden Komplexität des Rechenzentrumsbetriebs, die letztlich durch ein zunehmendes Anwendungsspektrum bedingt ist, die Methoden und Verfahren des Change Managements erhöhte Bedeutung erlangen.

8. Literaturhinweise

IBM (Hrsg.) : Problem and Change Management in Data Processing
IBM Form Nr. GE 19-5201-0

IBM (Hrsg.) : Change Management/Tracking (CM/T), DP Accounting for IMS/VS (DPA), Service Level Reporter (SLR); General Information Manual.
IBM Form Nr. GH 19-6028-0.

Koreimann, D.S.: Systemanalyse, Berlin, New York, 1972

Koreimann, D.S.: Lexikon der angewandten Datenverarbeitung Berlin, New York 1977.

Software für das Rechenzentrum - Analyse des Bedarfs und Angebots

R. Senger, D. Seibt

1. Rationalisierung des RZ-Betriebs durch Einsatz spezieller Software

Die Softwareausstattung der Rechner durch die Hersteller genügt in vielen Fällen nicht ausreichend den Wünschen und Bedürfnissen der Anwender.
Zum einen ist zu beobachten, daß einzelne Komponenten mancher Betriebssysteme offensichtliche Schwachstellen aufweisen, zum anderen gibt es einige wichtige Funktionen im Rechenzentrumsbetrieb, wie z.B. Verwaltung von Programmbibliotheken oder Magnetbandverwaltung, die nach allgemeiner Auffassung nicht mehr unbedingt den Betriebssystemfunktionen zuzurechnen sind und demzufolge von vielen Betriebssystemen auch nicht geboten werden.
Daraus resultiert ein Bedarf der Rechenzentren an zwei Arten von System-Support-Software, nämlich:

a) Softwarekomponenten, die bestimmte Betriebssystemkomponenten ersetzen, die aber leistungsfähiger sind als die Originalkomponenten

b) Softwarekomponenten, die bisher vorwiegend manuell/personell orientierte Funktionen übernehmen oder unterstützen.

Der individuelle Bedarf eines Rechenzentrums wird durch eine Vielzahl von Faktoren beeinflußt, die in ihrer Gesamtheit den "Typ" eines Rechenzentrums ausmachen.
Eindeutige Zuordnungen zwischen Rechenzentrums-Typ und Software-Bedarf lassen sich zwar im allg. nicht angeben, wohl aber eine Reihe von Indikatoren, die anzeigen, wann eine bestimmte Art von Softwareunterstützung angebracht erscheint, so z.B.

- Anzahl der Produktionsjobs pro Tag
- Anteil der periodischen Verarbeitungen
- Anzahl der Testjobs pro Tag
- Anteil des Teilnehmerbetriebs
- Anzahl der Dateien/Magnetbänder
- Bewegungshäufigkeit der Dateien
- Umfang und Anzahl der zu verwaltenden Programme.

Falls eine entsprechende Ausprägung dieser Indikatoren vorliegt, muß die Möglichkeit der Unterstützung der betroffenen RZ-Abläufe durch Softwaresysteme (Teilautomatisierung/Automatisierung) geprüft werden. Gesicherte Aussagen darüber, ob durch diese Maßnahme eine Verbesserung der Wirtschaftlichkeit und Wirksamkeit des RZ-Betriebs zu erreichen ist, können allerdings nur durch eine auf den konkreten Fall zugeschnittene, situationsspezifische Ziel-/Leistungs-/Kosten-Analyse gewonnen werden.

In einer 1976 durchgeführten Untersuchung [1] wurde sowohl der Bedarf der Rechenzentren als auch das Marktangebot an System-Support-Software analysiert und beschrieben. Tabelle 1 zeigt z.B., wieviel Prozent von 56 befragten Rechenzentren der Wirtschaft solche Software einsetzen bzw. in naher Zukunft einsetzen werden. Dabei ist allerdings zu berücksichtigen, daß es sich um eine Auswahl solcher Rechenzentren handelt, die <u>überhaupt</u> System-Support-Software verwenden, und dies sind nur 27% <u>aller</u> befragten Wirtschafts-Rechenzentren.

RZ-Funktion	Software eingesetzt	Softwareeins.gepl.
Konfig.- u. Kapazitätsplanung	12%	9%
Arbeitsplanung	8%	32%
Durchsatz-Kontrolle	27%	20%
Magnetband-Verwaltung	41%	41%
Bibliotheksverwaltung	52%	17%
Accounting	41%	31%

<u>Tabelle 1</u>: Einsatz von Software zur Unterstützung des RZ-Betriebs (in ausgewählten RZ der Wirtschaft)

Diese Auswahl stellt also gerade diejenigen Rechenzentren in den Vordergrund, die als besonders experimentier- und innovationsfreudig gelten dürfen. Die Gründe für die Zurückhaltung vieler Rechenzentren beim Ankauf fremderstellter Software sind, wie die o.g. Untersuchung feststellt, zum einen in Risikobedenken (Wartung), zum anderen in mangelnder Markttransparenz zu suchen.

Das Angebot an Software für das Rechenzentrum wurde in der genannten Untersuchung für die in Tabelle 1 angegebenen RZ-Funktionen in Form eines detaillierten Softwarekatalogs dargestellt. Ansatzpunkt für diesen Softwarekatalog war der ISIS-Katalog [2], aus dem die Namen der angebotenen Softwarepakete und ihre Hersteller bzw. Anbieter zu entnehmen sind. Die weiteren Angaben des Softwarekatalogs wurden durch Auswertung von Informationsmaterial und Befragung der Hersteller bzw. Anbieter gewonnen. Als Grundlage dazu dienten Kriterienkataloge, die jeweils in einen allgemeinen Teil von Kriterien, die für die Beschreibung jeder Art von Software Anwendung finden können, und einen funktionsspezifischen Teil gegliedert waren. Ein Beispiel für einen solchen funktionsspezifischen Kriterienkatalog findet sich im Anhang. Tabelle 2 zeigt, wieviele Softwarepakete pro RZ-Funktionsbereich gegenwärtig auf dem Softwaremarkt angeboten werden. Im folgenden wird eine Übersicht über vier Bereiche gegeben, die mit dem Themenkreis "Ablauforganisation und Automatisierungshilfsmittel" in unmittelbarem Zusammenhang stehen, nämlich Magnetbandverwaltung, Bibliotheksverwaltung, Ablaufsteuerung und -kontrolle.

RZ-Funktion	Anzahl Softwarepakete
Magnetbandverwaltung	8
Ablaufsteuerung	2
Programmbibliotheks-Verwaltung	8
RZ-Dokumentation und Kontrolle	14

Tabelle 2: Softwareangebot

2. Magnetbandverwaltung

Aus der o.g. Studie [1] geht hervor, daß in einem durchschnittlichen Rechenzentrum ca. 5000 Magnetbänder archiviert sind, in großen Rechenzentren bis zu 50.000. Die Verwaltung und Disposition dieser Datenträger erfordert einen beträchtlichen Personalaufwand, wenn Kataloge, Dispositionslisten usw. manuell geführt werden. Kleinste Fehler und Fahrlässigkeiten können zu irreparablen Schäden in wichtigen Datenbeständen führen, zumindest jedoch zu Verzögerungen, Leerzeiten oder Wiederholungsläufen, die den Produktionsbetrieb des Rechenzentrums erheblich stören.
Softwaresysteme zur Magnetbandverwaltung stellen eine Möglichkeit dar, den Rechenzentrumsbetrieb sicherer und effizienter zu machen.
Die wichtigsten Funktionen, deren Erfüllung von einem Bandverwaltungssystem erwartet werden kann, sind:

- Sicherung der Datenbestände gegen irrtümliche oder beabsichtigte Zerstörung
- Bereitstellung von Informationen für die Disposition der Magnetbänder
- Verwaltungsfunktionen (Kataloge)
- Statistik.

Tabelle 3 gibt einen Überblick über Systeme zur Magnetbandverwaltung.
Kriterien zur Beurteilung des Funktionsumfangs von Softwaresystemen zur Magnetbandverwaltung finden sich im Anhang (Kriterienkatalog). Bei der Einführung eines maschinellen Bandverwaltungssystems wird neben dem Funktionsumfang des Systems vor allem auch die Flexibilität ein wichtiges Kriterium sein, d.h. die Möglichkeit, bereits existierende Organisationsformen, wie z.B. Ablage der Bänder nach Arbeitsgebieten, zu berücksichtigen.

SYSTEM	ANBIETER	HERSTELLER ANLAGEN BETRIEBSSYSTEME	ANZAHL INSTALLA-TIONEN WELTWEIT	BRD,A,CH	KAUFPREIS (TDM)
UCC-ONE	UCC-AC-SERVICE, 4000 DÜSSELDORF	IBM/360/370, OS,VS	500	32	28
TFAST/VS TFAST/TP	HÜBNER & MERGARD 6000 FRANKFURT/M.	IBM/360/370 DOS,DOS/VS	112	7	25
BVS	INFOSOFT, 8501 WEIHERHOF	IBM/370; DOS/VS	28	28	24
CICS-BVS	INFOSOFT 8501 WEIHERHOF	IBM/370; DOS/VS; CICS	7	7	4
TLS-1	SYSCO, 6380 BAD HOMBURG V.D.H.	IBM/360/370;	8	2	14
EPAT	SOFTWARE DESIGN GMBH, 8000 MÜNCHEN	IBM/360/370; DOS, DOS/VS	2000	110	2
SYSTEM IV	NAMIC A/S, OSLO/NORWEGEN	IBM/360/370; DOS, DOS/VS OS, OS/VS	150	12	15 - 22
DDS	LAMMERT UNTERNEHMENSBERAT., 28000 BREMEN	IBM/360/370; OS, DOS, SIEMENS 4004, PBS	3	3	15

TABELLE 3: MARKTÜBERSICHT BANDVERWALTUNGSSYSTEME

3. Bibliotheksverwaltung

Systeme zur Bibliotheksverwaltung dienen primär der Aufnahme von Quellprogrammen, aber auch jeder anderen Art von Daten, die üblicherweise in Form von Dateien verwaltet werden. Die unmittelbar sichtbare Wirkung des Einsatzes von Bibliotheksverwaltungssystemen ist deshalb zunächst das weitgehende Verschwinden von Lochkartendecks aus dem Rechenzentrumsbetrieb.
Mit der Übernahme von Kartendecks auf Plattendateien und der Verwaltung dieser Dateien durch ein Bibliotheksverwaltungssystem eröffnen sich zwei Möglichkeiten der Rationalisierung der Datenverarbeitung, nämlich:

- die Möglichkeit der zentralen Verwaltung und Dokumentation aller Programme/Dateien eines Rechenzentrums
- die Möglichkeit der softwaregestützten Änderung/Wartung einzelner Programme durch den Programmierer einschließlich der maschinellen Dokumentation aller Änderungen.

Damit sind auch die Kriterien festgelegt, die für die Entscheidung über die Einführung eines Bibliotheksverwaltungssystems heranzuziehen sind: Zum einen der Umfang des Programmbestandes und zum anderen die Häufigkeit von Änderungen in Quellprogrammen bzw. das Ausmaß des Testbetriebs in einem Rechenzentrum. Eine in 1976 durchgeführte Untersuchung [1] hat ergeben, daß in einem durchschnittlichen Rechenzentrum etwa 1000 Programme zum festen Bestand gehören, in großen Rechenzentren bis zu 14.000 Programme. Der Anteil der Testarbeiten im Zusammenhang mit der Entwicklung von neuen Anwendungssystemen kann bei 10-20% des täglichen Arbeitsvolumens angenommen werden, das sind bei einer ebenfalls in der genannten Untersuchung festgestellten durchschnittlichen Anzahl von 1.200 Jobs pro Tag 120 bis 240 Testjobs pro Tag. Tabelle 4 gibt einen Überblick über das gegenwärtige Marktangebot.

SYSTEM	ANBIETER	ANLAGEN/BETRIEBSSYSTEME	ANZAHL INSTALLATIONEN		KAUFPREIS (TDM)
			WELTWEIT	BRD,A,CH	
LIBRARIAN	CPP COMPUTER PROGRAM PRODUCTS, 4000 DÜSSELDORF	IBM /360,/370; DOS,DOS/VS; OS,VS1,VS2	3900	265	16 - 19
PANVALET	PANSOPHIC SYSTEMS, 4050 MÖNCHENGLADBACH	IBM /360,/370; DOS,DOS/VS; OS,VS1,VS2	3100	120	13 - 17
RHV-DVS	RHV-SOFTWARETECHNIK, 4000 DÜSSELDORF	IBM /360,/370; DOS,OS; SIEMENS 4004; BS 1000	2	2	16 - 28
ADVOR-710	ADV/ORGA, 2940 WILHEMS-HAVEN	IBM /360,/370,DOS,OS; SIEMENS 4004, UNIDATA 7.722; BS 1000, PBS	88	88	12
SUPERLIB	EDV-BERATUNG STARK, 7000 STUTTGART	IBM /360,/370;DOS,DOS/VS, OS,OS-VS	12	-	12
FLEET	SOFTWARE DESIGN GMBH, 8000 MÜNCHEN	IBM /360,/370; DOS,DOS/VS	175	37	MIETE AB 360 DM/MTL.
APOSED	APOLLO GMBH, 4040 NEUSS	SIEMENS 4004 /7.000; PBS, BS 1000	1	1	9
XMAINT	KÜHN & WEY 7800 FREIBURG	IBM /360,370; DOS	15	15	4

TABELLE 4 : MARKTÜBERSICHT PROGRAMMBIBLIOTHEKS-VERWALTUNGSSYSTEME

4. Automatisierte Ablaufsteuerung

In einem durchschnittlichen Rechenzentrum werden etwa 400 Jobs pro Tag verarbeitet, in sehr großen Rechenzentren bis zu 5000 Jobs pro Tag. Damit nimmt die Arbeitsplanung und Arbeitsvorbereitung eine zentrale Stellung im Betriebsablauf des Rechenzentrums ein. Vom Betriebssystem wird jedoch dieser Funktion im allg. kaum Unterstützung zuteil.

Die Aufgabe eines Ablaufsteuerungssystems im Rechenzentrum besteht darin, für die zu verarbeitenden Aufträge eine optimale Termin- und Kapazitätsplanung vorzunehmen und die plangerechte Ausführung zu überwachen. Dies bedeutet die zeitliche Verlagerung von Aufträgen innerhalb der möglichen Pufferzeiten unter Berücksichtigung der zur Verfügung stehenden Kapazitäten. Um eine Termin- und Kapazitätsplanung durchführen zu können, ist neben der Kenntnis der im Rechenzentrum verfügbaren Kapazität an Betriebsmitteln vor allem das Wissen um die Kapazitätsanforderung bzw. Kapazitätsauslastung durch die einzelnen Aufträge erforderlich. Diese Kapazitätsauslastung setzt sich im Rechenzentrumsbetrieb normalerweise aus der Auslastung einer Vielzahl von Betriebsmitteln durch mehrere Aufträge bzw. Auftragsteile zusammen. Zudem kann der Betriebsmittelbedarf (auch periodisch wiederkehrender Aufträge) starken Schwankungen unterworfen sein, z.B. abhängig vom jeweils zu verarbeitenden Datenumfang. Der Aufwand für die Erstellung einer entsprechenden Datenbasis, z.B. einer Jobstammdatei, in der sämtliche für die Einplanung von Aufträgen notwendigen Planungskriterien enthalten sind, ist deshalb im allg. beträchtlich. Dieses Problem kann jedoch durch eine maschinelle Erfassung, Dokumentation und Auswertung der entsprechenden Daten gemeistert werden.
Von größerer Bedeutung ist in diesem Zusammenhang die Frage, welche Kapazitäten bzw. Auslastungen ein externes, d.h. nicht in das Betriebssystem integriertes Ablaufsteuerungssystem, überhaupt in die Planung mit einbeziehen sollte.
Hier sollte der Grundsatz gelten, daß nur diejenigen Betriebsmittel bzw. Betriebsmittelkapazitäten verplant werden, deren Vergabe auch tatsächlich beeinflußt, d.h. gesteuert werden kann. Gerade im Rechenzentrumsbetrieb, und hier insbesondere bei der Belegungsplanung des Rechners im engeren Sinn tritt häufig der Fall auf, daß sich die Zuteilung bestimmter Resourcen vollkommen der Kontrolle des Benutzers und damit zunächst auch dem Zugriff eines externen

Steuerungssystems entzieht.

Ein sinnvoll arbeitendes Ablaufsteuerungssystem für das Rechenzentrum sollte deshalb bereits in der Konzeption das "Eigenleben" des Betriebssystems, mit dem es zusammenarbeiten soll, berücksichtigen. Dies kann dadurch geschehen, daß der Einsatzradius des (externen) Ablaufsteuerungssystems auf die Grobplanung beschränkt wird und dem Betriebssystem die Feinplanung, d.h. die ereignisorientierte Steuerung überlassen bleibt.
Die Grenze für die Grobplanung kann nicht generell festgelegt werden. Sie wird u.a. durch die Ziele, die das Rechenzentrum mit dem Ablaufsteuerungssystem verfolgt, und durch die Charakteristika des Betriebssystems bestimmt. Den Schnittstellen zwischen externem Ablaufsteuerungssystem und Betriebssystem ist deshalb eine besondere Bedeutung beizumessen.
Tabelle 5 gibt einen Überblick über das gegenwärtige Softwareangebot in diesem Bereich.
Aus den hier vorgelegten Zahlen und Tabelle 1 läßt sich entnehmen, daß die Problematik der Ablaufsteuerung im Rechenzentrum sehr aktuell ist: Einerseits planen relativ viele Rechenzentren eine verstärkte Automatisierung dieser Funktion, andererseits beschränkt sich das Softwareangebot auf einige wenige Systeme mit verhältnismäßig niedrigen Installationszahlen.

SYSTEM	ANBIETER	ANLAGEN/BETRIEBSSYSTEME	ANZAHL INSTALLATIONEN WELTWEIT	BRD,A,CH	KAUFPREIS (TDM)
SYSTEM I JOB ACCOUNTING AND HARDWARE CONTROL	NAMIC A/S, OSLO, NORWEGEN	UNIVAC, RCA IBM /360,/370, DOS,DOS/VS OS,OS/VS SIEMENS BS 1000, BS 2000	600	47	22 - 28
SYSTEM III JOB-SCHEDULER/RZ-SCHEDULER	NAMIC A/S, OSLO, NORWEGEN	UNIVAC, RCA IBM /360,/370, DOS,DOS/VS OS, OS/VS SIEMENS BS 1000, BS 2000	150	3	32 - 42
PECS PLANING AND EXECUTION CONTROL SYSTEM	SMG SOFTWARE MARKETING GMBH, RELLINGEN	IBM /360,/370 OS-MFT,MVT, VS1,VS2	12	12	40
PECS-NCS NETWORK CONTROL SYSTEM	SMG SOFTWARE MARKETING GMBH, RELLINGEN	IBM /360,/370 OS-MFT,MVT, VS1,VS2	3	3	9

TABELLE 5: MARKTÜBERSICHT RZ-ABLAUFSTEUERUNGSSYSTEME

5. Dokumentation und Kontrolle

Dem Einsatz von Automatisierungshilfsmitteln sollte stets eine gründliche Analyse der Betriebsabläufe vorausgehen. Ebenso ist es notwendig, die Wirksamkeit der eingesetzten Instrumente laufend zu überprüfen.
Für die Erfüllung beider Aufgaben stellen die Logdaten des Betriebssystems einen wichtigen Faktor dar. Eine Datensammelkomponente zur Erfassung der System Performance Information ist heute in alle mittleren und größeren Betriebssysteme integriert (Accounting). Damit ist eine Basis zur Systemüberwachung gegeben, denn die durch das Betriebssystem erfaßbaren Logdaten gehen im allg. über das für eine Verrechnung und Verteilung der RZ-Kosten erforderliche Maß hinaus. Außerdem können sie als Grundlage zur Konfigurations-,Kapazitäts- und Arbeitsplanung des Rechenzentrums dienen.
Die Auswertung der gesammelten Daten wird jedoch in aller Regel dem Anwender überlassen, d.h. er muß die erforderlichen Datenreduktions- und -analyseprogramme selbst entwickeln oder auf den Softwaremarkt zurückgreifen. Da das Interesse an entsprechender Software groß ist (s.Tabelle 1), hat sich ein umfangreiches Angebot entwickelt. Tabelle 6 gibt einen Überblick. Die genannten Systeme greifen z.T. auf Logdaten zurück, z.T. führen sie aber unabhängig von Betriebssystem eigene Messungen durch (Monitoren), so daß auch der Overhead des Betriebssystems erfaßt werden kann.

Außer den in Tabelle 6 angegebenen Softwarepaketen gibt es noch eine Anzahl von Monitoren, deren primäre Anwendung in der Überwachung des aktuellen Systemzustands mit dem Ziel der Erkennung und Beseitigung von Konfliktsituationen oder in der Optimierung von Programmen zu sehen ist.

SYSTEM	ANBIETER	ANLAGEN/BETRIEBSSYSTEME	ANZAHL INSTALLATIONEN WELTWEIT	BRD,A,CH	KAUFPREIS (TDM)
SYSTEM I	S.RZ-ABLAUFSTEUERUNGSSYSTEME				
PLAN IV	CAP GEMINI 4000 DÜSSELDORF	IBM /360,/370: OS/VS	130	18	16
CONSLOG	HÜBNER & MERGARD, 6000 FRANKFURT/M.	IBM /370-115,125,138-158; DOS/VS	120	16	MIETE 220 DM/MONAT
LOGOUT	DIALOGIKA, 8000 MÜNCHEN	IBM /360,/370: DOS,DOS/VS	11	11	MIETE 280 DM/MONAT
JARS (OS)	SMG SOFTWARE MARKETING, 2084 RELLINGEN	IBM /360,/370: OS,VS,MVS HASP,TSO	500	19	17 - 20
JARS (DOS)	SMG SOFTWARE MARKETING GMBH, RELLINGEN	IBM /360,/370: DOS AB REL. 25, DOS/VS	500	26	10 - 14
JASPER	HÜBNER & MERGARD 6000 FRANKFURT/M.	IBM /360,/370: DOS,DOS/VS	300	17	8 - 17
PRESTO	ZEDA, 5600 WUPPERTAL	IBM /370 AB 135; OS/VS	15	14	11 - 15
SMS/CUE	CPP COMPUTER PROGRAM PRODUCTS, 4000 DÜSSELDORF	IBM /360,/370: OS-MFT/MVT VS,MVS	1000	44	35 - 64

TABELLE 6A: MARKTÜBERSICHT RZ-DOKUMENTATIONS- UND KONTROLLSYSTEME

SYSTEM	ANBIETER	ANLAGEN/BETRIEBSSYSTEME	ANZAHL INSTALLATIONEN		KAUFPREIS (TDM)
			WELTWEIT	BRD,A,CH	
CONTROL/IMS	CPP COMPUTER PROGRAM PRODUCTS, 4000 DÜSSELDORF	IBM /360,/370; OS-MFT/MVT VS,MVS,IMS/VS AUSSER REL 1.1.4	57	1	53
SMF-PROGRAMS	SYSCO, 6380 BAD HOMBURG VDH.	IBM /360 AB -40,/370 AB -135,- OS/VS	100	8	1 - 4
CIMS	UNISERV, 7530 PFORZHEIM	IBM /360,/370; DOS,DOS/VS, OS	270	36	5 - 13
TAS	TREUDATA, 4150 KREFELD	IBM /360,/370; DOS,OS; SIEMENS 4004; BS 1000, BS 2000	1	1	20
ACCOUNT	UNTERNEHMENSBERATUNG SÜD (UBS) 7000 STUTTGART	IBM /360,/370; DOS,DOS/VS	37	37	1 - 2

TABELLE 6B: MARKTÜBERSICHT RZ-DOKUMENTATIONS- UND KONTROLLSYSTEME (FORTS.)

6. Schlußbemerkung

Als Ergebnis dieser Marktuntersuchung kann festgehalten werden, daß in den meisten der genannten RZ-Funktionsbereiche ein befriedigendes Marktangebot besteht, wenn auch festzustellen ist, daß sich dieses vor allem auf den Rechnerbetrieb im engeren Sinn konzentriert. Das umfangreichste Angebot mit den höchsten Installationszahlen ist genau da anzutreffen, wo bestimmte Betriebssysteme offensichtliche Lücken lassen. Dies entspricht zwar zunächst dem unmittelbaren Bedarf der Anwender, hat jedoch zur Folge, daß der den Rechnerbetrieb umgebende Rechenzentrumsbetrieb zu wenig berücksichtigt wird. So konnten sich z.B. die für die Unterstützung der RZ-Abläufe zur Verfügung stehenden Systeme bisher nicht durchsetzen. Um auch in diesem Bereich System-Support-Software erfolgreich einsetzen zu können, sind noch Vorarbeiten mit dem Ziel eines vertieften Verständnisses der Problematik des RZ-Betriebs zu leisten.

Literaturhinweise:

[1] Vorstudie "Rationalisierung von Rechenzentren", gefördert vom BMFT (DVO81 517375) durchgeführt von der Arbeitsgemeinschaft: Fried. Krupp GmbH, Krupp Gemeinschaftsbetriebe (KGB) Köln, Betriebswirtschaftliches Institut für Organisation und Automation an der Universität zu Köln (BIFOA), Orgalogic Gesellschaft für Unternehmensberatung und Informationsverarbeitung mbH, Köln, 1976.

[2] ISIS Software Report, Infratest Information Services GmbH (Hrsg.), München 1977.

7. Anhang

Kriterienkatalog zur Beurteilung des Funktionsumfangs von Softwaresystemen zur Magnetbandverwaltung

1. Allgemeine Fragen

1.1 Bietet das System die Möglichkeit einer Organisation nach

- Sachgebieten
- Bandnummern
- sonstige Kriterien

1.2 Bietet das System die Möglichkeit einer grundsätzlichen und permanenten Trennung von fest zugeordneten Arbeitsbändern und freien Scratchbändern?

1.3 Stellt das System spezielle Anforderungen an die Kennzeichnung der Bänder bzw. Dateien? Wenn ja, welches sind diese?

1.4 Sind Mehrdateien-Bänder möglich?

1.5 Sind Dateien über mehrere Bänder möglich?

1.6 Unterstützt das System Datensicherung

- nach dem Generationenprinzip
- für bestimmte Zeitintervalle
- nach sonstigen Kriterien

1.7 Speichert das System Standortinformationen über die verwalteten Bänder?

1.8 Erfolgt eine Koordination des Masterfile des Systems mit dem Katalog des Betriebssystems?

2. Steuerung und Betrieb

2.1 Welche Möglichkeiten bietet das System zur Steuerung der Funktionen?

- eigene Steuersprache
- sonstige Möglichkeiten

2.2 Wie kann das System betrieben werden?

- online
- batch

2.3 Online-Betrieb

2.3.1 Wie werden die benötigten Daten ermittelt?

- durch Rückgriff auf vom Betriebssystem routinemäßig bereitgestellte Informationen (z.B. SMF-Sätze)
- durch bedarfsweises Eingreifen in den laufenden Betrieb (z.B. in die Open-/Close-Routinen)

2.3.2 Welche besonderen Funktionen werden durch das System unterstützt?

- Veränderung des Masterfile durch den Benutzer
- Abfrage des Masterfile nach folgenden Kriterien:

  . Bandnummer
  . Dateiname
  . Jobname
  . Sachgebiet
  . sonstige

- Schutz von Dateien bezüglich

  . unbefugtem Zugriff
  . Einhaltung von Sperrfristen
  . Überschreibung (z.B. Erkennen von Bändern, die irrtümlich als freie Scratchbänder montiert werden)

- automatische Markierung der Bänder durch Software-Labels (z.B. als Scratchband)
- automatische Registrierung von freiwerdenden Bändern
- automatisches Drucken von Bandetiketten
- sonstige Funktionen

2.4 Batch-Betrieb

2.4.1 Welche besonderen Funktionen werden durch das System erfüllt?

- Drucken von Etiketten
- automatische Erstellung von Steuerkarten zur Benutzung der Dateien
- sonstige Funktionen

2.5 Umfaßt das System neben den Funktionen zur Bandverwaltung auch Funktionen zur Unterstützung der Banddisposition?
Wenn ja, welche?

2.6 Ist es möglich, Erfahrungswerte der Vergangenheit in die Disposition mit einzubeziehen?
Wenn ja, wie?

- manuell
- durch Übernahme aus History-Files

3. Welche Berichte liefert das System in Intervallen bzw. auf Anforderung?

ORGANISATIONSFORMEN DES BETRIEBES VON EDV-ANLAGEN

Dezentraler Zugriff für Dialog- und Stapelverarbeitung eines Universitätsrechenzentrums mit Hilfe eines Kleinrechnernetzes

Klaus Heim, Universität Karlsruhe, Rechenzentrum

1. Einleitung

Das Rechenzentrum ist eine Einrichtung zur Versorgung seiner Benutzer mit Rechenkapazität. Dieser Versorgungsaufgabe nachzukommen heißt, die Anforderungen der Benutzer hinsichtlich sowohl der Rechenkapazität als auch der Ausstattung mit der hierfür angemessenen Endperipherie zu befriedigen. Es ist selbstverständlich, daß diese Aufgabe auf eine möglichst wirtschaftliche Weise gelöst wird.

Die besondere Situation des Rechenzentrums der Universität Karlsruhe, drei Rechenanlagen von zwei verschiedenen Herstellern zu betreiben, erforderte das Konzept der Endperipherie und ihres Anschlusses an die Rechenanlagen von Grund auf zu überdenken. Das Ziel der Überlegungen war, ein Anschlußsystem zu finden, das den Anschluß der Endperipherie an alle Rechenanlagen ermöglicht. Aufgrund dieser Forderungen mußte von dem Anschlußsystem eine große Anpassungsfähigkeit der Anschlußeinrichtungen und Freizügigkeit des Datenverkehrs aller Geräte und der Rechneranschlüsse untereinander gefordert werden. Diese Eigenschaften erbrachten gleichzeitig völlige Freizügigkeit in den Möglichkeiten, Geräte unterschiedlicher Eigenschaften und Datenmedien gegenseitig auszutauschen, z. B. Kartenleser durch Disketten. Der dadurch gewonnene Freiraum wurde dazu genutzt, um die gesamte Endperipherie-Infrastruktur noch stärker nach den Gesichtspunkten der Wirtschaftlichkeit, Benutzerfreundlichkeit und Entlastung der Großrechenanlagen zu gestalten.

Das Ergebnis dieser Überlegungen war

- Ablösung der Papierdatenträger, Lochstreifen und Lochkarten durch Diskette
- die Konzipierung von Außenstationen im Gelände der Universität, die mit allen Geräten ausgestattet sind, die der Normal-Benutzer benötigt (Bildschirme, Drucker und Diskettengeräte)

- Einsatzmöglichkeit der Geräte sowohl für Dialogsitzungen als auch für Stapelein/ausgabe durch wahlweises Umschalten
- Anwahlmöglichkeit der Rechenanlagen durch die Benutzer
- zentrale Überwachung und Steuerung der Endperipherie
- Off-line-Editiermöglichkeit für Disketten

Zugriff zu den Rechenanlagen

Der Zugriff zu den Rechenanlagen erfolgt entweder über sog. Stapelein/ausgabestationen oder über sog. Dialogstationen. Bei der Stapelein/ausgabe werden die Aufträge der Benutzer in eine Warteschlange bzw. in ein System von Warteschlangen unterschiedlicher Priorität eingereiht und vom System in der entsprechenden Reihenfolge bearbeitet. Die Aufträge, sog. Jobs, bestehen aus Steueranweisungen, Programmen und Daten der Benutzer. Das Verfahren der Stapelverarbeitung hat zum Ziel, den Durchsatz der Rechnersysteme zu optimieren. Diesem Ziel dienen die Multiprogramming-Verfahren der Betriebssysteme zusammen mit der Strategie der Maximierung des Parallelverarbeitungsgrades in der Maschine. Die Verweilzeit eines Auftrages im System, die sog. Antwortzeit, ist bei diesem Verfahren zweitrangig. Eine Folge davon ist, daß die mittlere Antwortzeit für die Aufträge relativ groß ist. Dieses Systemverhalten legt dem Benutzer nahe, umfangreiche Aufträge zu formulieren und vorzubereiten. Das bedeutet, daß die Aufträge auf Datenträgern aufbereitet werden müssen.

Im Gegensatz hierzu wird im Dialogverkehr versucht, die mittlere Antwortzeit der Aufträge, zumindest für kleinere Aufträge, für alle Benutzer möglichst klein zu halten, so daß alle Teilnehmer ein interaktives Gespräch mit der Rechenmaschine führen können. Zwangsläufig geht dieses Verfahren, Minimierung der Antwortzeiten für alle Teilnehmer, zu Lasten des Systemdurchsatzes. Die kurzen Antwortzeiten erfordern, daß zwischen den Benutzern und der Rechenanlage ein unmittelbarer Kontakt besteht. D. h. der Benutzer muß seine Eingaben direkt über eine Tastatur in die Rechenanlage eingeben und umgekehrt gibt die Rechenanlage ihre Antworten unmittelbar an einem Druckwerk oder Bildschirm aus.

Benutzerstation

Beide Verfahren des Zugriffs zu den Rechenanlagen, Stapelein/ausgabe und Dialog, erfordern eine entsprechende Ausstattung mit Endperipherie und Off-line-Geräten.

Die Aufträge, die über die Stapeleingabe eingegeben werden sollen, müssen zunächst auf einem Datenträger (z. B. Lochkarten) vorbereitet werden. Die Ausgabe erfolgt z. B. auf Drucker und/oder Lochkarten. Die Ein- und Ausgabegeräte zusammen bilden die Stapelein/ausgabestation, wobei zur Bedienung Anzeigen und Drucktasten erforderlich sind, um die Eingabe bzw. Ausgabe starten, anhalten, rücksetzen und fortsetzen zu können.

Für den Dialog ist eine Tastatur zur Eingabe und ein Druckwerk oder Bildschirm zur Ausgabe notwendig. Mit Bildschirmen allein kommt der Benutzer in der Regel nicht aus. Er benötigt Geräte, mit denen er seine Texte auf Papier ausgeben kann. Hierzu können natürlich die Drucker im Rechenzentrum verwendet werden, bei größerer Entfernung jedoch ist der Benutzer dadurch behindert. Die Konsequenz daraus ist, daß in diesen Fällen auch Drucker den Bildschirmen beigestellt werden müssen.

Verschiedene Anwendungen benötigen wegen der Antwortzeit den direkten Dialog und zur Eingabe ihrer Daten ein entsprechendes Eingabegerät. D. h. für diese Anwendungsfälle muß die Dialogstation zusätzlich mit einem Eingabegerät ausgerüstet werden.

Räumliche Verteilung der Benutzer

Neben der Art des Zugriffs zu den Rechenanlagen und der Ausstattung mit Endperipherie beeinflußt der Weg des Benutzers zu den Zugangsstellen der Rechenanlagen, d. h. zur Endperipherie, nicht unerheblich die Bearbeitungszeit seiner Probleme. Für eine Reihe von Anwendungen, wie Datenbanken - Abfragen, Meßdatenauswertung, ist es unerläßlich, die Ein/Ausgabestation unmittelbar am Arbeitsplatz zu haben, da die Antworten des Systems für die Weiterbearbeitung des Problems, z. B. Neueinstellung der Meßapparatur, usw. Voraussetzung ist. Bei einer weiträumigen Verteilung der Benutzer ist der Weg zum Rechenzentrum ein großes Hemmnis für die Lösung seiner Probleme auf der

Rechenmaschine des Rechenzentrums.

Endperipherie - Klassifizierung und Ausstattung

Unter Endperipherie werden alle die Geräte verstanden, über die Programme und Daten in die Rechenanlagen eingegeben bzw. Ergebnisse der Verarbeitung ausgegeben werden können. Die Endperipherie soll im Hinblick auf eine Dezentralisierung nach den Funktionen Ein-, Ausgabe und Konsole und außerdem nach Datenträgern klassifiziert werden.

Einer näheren Erläuterung bedarf der hier verwendete Begriff Konsolfunktion. Unter Konsolfunktion ist zu verstehen, die Ausgabe von Fehlermeldungen, die die Funktionsfähigkeit der Geräte einer Station betreffen, und die Eingabe von Steuerbefehlen für diese Geräte, wie Starten, Anhalten, Rücksetzen, usw. Stapelein/ausgabestationen sind in der Regel mit einer solchen Konsole ausgerüstet. Die Konsolfunktion wird deswegen hier hervorgehoben weil es bei einer Dezentralisierung der Endperipherie wünschenswert ist, die Kontrolle der Geräte im Rechenzentrum durchzuführen.

Nach Datenträgern unterschieden gibt es bei der Eingabe: Lochstreifen, Lochkarten, Magnetbandkassetten, Diskette, und bei der Ausgabe zusätzlich: Drucken und Plotten.

Die Überlegungen zur Zentralisierung - Dezentralisierung von Endperipherie muß sich aus wirtschaftlichen Gründen auch nach dem Bedarf der entsprechenden Peripheriefunktion richten. In einem Universitätsrechenzentrum besteht i. a. der größte Bedarf an Geräten zur Ein/Ausgabe von kleineren Programmen und Daten. Dazu werden benötigt: Lochkartenleser, Lochstreifenleser, Dialogterminals und Drucker. Geringerer Bedarf besteht bei Kartenstanzern, Lochstreifenstanzer, grafischen Bildschirmen, Plottern und Mikrofilmplotgeräten. Magnetbandgeräte eignen sich für eine Dezentralisierung aus verschiedenen Gründen nicht.

Der gesamte Komplex der Endperipherie eines Universitätsrechenzentrums mit den notwendigen Off-line-Geräten, wie Kartenlocher, Fernschreiber, usw., ist nach Investitionsvolumen und Unterhaltskosten von beachtlichem Umfang. Eine Reduktion dieser Kosten und eine Verbesserung des Service kann nur durch Reduzierung der Typenvielfalt der Geräte erreicht werden. Zur Abdeckung des Bedarfs würde prinzipiell ausreichen, das je ein Gerätetyp für Ein- und Ausgabe, für den Dialog und für das Drucken eingesetzt wird. Die Wahl des Gerätetyps für die Ein- und Ausgabe bedeutet gleichzeitig die Festlegung auf ein Datenmedium. Für dieses Datenmedium muß dann auch ein Gerät für die Off-line-Bearbeitung des betreffenden Datenträgers vorgesehen werden. Geräte mit Ein- und Ausgabe sind nur bei magnetischen Medien möglich: Magnetbandkassette und Diskette. Beide sind an sich gleichermaßen hierfür geeignet. Soll der Datenträger jedoch mit einem Dateisystem versehen werden, was beim Speichern von kleinen Dateien sehr wirtschaftlich ist, so ist die Diskette aufgrund ihres wahlfreien Zugriffsmechanismus gegenüber der Bandkassette bevorteilt. Das Idealgerät hierbei ist ein solches, das sowohl On-line mit den Rechenanlagen als auch Off-line zum Beschreiben und Lesen des Datenträgers verwendet werden kann.

Situation am Rechenzentrum der Universität Karlsruhe

Das Rechenzentrum der Universität Karlsruhe betreibt derzeit drei Rechenanlagen, wovon zwei aus der gleichen Systemfamilie sind, UNIVAC 11o8 und 11o6, und die dritte Anlage von einem anderen Hersteller, BURROUGHS 77oo. Um eine möglichst gleichmäßige Auslastung aller Anlagen zu erreichen, sollte das Endperipheriesystem so angeschlossen werden, daß jede der drei Rechenanlagen von jedem Endperipheriegerät erreicht werden kann. Auf diese Weise kann bis zu einem gewissen Grad eine Integration der drei unabhängigen Rechenanlagen zumindest für die Benutzer erreicht werden.

2. Zentralisierung - Dezentralisierung der Endperipherie

Geräte - ökonomischer Gesichtspunkt

Bei einer Zentralisierung der Endperipherie kann jeder Benutzer aus der Gesamtheit der Endperipherie ein Gerät auswählen und hat damit zum Vorteil, daß nach dem sog. Gesetz der großen Zahlen die Summe der Anforderungen mit wachsender Anzahl von Geräten besser durch die Summe der mittleren Anforderungen angenähert wird. D. h., die Wartezeiten der Benutzer auf das Freiwerden eines Gerätes ist geringer bei einer Zusammenlegung aller Geräte gegenüber einer Teilung der Geräte in mehrere Teilkapazitäten (Klein 74). Erhebliche Wartezeiten können bei Dialogstationen entstehen, da eine Dialogsitzung bis zu Stunden dauern kann. Bei Stapelstationen entstehen nur bei größtem Andrang Wartezeiten, da die Rechnersysteme die Aufträge zunächst einlesen und zwischenspeichern bis zur Bearbeitung.

Eine Folge der Dezentralisierung ist, daß die Entfernungen zwischen den Geräten und den Rechenanlagen durch zusätzliche Datenfernübertragungseinrichtungen überbrückt werden müssen. Bei entsprechender Dezentralisierung kann das Leitungssystem beachtliche Ausmaße annehmen und ist sowohl ein Kostenfaktor als auch eine Störquelle für die Benutzung der Rechenanlagen (Streeter 73).

Stufen der Dezentralisierung

Die Nachteile der Dezentralisierung, zusätzlicher Aufwand an Hardware für das Leitungssystem und größere mittlere Wartezeiten der Benutzer auf ein Gerät, kann dadurch gemildert werden, daß die Aufstellung der Geräte nicht total dezentral erfolgt, sondern mehrere Geräte in Außenstationen zusammen aufgestellt werden. Diese Schwerpunktsbildung ermöglicht die Reduktion der Hardware für das Leitungssystem durch Einsatz von Leitungsmultiplexern, die auch den Einsatz von schnellen Datenübertragungsstrecken sinnvoll machen. Zudem besitzt sie den Vorteil, daß Geräte, von denen der Benutzer zwar selten Gebrauch macht, deren Funktionen jedoch zum Zugriff zu den Rechenanlagen notwendig ist, ökonomisch eingesetzt werden können. Das gilt auch für Geräte, deren sinnvollen Einsatz erst bei einer entsprechenden Geschwindigkeit gegeben ist. Beispiele hierfür sind Drucker in der Funktion von Zusatzgeräten zu Dialogterminals und Plotter als Zusatzgeräte für grafische Bildschirme.

Gewinn der Dezentralisierung

Die Vorteile der Dezentralisierung liegen allein auf der Verkürzung der Wege der Benutzer zu der Endperipherie der Rechenanlagen. Dies ist immer dann von großer Bedeutung, wenn die Lösung des Problems durch einen Dialog zwischen Rechenmaschinen und Benutzer erfolgen muß. Dies gilt insbesondere für den selektiven Zugriff zu großen

Datenbeständen und den Einsatz von Meßapparaturen in der Forschung.

3. Anschluß von abgesetzter Endperipherie an Rechnersysteme

Im folgenden werden die Möglichkeiten des Anschlusses von herstellerfremder Endperipherie an eine oder mehrere Rechenanlagen diskutiert und zwar ausschließlich unter dem Aspekt, die Endgeräte über Datenfernübertragungseinrichtungen anzuschließen. Funktionell ist der Anschluß der Endgeräte so vorzunehmen, daß diese je nach Gerät als Stapelein/ausgabe- oder Dialogstation der Rechnersysteme benutzt werden können. Dazu müssen die Geräte an die in den Betriebssystemen hierfür vorgesehenen Schnittstellen angekoppelt werden. Üblicherweise verwenden die Rechenanlagen zum Anschluß von abgesetzter Peripherie serielle Leitungsschnittstellen und ein hierfür geeignetes Kommunikationsprotokoll. Soll nun herstellerfremde Endperipherie angeschlossen werden, so entsteht das Problem, daß das in der Rechenanlage vorhandene Kommunikationsprotokoll nicht dem anzuschließenden Gerät entspricht. In diesen Fällen ist eine Anpassung entweder des Kommunikationsprotokolls oder des Endgerätes erforderlich. Im Regelfall ist die Anpassung des Kommunikationsprotokolls des Rechnersystems zu umständlich oder mit Konsequenzen für die Softwarewartung verbunden, so daß nur der Weg der Anpassung der Endperipherie an das Kommunikationsprotokoll außerhalb des Rechners praktikabel ist.

Anschluß ohne Änderung des Betriebssystems

Die Forderung, keine Betriebssystemänderung, bedingt, daß eine vorhandene Hardwareschnittstelle zum Anschluß verwendet werden muß. Die hierzu u. U. zur Verfügung stehenden Schnittstellen sind

- Kanalschnittstelle eines Kommunikations-Prozessors
- serielle Leitungsschnittstelle für Leitungs-Multiplexer und Terminals.

Die Kanalschnittstellen sind für Datenübertragung im allgemeinen nicht geeignet. Hierfür kommen nur serielle Leitungsschnittstellen in Frage, die zudem den Vorzug haben, die Benutzung von Telefonleitungen zur Datenfernübertragung zu ermöglichen. Dies ist insofern wichtig, als damit dank dieser weit entwickelten Infrastruktureinrichtung das Verlegen von Leitungen überflüssig wird und eine hohe Flexibilität des Leitungssystems gegeben ist.

Sowohl Rechnerhersteller wie auch Endperipheriehersteller verwenden i. a. standardmäßig die genormten seriellen Leitungsschnittstellen, wie V 24 u. ä. Damit ist die Möglichkeit der Ankopplung von fremder Endperipherie ohne Hardwareanpassung gegeben.

Anschluß von unterschiedlichen Endgeräten an mehrere Rechnersysteme

Das Problem weitet sich aus, wenn nicht nur ein Endgerätetyp sondern mehrere unterschiedliche, wie Bildschirme, Drucker, Disketten usw., an mehrere Rechnersysteme anzuschließen sind und sie zusätzlich dynamisch zwischen den Rechnersystemen umgeschaltet werden sollen. Wird zudem gefordert, daß die Betriebssysteme der Rechenanlagen und die Hardware der Endperipheriegeräte nicht geändert werden sollen, muß zwischen den bestehenden Kommunikationsprotokollen der Rechenanlagen und der Endperipherie konvertiert werden. Aufgrund der geforderten Umschaltmöglichkeiten zwischen Endperipherie und Rechenanlagen muß zwischen allen vorhandenen Kommunikationsprotokollen konvertiert werden. Eine Methode, die zu implementierenden Konvertierungen zu reduzieren, besteht darin, ein einheitliches Kommunikationsprotokoll einzuführen und jedes der bestehenden Protokolle zunächst in dieses zu konvertieren (Bild 1).

Beim Entwurf eines einheitlichen Kommunikationsprotokolls wird von einem hypothetischen Terminal, dem sog. virtuellen Terminal, ausgegangen (Barb 77, Schick 76, Schick 77). Dieses besteht im wesentlichen in der Festsetzung des Zeichencodes und der Steuerbefehle für die Ein/Ausgabe am Bildschirm wie Zeilenvorschub, Wagenrücklauf, Zeilen- und Bildschirmlöschen, Bildschirmmarkesteuerung und einer Reihe Sonderbefehle. In der Praxis ergibt sich die Notwendigkeit, das virtuelle Terminal neuen Anforderungen anzupassen oder zu erweitern. Die Anpassungsfähigkeit des virtuellen Terminals sollte daher unbedingt bei der Implementierung berücksichtigt werden.

Um die Forderung keine Hardwareänderung zu erfüllen, müssen die notwendigen Konvertierungen über zwischengeschaltete Einheiten durchgeführt werden. Hierfür sind Mikroprozessoren und Kleinrechner wegen ihrer Programmierbarkeit gut geeignet. Die Wahl dieser programmierbaren Einheiten hängt von der Gesamtkonzeption des Leitungssystems ab. Kleinrechner sind in der Lage, mehrere Endgeräte bzw. Leitungsschnittstellen zu bedienen, und können daher die Aufgabe der Leitungskonzentration mit übernehmen. Mikroprozessoren sind ihrer Leistung nach nicht in der Lage, mehrere Peripheriegeräte zu bedienen.

4. Konfigurierung eines Endperipheriesystems

Verteilung der Endperipherie

Die Konfigurierung hat zum Ziel, den dezentralen Zugriff zu den Rechenanlagen des Rechenzentrums im Gelände der Universität zu ermöglichen und dem Gesichtspunkt der Wirtschaftlichkeit zu entsprechen. Die Wirtschaftlichkeit des Endperipheriesystems wird dadurch berücksichtigt, daß nur wenige Gerätetypen eingesetzt werden: Bildschirme und Schreibmaschinen, Diskettengeräte für Ein/Ausgabe, Lochstreifenleser für Meßdateneingabe und Drucker (Bild 2). Die Geräte werden schwerpunktmäßig in einigen wenigen Außenstationen aufgestellt, um auf diese Weise Zusatzgeräte durch mehrere Benutzer gemeinsam nutzen zu können und das Leitungssystem zu reduzieren.

Endgeräte für Dialog

Eine Dialogstation besteht primär aus einem Bildschirm oder einer Schreibmaschine. Bedarfsweise kann die Ausgabe auf einen Drucker oder eine Datei der Diskette umgesteuert werden. Ebenso kann die Eingabe des Dialogterminals aus einer Datei der Diskette oder von einem Lochstreifen erfolgen. Drucker, Diskettengeräte und Lochstreifenleser können als Zusatzgeräte einer Dialogstation verwendet werden. Mehrere Dialogstationen werden in Außenstationen zusammengefaßt, wobei jede Außenstation mit nur einem Drucker und einer beschränkten Anzahl Diskettengeräte ausgerüstet wird. Die Benutzer einer Außenstation, die in einem Raum zusammensitzen, müssen sich in der Benutzung der Zusatzgeräte teilen.

Endgeräte für Stapelein/ausgabe

Für die Stapelein/ausgabe werden Disketten, Lochstreifenleser und Drucker eingesetzt, wobei diese Geräte zudem noch für Dialogsitzungen als Zusatzgeräte verwendet werden können. Die Überwachung der Geräte einer Stapelstation soll vom Rechenzentrum aus erfolgen, d. h. Befehle zum Steuern der Geräte werden über eine Konsole im Rechenzentrum eingegeben und Fehlermeldungen der Geräte dort ausgegeben.

5. Funktionskomplexe zum Anschluß der Endperipherie

Der Anschluß der oben konfigurierten Endperipherie an mehrere Rechnersysteme kann in die folgenden Funktionskomplexe aufgegliedert werden (Bild 3):

Leitungssystem

Die vorgesehene Konzentrierung der Geräte in einigen wenigen Außenstationen ermöglicht die Hardware des Leitungssystems durch den Einsatz von Konzentratoren erheblich zu reduzieren und die Datenübertragung durch verbesserte Fehlerprüfungen und Fehlerbehandlungen gegen Störungen sicherer zu machen. Die Fehlersicherheit ist insbesondere für Stapelstationen wichtig, da hier im Gegensatz zu den Dialogstationen die unmittelbare Kontrolle durch den Benutzer fehlt. Die Folgen eines Fehlers sind hier gravierender, da die fehlerhaft übertragenen Stapelaufträge nochmals eingegeben werden müssen.

Emulation von Dialog- und Stapelstationen der Rechnersysteme

Die Konfigurierung der Endperipherie wurde allein nach dem Gesichtspunkt der Zweckmäßigkeit und Wirtschaftlichkeit vorgenommen. D. h. die Wahl der Geräte wurde unabhängig von Geräteanschlußmöglichkeiten des Herstellers der Großrechenanlagen getroffen. Damit entsteht das Problem, die Kommunikationsprotokolle der Geräte an die der Rechenanlagen anzupassen. Um die Bedingung zu erfüllen, die Betriebssysteme der Rechenanlagen nicht zu modifizieren, müssen die Dialog- und Stapelstationen der Rechenanlagen außerhalb dieser emuliert werden.

Konvertierung in das virtuelle Terminal

Sämtliche Geräte müssen wahlweise und dynamisch umschaltbar an verschiedene Rechnersysteme angeschlossen werden. Außerdem sollen Disketten, Lochstreifenleser und Drucker als Zusatzgeräte für Dialogterminals zugeschaltet werden können. Dies erfordert einen uneingeschränkten Verkehr aller Geräte untereinander und der Geräte mit den Rechnersystemen. Um dies zu ermöglichen, wird ein virtuelles Terminal eingeführt und die Kommunikationsprotokolle der Geräte und der Dialog- und Stapelstationen der Rechnersysteme in das Protokoll des virtuellen Terminals konvertiert.

Anwahlsystem der Endperipherie

Um die Endperipherie wahlweise an jede Rechenanlage des Rechenzentrums verbinden zu können, ist ein Anwahlmechanismus erforderlich, der auf Wunsch des Benutzers ein Terminal oder ein Ein/Ausgabegerät mit dem gewünschten Rechner verbindet. Umgekehrt muß die Druckausgabe von mehreren Rechnern nach Druckdateien synchronisiert an einem der Drucker der Außenstation ausgegeben werden.

6. Einsatz eines Kleinrechnernetzes

Konfiguration

Um die obengenannten Aufgaben zu erfüllen, wurde ein Kleinrechnernetz gewählt. Das Netz besteht aus einem Vorschaltrechner, der den Rechenanlagen im Rechenzentrum vorgeschaltet ist. Jede Außenstation ist ebenfalls mit einem Kleinrechner ausgestattet (Stationsrechner). Der Vorschaltrechner ist mit allen Stationsrechnern verbunden über jeweils eine durchgeschaltete Telefonleitung (9,6 KBaud) und mit den anzuschließenden Rechenanlagen ebenfalls über serielle Leitungsschnittstellen (ca. 4o KBaud).

Systemstruktur

Vorschalt- und Stationsrechner emulieren Dialog- und Stapelstationen der Rechenanlagen, konvertieren diese und die angeschlossenen Geräte in das Kommunikationsprotokoll des virtuellen Terminals. Ein Nachrichtentransportsystem, das die Leitungen zwischen den Vorschalt- und Stationsrechnern verwendet, transportiert die Daten im Format des virtuellen Terminals. Dieses Transportsystem besteht aus einer Intertask-Kommunikation zwischen Tasks in den Stationsrechnern und entsprechenden Tasks im Vorschaltrechner. Hierbei werden die Datensätze im Multiplexerverfahren über die Leitungen transportiert. Die Tasks ihrerseits steuern die Datenströme auf die Endperipheriegeräte bzw. auf die emulierten Dialog/Stapelstationen der Rechenanlagen.

Verbindungsverwaltung

Eine Verbindungsverwaltung sorgt für die Zuordnung der gewünschten Verbindungen. Diese werden zu Beginn einer Sitzung per Kommando geschaltet. Sie können aber auch jederzeit umgesteuert werden, so daß beispielsweise während einer Sitzung die Bildschirmausgabe zeitweise auf einen Drucker umgelenkt werden kann. Auf diese Weise werden die Zusatzgeräte der Dialogstationen angesteuert.

Bei den Stapelein/ausgabestationen werden die Verbindungen entweder automatisch bei Systemstart hergestellt oder per Kommando durch den Operateur, sie können jedoch auch jederzeit durch den Operateur aufgelöst oder umgesteuert werden.

Lokale Dienste der Stationsrechner

Die Stationsrechner sind zusätzlich in der Lage, das Editieren von Disketten zu übernehmen. Der Benutzer kann dadurch unabhängig von den Rechenanlagen seine Stapelaufträge vorbereiten oder Programme editieren, die im Dialog benutzt werden. Die Rechenanlagen werden dadurch zumindest teilweise vom Editieren entlastet.

Literatur:

(Barb 77/1) D. L. A. Barber: "The role and nature of a virtual terminal", Computer communication Review, July 1977, Vol. 7, No. 3

(Barb 77/2) D. L. A. Barber: "A virtual terminal protocol based on the use of zones", Computer communication Review, July 1977, Vol. 7, No. 3

(Klein 74) Leonard Kleinrock: "Resource allocation in computer systems and computer-communication networks", Computer hardware and software, Information Processing 74, North-Holland Publishing Company 1974

(Schick 76) P. Schicker, A. Dünki: "Virtual terminal definition and protocol"

(Schick 77) P. Schicker, H. Zimmermann: "Proposed for a scrall mode virtual terminal", Computer communication Review, July, Vol 7, No. 3

(Streeter 73) D. N. Streeter: "Centralization or dispersion of computing facilities", IBM System Journal Nr. 3, 1973

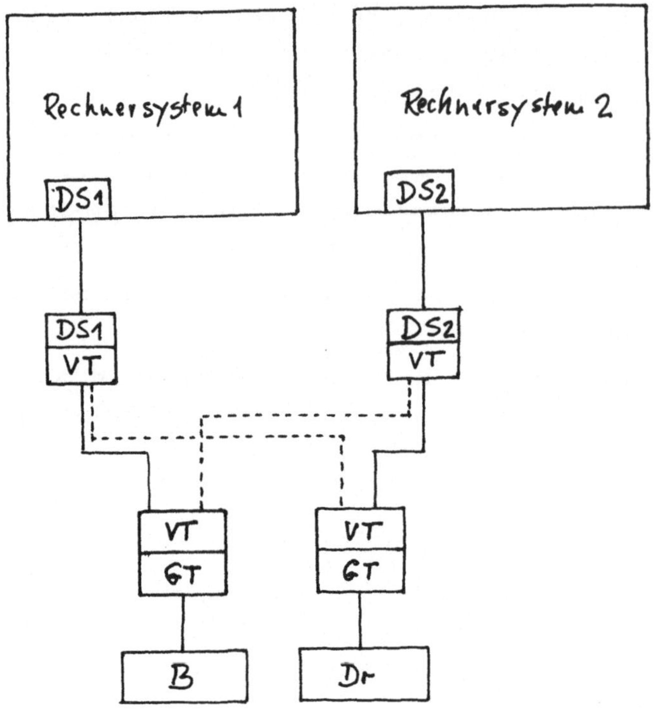

Bild 1: Anschluß von Endgeräten mit Konvertierung in das virtuelle Terminal

DS = Dialog-Station
VT = Virtuelles Terminal
B = Bildschirm
Dr = Drucker

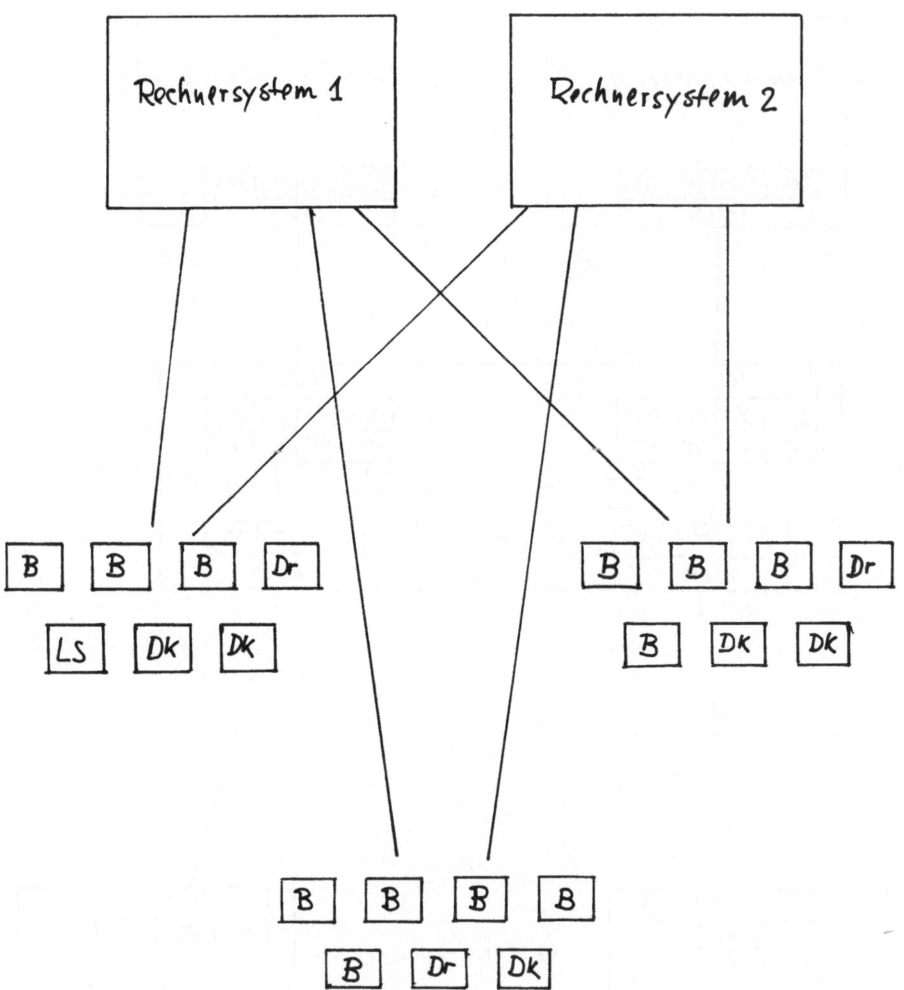

Bild 2: Konfiguration eines Endperipheriesystems

B = Bildschirm
Dr = Drucker
DK = Diskette
LS = Lochstreifen

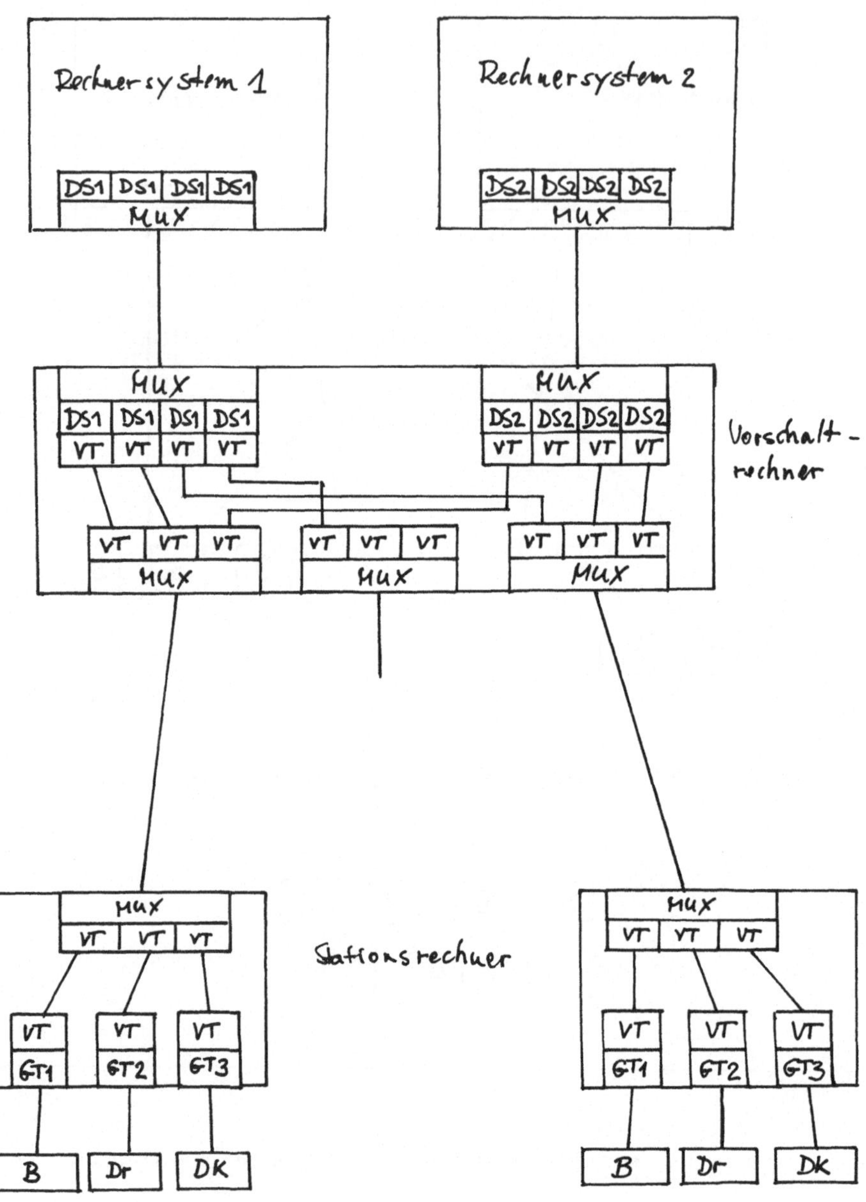

Bild 3: Aufteilung der Funktionskomplexe in den Vorschalt- und Stationsrechner

B = Bildschirm
DS1 = Dialogstation des Rechnersystems 1
DS2 = Dialogstation des Rechnersystems 2
MUX = Multiplexer
VT = Virtuelles Terminal
GT = Geräte-Treiber
Dr = Drucker
DK = Diskette

DAS RECHENZENTRUM FÜR REMOTESTATIONS-ORIENTIERTE DATENVERARBEITUNG IN EINEM GROSSEN INDUSTRIEUNTERNEHMEN

J. Görres

Thyssen Niederrhein AG, Oberhausen

Zusammenfassung

Dieser Bericht schildert Konzeption, Realisierung und Betriebserfahrungen einer vollständig mit Fernübertragung abgewickelten Datenverarbeitung in einem großen Industrieunternehmen.

1. Anforderungen und Konzeption

Thyssen Niederrhein AG ist ein Hütten- und Walzwerk (Hochöfen, SM-Öfen, Draht- und Profilwalzwerke, Grobblechwalzwerk, Plattierung, Preßwerk) mit Standorten im Oberhausen-Duisburger Raum.

Aus dem umfangreichen und vielfältigen Produktionsprogramm resultiert ein hoher Bedarf an Datenverarbeitungsleistungen für die kommerziellen und technischen Anwendungen, hinzu kommen die üblichen, mit Hilfe der Datenverarbeitung abzuwickelnden administrativen Aufgaben eines großen Unternehmens mit über 10.000 Beschäftigten.

Da zu einer Reihe von Daten, insbesondere dem zentralen Auftragsbestand, Kaufleute und Techniker Zugang haben müssen und sich eine getrennte Führung dieser Daten aus Gründen der Wirtschaftlichkeit und der Praktikabilität verbietet, war die Grundidee der 1970 erarbeiteten Konzeption: Integration der administrativen, kommerziellen und der technischen Anwendungen in einer einzigen Datenverarbeitung.

Während beim Einsatz auf administrativem und kommerziellem Sektor gelegentliche Rechnerausfälle bis zu einigen Stunden im allgemeinen tolerierbar sind, muß zur Unterstützung der Produktion in einem

Hütten- und Walzwerk ein täglicher 24-Stunden-Betrieb mit großer Ausfallsicherheit und hoher Verfügbarkeit gewährleistet sein. Schon Rechnerstörungen von weniger als einer halben bis zu einer Stunde beeinträchtigen die Wirtschaftlichkeit der Produktion, weil z. B. der Produktionsfluß durch Ausfall der maschinell erstellten Fertigungsunterlagen in empfindlicher Weise gehemmt wird oder die Ergebnisse mathematischer Optimierungsmodelle nicht mehr zur Verfügung stehen.

Zur Einhaltung dieser Anforderungen auch in Zeiten der Spitzenbelastungen, bei Reparatur oder Wartung von Rechnerkomponenten ist eine gewisse Reservekapazität unumgänglich. Eine Kostenreduzierung kann durch Verkauf von Rechenzeit erzielt werden.

Sowohl für die innerbetrieblichen Belange als auch für die Rechnernutzung durch Fremde muß das System in einfacher Art und Weise die Abwicklung aller Arbeiten über Datenstationen zulassen.

Zusammengefaßt hieß vor etwa 7 Jahren die Grundkonzeption für das Rechenzentrum:

- Integration der Datenverarbeitungsanwendungen auf einer zentralen Anlage

- Beschaffung einer hinreichend ausfallsicheren zentralen Hardware

- Zugang der Benutzer des Systems nur über Datenstationen.

2. Systemübersicht

Bild 1 gibt eine Übersicht über das derzeitige Gesamtsystem. Der zentrale Rechner versorgt die Benutzer an den Terminals mit Rechnerleistung. Es bestehen acht werksinterne Verbindungen und je eine Postleitung über ca. 15 km zum Werk Duisburg und zu einem Thyssen-Unternehmen in Essen. Die übrigen Anschlüsse werden von Fremden genutzt, zum Teil über Entfernungen von mehreren hundert Kilometern. Der größte Teil der Datenübertragung geschieht über fest geschaltete Leitungen, nur zwei Eingänge sind mit Wählanschlüssen ausgerüstet.

In den Räumen des Zentralrechners gibt es keine Papierperipherie für die Datenein- oder Datenausgabe der Benutzer; große Druckausgaben, die wegen ihres Umfangs nicht über Leitungen an die Datenstationen weitergegeben werden können, verlassen das Rechenzentrum auf Magnetband und werden dezentral gedruckt.

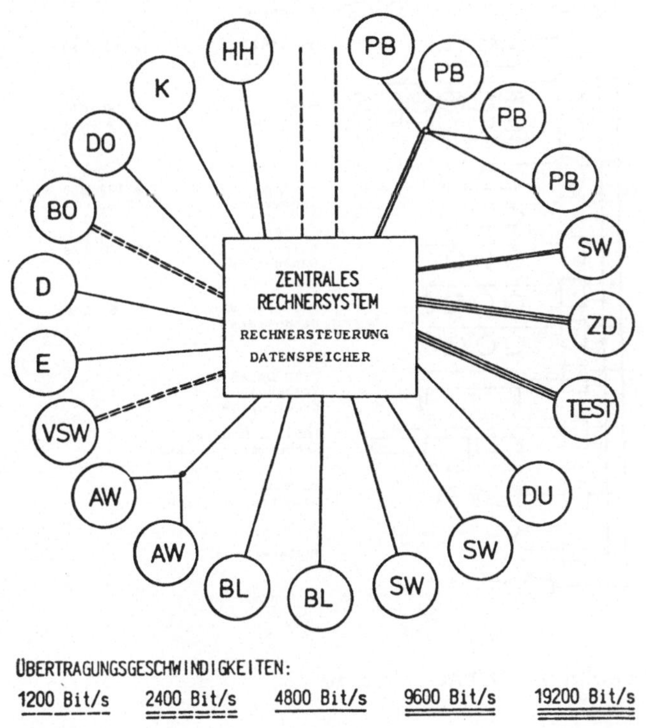

Bild 1 Übersicht zentrales Rechnersystem mit Terminals

Nach eingehenden Untersuchungen der etwa 1970 verfügbaren Hard- und Software für den zentralen Rechner fiel die Entscheidung, das Mehrprozessorsystem UNIVAC 1108 über einen langfristigen Leasingvertrag zu beschaffen. Bild 2 zeigt die derzeit installierte Konfiguration.

Die gesamte Anlage - sowohl Zentraleinheit als auch Peripherie - ist so modular und redundant aufgebaut, daß ohne große Betriebsstörung fast jede Einzelkomponente ausfallen oder zur Wartung abgetrennt werden kann: es ist z. B. möglich, eine der Platten, einen Prozessor, eine Konsole und eine Hauptspeicherbank zur Wartung abzugeben.

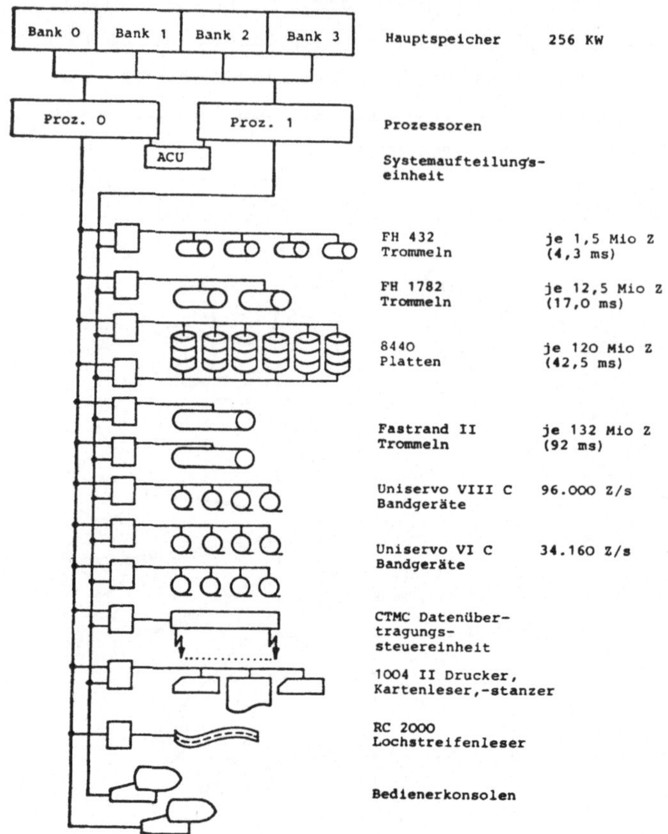

Bild 2 Zentralrechner UNIVAC 1108 MP

Damit erhalten die Wartungs-Techniker für ihre Aufgaben ein funktionsfähiges System; der Rest der Anlage steht weiterhin für den Rechenzentrumsbetrieb zur Verfügung.

Auf dem Rechner werden im Mehrprogrammbetrieb Stapel- und Dialogarbeiten abgewickelt, für eine besondere Aufgabenstellung läuft ein Realzeitprogramm.

Parallel zu dem ausfallsicheren Aufbau der Rechnerhardware existieren ähnliche Vorkehrungen bei den Hilfsgeräten (Klimaanlagen, Stromversorgung) und umfangreiche organisatorische Sicherheitsmaßnahmen, wie Closed-Shop-Betrieb, Funktionstrennung der einzelnen Arbeitsgruppen, Zugangsbeschränkungen zum Rechenzentrum, Lagerung von Dateiversionen an verschiedenen Orten, Tape-Labeling usw.

3. Organisation

Das Rechenzentrum ist verantwortlich für den Betrieb der zentralen Anlage und die technische und verwaltungsmäßige Betreuung der gesamten Hardware des Unternehmens. Es ist in die Gruppen Rechnersteuerung, Datenspeicher und Büro gegliedert (Bild 3). Für Organisation, Programmierung und Betriebssystempflege sind andere Abteilungen zuständig.

Die Rechnersteuerung, das Operating der U 1108 MP, hat den Rechner zu überwachen und zu bedienen und für den notwendigen aktuellen Informationsaustausch mit den Datenstationen zu sorgen.

Der Datenspeicher stellt für alle Benutzer die Dateien und Programme bereit, verwaltet sie und kontrolliert die Massenspeicher.

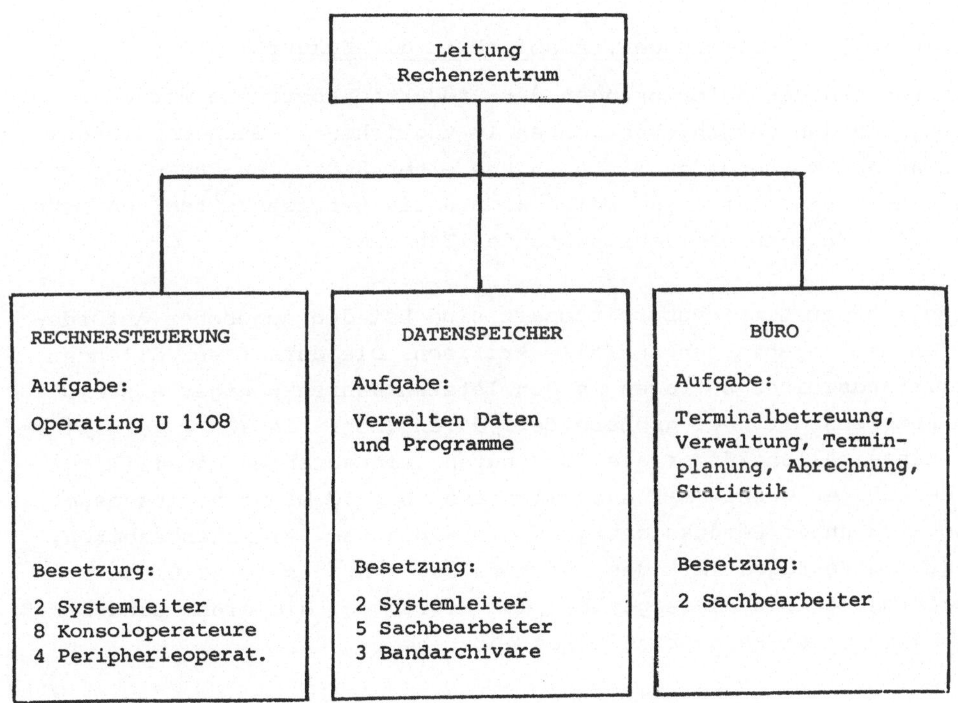

Bild 3 Organisationsplan

Die Mitarbeiter des Büros beraten die Benutzer der Terminals, klären die damit zusammenhängenden technischen und organisatorischen Fragen, verwalten die Hard- und Software und erstellen die Terminpläne und die monatlichen Abrechnungen und Statistiken.

Die Operateure der Rechnersteuerung sowie die Sachbearbeiter und Bandarchivare des Datenspeichers sind im Schichtbetrieb tätig. Deren fachliche Vorgesetzte, die Systemleiter, arbeiten normalerweise während der üblichen Bürozeit und nur in Sonderfällen (z. B. Einfahren großer und kritischer Programme) in Früh- und Spätschichten.

Diese Arbeitsweise, die auch in den Datenstationen der Produktionsbetriebe vorherrscht, ist nur möglich, wenn alle Abläufe so beschrieben sind, daß die Operateure und die Sachbearbeiter im Schichtdienst an Hand der Unterlagen Fehlerzustände beheben können. Eine umfangreiche Dokumentationspflicht für manuell und maschinell erstellte Arbeitspapiere (Thyssen Niederrhein-Dokumentationssystem) ist dazu Voraussetzung.

4. Kennzahlen, Erfahrungen, Ausblick in die Zukunft

Entsprechend den Anforderungen der Produktionsbetriebe wurde der Rechner in den vergangenen Jahren im täglichen 24-Stunden-Einsatz, auch an den Wochenenden mit Ausnahme einer 8-Stunden-Pause am Sonntag, betrieben. Auf diese Weise kommen die Betriebszeiten von mehr als 8.000 Stunden pro Jahr zustande (Tabelle).

Bezüglich der Betriebsbereitschaft sind bei den gegebenen Anforderungen die ungeplanten Ausfälle kritisch. Die darauf entfallenden Stillstandszeiten betragen in den letzten Jahren weniger als 0,5 % der Betriebszeit. Der größere Teil davon (mehr als 70 %) resultiert aus Einzelfällen kürzer als 10 Minuten, ein geringer Anteil liegt an der oberen Grenze mit Ausfallzeiten über 30 Minuten. Insgesamt, also auch unter Berücksichtigung der geplanten Stillstandszeiten, liegt die Verfügbarkeit des Rechners bei mehr als 99 %. Diese Statistik macht keine Aussage über die Störungen, die einem Benutzer als Folge eines Rechnerausfalles entstehen.

Eine weitere Kontrolle der Qualität der vom Rechenzentrum erbrachten Leistung liefern die Statistiken über die Terminverzögerungen

Zeitraum, Jahr	1973	1974	1975	1976
Betriebszeit in Stunden	8094	8084	8206	8026
geplante Stillstände				
Anzahl			277	388
Zeit in Stunden			37	34
Zeit/Betriebszeit			0,45 %	0,42 %
ungeplante Stillstände				
Anzahl	529	651	374	488
Zeit in Stunden	67	55	32	34
Zeit/Betriebszeit	0,83 %	0,68 %	0,39 %	0,42 %
Verteilung der Zeit				
Dauer ≤ 10 Min.	88 %	90 %	91 %	71 %
Dauer 11 - 30 Min.	9,5 %	9 %	7 %	17 %
Dauer 31 - 60 Min.	2,5 %	1 %	1,5 %	4 %
Dauer >60 Min.	0 %	0 %	0,5 %	8 %

Tabelle Statistik der Betriebszeit und Stillstände des zentralen Rechnersystems

und die Wiederholungsläufe einer der am stärksten genutzten Datenstationen für den kommerziell-administrativen Bereich. Für diese Art Anwendung werden Verzögerungen von mehr als 3 Stunden gegenüber dem vereinbarten Terminplan als gravierend angesehen und mit Begründungen in einer Statistik festgehalten. Die relative Anzahl der so definierten Terminverzögerungen liegt in den letzten Jahren bei 1,1 %; die Ursachen dafür verteilen sich gleichmäßig auf Zentralrechner, Datenstation, Programmierung und auftraggebende Abteilung. Ebenso werden an dieser Datenstation für alle Wiederholungsläufe die Gründe festgestellt. Im Mittel über ein Jahr beträgt die relative Zahl der Wiederholungsläufe 8 %, davon sind etwa zwei Drittel auf - überwiegend technische - Schwierigkeiten des Rechenzentrums zurückzuführen.

Der Rechner wird seit mehr als 5 Jahren betrieben. Im ersten Jahr stand die Einführung der schon vorher konzipierten Organisation, die systematische Schulung der Mitarbeiter, die Übernahme der Arbeiten von den vorher eingesetzten Anlagen anderer Fabrikate sowie die Erstellung der für den reibungslosen Betrieb erforderlichen Richtlinien und Anweisungen im Vordergrund. Nach der Konsolidierungs- und Verbesserungsphase im zweiten Jahr konnte durch Effizienzstudien und daraus resultierenden Maßnahmen bei Hardware, Software und Arbeitsverfahren erreicht werden, daß die im Laufe der

Zeit stetig gestiegene Last der Arbeiten für das Unternehmen eine nur langsam wachsende Rechnerauslastung bewirkte.

Zur Zeit wird der Verbund mit anderen Rechnern in der Thyssen-Gruppe realisiert; die Zukunftsplanung sieht ein Datenübertragungsnetz mit Spezialrechnern als Knoten vor, in dem auch die Großrechenanlagen ihren Platz haben werden.

Ressourcen-Dezentralisierung als Alternative für große Multiuser-Systeme

Dr. W.-D. Mell
Rechenzentrum der Universität Heidelberg

Institutionen mit einer großen Anzahl von Interessenten an EDV-Kapazität (wie z.B. Universitäten) befriedigen deren Bedürfnisse bislang überwiegend durch zentrale, entsprechend große Rechnersysteme mit Fernverarbeitungszugriff über Stapelstationen (für den Batchbetrieb) und Dialogstationen (für den Timesharingbetrieb).

Eines der Hauptprobleme der Dialogbenutzer ist die unkalkulierbare Verfügbarkeit des Systems. Hierbei sind die belastungsabhängig schwankenden Antwortzeiten und die bei großen Multiuser-Systemen augenscheinlich unvermeidlichen, unregelmäßig auftretenden System-Loops und -Zusammenbrüche die wesentlichen Störfaktoren. Das Hauptproblem der Benutzer von Stapelstationen ist dagegen die Distanz zum System, insbesondere dann, wenn Daten und Programme auf zentralen Dateien liegen und Änderungen durch Lochkarten-orientierte Batchjobs durchgeführt werden müssen.

Zur Erhöhung der Verfügbarkeit wichtiger, vom Benutzer benötigter, Ressourcen wird an der Universität Heidelberg z.Z. an der Erprobung von zwei Modellen gearbeitet.

Modell A:

Projekten mit hohem Editierungsbedarf werden Mini-Systeme zur Verfügung gestellt, die zwei Hauptfunktionen erfüllen:
Erstens verfügen sie über einen einfachen Timesharing-Editor mit mehreren Dialoganschlüssen und einer dem Bedarf angepaßten Plattenkapazität; die Benutzer können damit unabhängig vom zentralen System den überwiegenden Teil ihrer Dateien, besonders ihre Programme editieren und lokal speichern.
Zweitens besitzen die Systeme einen Stapelfernverarbeitungsanschluß an die Großrechenanlage, über den sowohl beliebige Datenquellen der Station verkettet und über die Leitung zur Hintergrundverarbeitung an die Zentrale abgegeben werden können, als auch Output des zentralen Systems empfangen und auf beliebige Datenträger verzweigt werden kann; auf diesem Wege können selbstverständlich auch Datenbestände zwischen zentraler Anlage und lokaler Station ausgetauscht und fortgeschrieben werden.

Die Zeichnung unten zeigt das hinter diesem Versuch stehende Denkmodell:
Gegenwärtig belegt der Dialogbetrieb auf dem zentralen System sowohl einen erheblichen Teil des Rechnerkernes als auch der Magnetplattenkapazität (dargestellt durch die gestrichelten Segmente). Die RJE-Stationen fungieren ausschließlich als dezentrale Konzentratoren für Stapel-I/O-Geräte.

Die Ressourcen "Rechnerkern" und "Plattenplatz" sollen in dem Umfang dezentralisiert werden, der dem Edit-Bedarf der jeweiligen Projekte entspricht, und zwar dadurch, daß sie auf entsprechend erweiterte RJE-Stationen übernommen werden, deren Rechnerkerne durch die Datenfernübertragung nur zu einem sehr geringen Anteil ausgelastet werden. Selbstverständlich bleibt ein nicht unerheblicher Rest an Dialogbedarf, der aus technischen Gründen weiterhin direkt mit dem zentralen System abgewickelt werden muß.

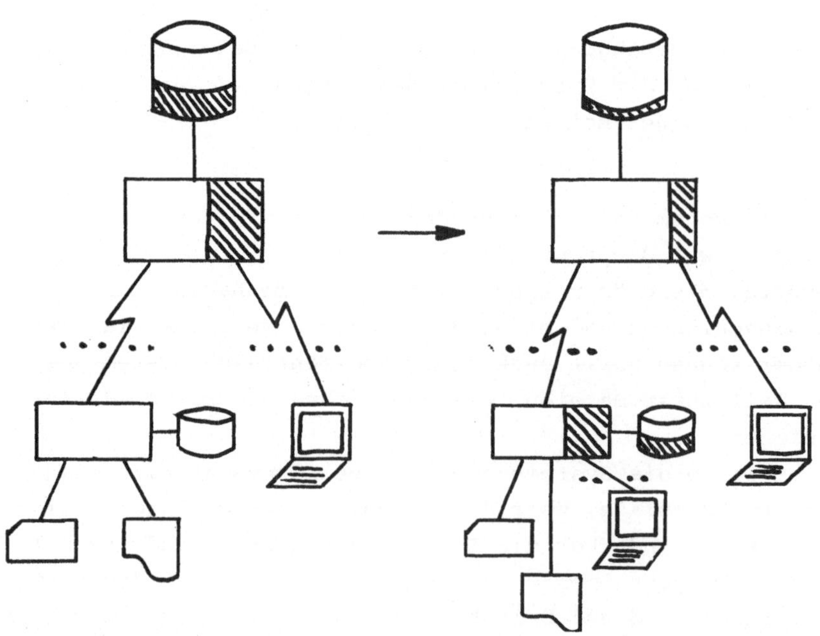

Dem Modell liegt folgende Mengenabschätzung zugrunde:
Das Rechenzentrum der Universität Heidelberg betreut ca. 5oo Benutzer und verfügt dazu u.a. über eine IBM /37o-168 (3 MB, MVS mit RJE und TSO). 1976 wurden pro Tag durchschnittlich abgearbeitet:

83o Hintergrundjobs,
davon 375 von Dialogstationen submittiert,
322 Dialog-Sitzungen,
mit je durchschnittlich 9o Kommandos
bei einer mittleren Sitzungsdauer von 37 Minuten.

Untersuchungen des Arbeitsverhaltens der Dialogbenutzer haben ergeben, daß ca. 85% der über Terminals eingegebenen Kommandos das Editieren und Abfragen von Dateien betreffen. Die restlichen 15% beziehen sich auf Testen und Ausführen von Programmen im Vordergrund, auf Starten und Überwachen von Programmen im Hintergrundbetrieb, sowie auf sonstige Kontrollfunktionen.

Als Effekt der Dezentralisierung wird vor allem eine Erhöhung der Verfügbarkeit für die Edit-Funktionen und damit eine Verbesserung der Arbeitsproduktivität EDV-intensiver Projekte erwartet.

Modell B:

Die Erfassung der Patientendaten für das Klinikum der Universität Heidelberg, insbesondere die Patientenaufnahme und die Leistungserfassung, soll mit Hilfe von Kleinrechnern erfolgen, die über ein Masken-orientiertes Dialog- und Datenerfassungssystem, entsprechend umfangreiche Plattenspeicherperipherie sowie über eine RJE-Prozedur zur Übergabe der Daten an zentrale Klinik-Dateien verfügen.

Der Aufbau dieser dezentralen Kleinrechner-Datenbanken soll auf Klinik-Ebene erfolgen. Die Patienten-Datensätze sollen alle für den Medizinischen Bereich und für die Verwaltung relevanten Daten enthalten. Diese Informationen stehen über ein kleines Auskunftsystem den Klinikangehörigen ständig direkt zur Verfügung. Die täglichen Änderungen werden in gesonderten Dateien registriert und sollen regelmäßig mit Hilfe der RJE-Prozedur auf zentrale Dateien (Universitätsrechenzentrum oder Klinik-Rechenzentrum) überspielt werden, um dort u.a. der Klinikverwaltung für ihre Buchhaltungs- und Abrechnungssoftware, aber auch den Medizinern für Krankenversorgungs- und Forschungszwecke zur Verfügung zu stehen.

Hinter diesem Konzept stehen folgende Voraussetzungen:
Es ist weithin unbestritten, daß zur qualitativen Verbesserung und zur

Rationalisierung sowohl der Krankenversorgung als auch der Klinikverwaltung der Einsatz von EDV-Verfahren zweckmäßig ist. Wichtigstes Problem ist dabei die Datenerfassung. Neben beleglesenden Verfahren kommen dabei insbesondere für die Patientenaufnahme nur Dialog-Syteme in frage.

Bei der Abwägung zwischen zentralisiertem Dialogbetrieb auf einer großen Anlage für ein ganzes Klinikum und dezentralisierter Datenerfassung auf der Ebene der einzelnen Kliniken kommt der Verfügbarkeit und der Betriebssicherheit eine besondere Bedeutung zu. Hier sind mehrere Kleinanalgen gegenüber einer Großanlage deutlich im Vorteil.

Ein zweiter Gesichtspunkt ist die Datensicherheit, speziell die Wiederherstellung defekter Dateien. Da hierfür ohnehin alle wichtigen Datenbestände mindestens doppelt gehalten werden müssen, stellt sich die Frage, ob eine der Dateien nicht auch dezentralisiert auf Klinik-Ebene gehalten werden könnte. Bei Zerstörung der zentralen Datei wird diese durch Zusammenführung der dezentralen Bestände regeneriert, bei Störungen in einer Außenstelle kann die dortige Datei als Teilmenge der zentralen Bestände abgerufen werden.

Einige Angaben zum Mengengerüst:
Geplant ist der Einsatz von dezentralen Kliniksystemen in 8 Außenstellen. Die Anzahl der Neuzugänge allein im stationären Bereich beträgt jährlich rund 5o.ooo Patienten. Die entsprechenden organisatorischen Voraussetzungen und die notwendige Software wird z.Z. in zwei Kliniken auf entsprechend ausgestatteten Kleinrechnersystemen erarbeitet und getestet.

Das Ziel dieser beiden Modelle der Ressourcen-Dezentralisierung ist weniger eine Entlastung des zentralen Systems, das nach wie vor für die Ausführung großer Programme mit vielfältigen Ressourcenanforderungen benötigt wird, als vielmehr eine Erhöhung der Verfügbarkeit wichtiger EDV-Funktionen und damit eine Verbesserung der Produktivität EDV-intensiver Arbeitsabläufe. Der intensivere Datenschutz durch dezentrale Speicherung sensibler Datenbestände ist hierbei ein beachtenswerter Randeffekt.

Überlegungen zur technisch-organisatorischen Zusammenarbeit in einem Verbundsystem

Dr. W. Köhler
Landesamt für Datenverarbeitung und Statistik Nordrhein-Westfalen

1. Einleitung

Viele Aufgaben der öffentlichen Verwaltung sind heute ohne automatisierte Datenverarbeitung (ADV) nicht mehr durchführbar, dies gilt sowohl für den Bereich der staatlichen wie der kommunalen Verwaltung. Im dritten Datenverarbeitungs-Programm der Bundesregierung ist daher auch folgender Absatz enthalten:

"Die Anforderungen an öffentlichen Dienstleistungen und die Kosten zu ihrer Befriedigung weisen Steigerungsraten auf, die größer sind als die Steigerungsraten des Bruttosozialproduktes. Mit modernen Techniken wie der Datenverarbeitung soll die Kostenentwicklung gedämpft und das Dienstleistungsangebot bedarfsgerecht optimiert werden. Im Vordergrund stehen Entwicklungen für allgemeine Verwaltungsaufgaben, die mit rechnerunterstützten Informations- und Planungssystemen und durch Verbund räumlich getrennter Datenbestände verbessert werden können."

Der Einsatz von Maschinen zur Datenaufbereitung beginnt für den Bereich der Verwaltung aber nicht erst seit der Ära der Computer. Bei statistischen Aufgaben setzte man sehr frühzeitig "Sortiermaschinen" und bei vermessungstechnischen Aufgaben "Rechenmaschinen" ein. Diese beiden sehr unterschiedlichen Einsatzbereiche mit zunächst verschiedenen Maschinen kommen heute immer näher zusammen. Heute können derartige Aufgaben von <u>einer</u> ADV-Anlage bewältigt werden. Dies bedeutet aber auch, daß nunmehr ein automatisierter Informationsaustausch zwischen bisher getrennten Arbeitsprozessen, falls es notwendig, sinnvoll und erlaubt ist, durchgeführt werden kann. Dieser Gesichtspunkt der Integration wurde in Nordrhein-Westfalen relativ früh erkannt und führte zu einer gesetzlichen Regelung.

2. Organisatorische Struktur des Verbundsystems

Das Grundkonzept der automatisierten Datenverarbeitung in Nordrhein-Westfalen ist durch das vom Landtag am 12. Februar 1974 verabschiedete "Gesetz über die Organisation der automatisierten Datenverarbeitung in Nordrhein-Westfalen - ADVG NW -" festgelegt worden.

Das Gesetz schreibt den Aufbau eines Systems leistungsfähiger Datenverarbeitungszentralen für das Land und die Kommunalverwaltungen vor, die aus Gründen der Wirtschaftlichkeit in der Regel von mehreren Verwaltungen gemeinsam genutzt werden und zur Erleichterung der Integration im Verbund zusammenarbeiten.

Die im ADVG NW vorgesehene Integration der Datenverarbeitung ist darauf gerichtet, durch vielfältigen Austausch von Informationen ein Zusammenwirken aller Teile der öffentlichen Verwaltung und damit höhere Effektivität und Rationalisierung bei der Erledigung öffentlicher Aufgaben zu erreichen.

Sachlich wird die Notwendigkeit einer solchen "Aufgabenintegration" dadurch begründet, daß viele Verwaltungsbereiche fachlich miteinander verzahnte Aufgaben erledigen und dabei gleichartige oder ähnliche Daten benötigen. Ziel einer Integration konnte es deshalb nur sein, die in verschiedenen Bereichen der öffentlichen Verwaltung anfallenden bzw. als Arbeitsgrundlage benötigten Daten, oder auch Arbeitsergebnisse, die für andere Aufgaben wiederum Ausgangsdaten darstellen, möglichst nur einmal zu ermitteln, vorzuhalten, zu aktualisieren und sie im Verbund berechtigten Stellen für die Erledigung ihrer Aufgaben zugänglich zu machen.

ORGANISATION DER AUTOMATISIERTEN DATENVERARBEITUNG IN NW

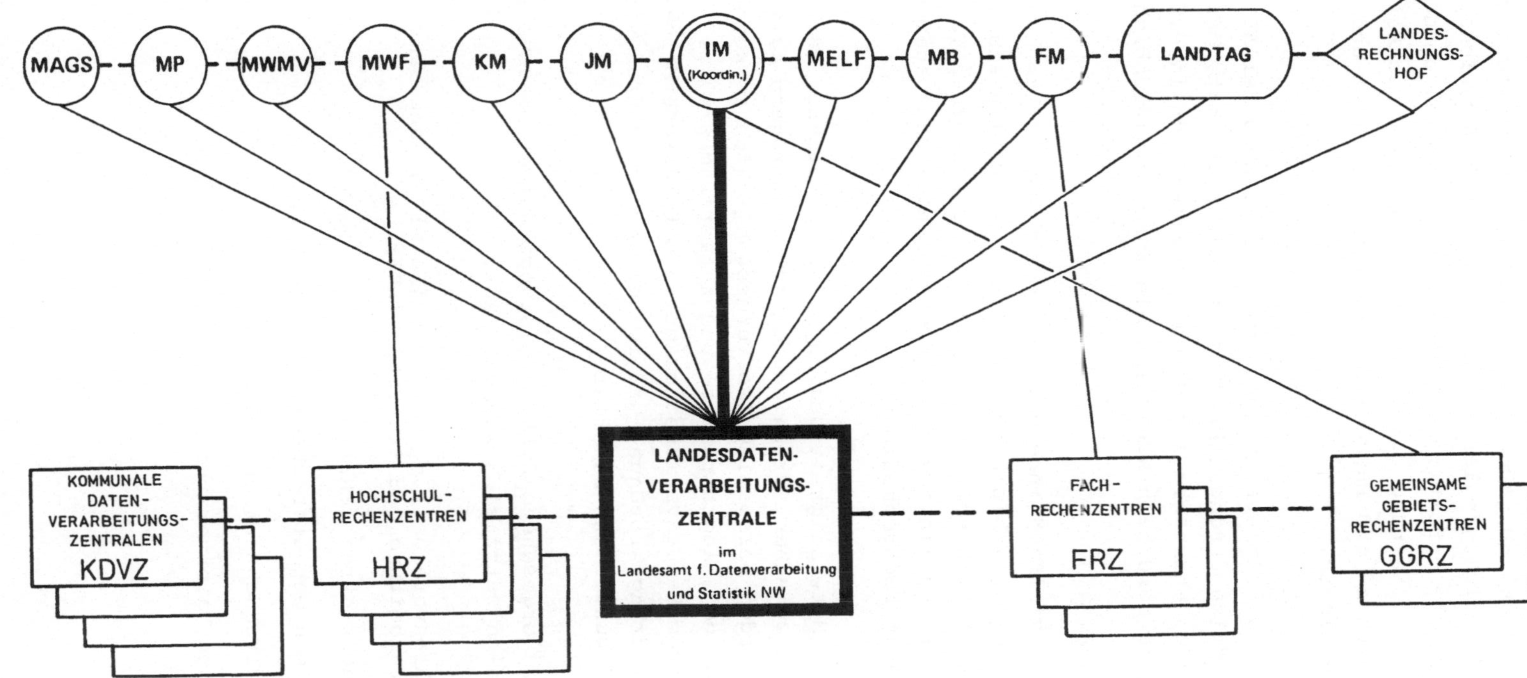

08.77

Neben den Vorteilen, Aufgaben kostengünstiger, schneller, einheitlicher und weniger fehleranfällig als bisher abzuwickeln, erschließt sich die öffentliche Verwaltung neue Wege, um durch Verknüpfung und Auswertung der im Verbund vorgehaltenen Daten notwendige Planungs- und Entscheidungshilfen schneller und aktueller zu gewinnen.

Untersuchungen, die im Zusammenhang mit der Planung der ADV in Nordrhein-Westfalen durchgeführt wurden, haben gezeigt, daß die angestrebte Aufgabenintegration durch Datenaustausch in einem Flächenstaat wie Nordrhein-Westfalen ein äußerst vielschichtiges Problem ist.

So ist zunächst vielfach innerhalb der einzelnen Aufgabenbereiche mit ihrer u. U. geographisch dezentralen Organisation ein umfangreicher Datenaustausch erforderlich, z. B. im Finanzbereich NW zwischen dezentralen Finanzämtern, Oberkassen, Finanzbauämtern und dem zentralen Fachrechenzentrum.

Hinzu kommt die Notwendigkeit bei sachlich miteinander verzahnten Aufgaben, Daten zwischen verschiedenen Aufgabenträgern auszutauschen. So werden beispielsweise Vermessungsdaten im kommunalen Bereich von den Liegenschafts- und Katasterämtern, im Landesbereich vom Landesvermessungsamt, dem Landesoberbergamt, dem Landesamt für Agrarordnung und im Bereich des Bundes von der Bundeswehr und Bundesbahn benötigt.

Das im ADVG NW vorgesehene System leistungsfähiger Datenverarbeitungszentralen setzt sich zusammen aus:

- der Landesdatenverarbeitungszentrale (LDVZ) im Landesamt für Datenverarbeitung und Statistik (LDS),
- den Fachrechenzentren (FRZ),
- den Gemeinsamen Gebietsrechenzentren (GGRZ),
- den Hochschulrechenzentren (HRZ) und
- den Kommunalen Datenverarbeitungszentralen (KDVZ).

Die aufgeführten Einrichtungen sind schematisch in Abb. 1 zusammengestellt, sie bilden die organisatorisch-technische Grundlage für den Aufbau eines Landesinformationssystems.

Gemäß § 5 ADVG NW ist für die Durchführung aller Datenverarbeitungsaufgaben der Landesverwaltung grundsätzlich das Landesamt für Datenverarbeitung und Statistik zuständig und steht als gemeinsame Landesdatenverarbeitungszentrale allen Geschäftsbereichen zur Verfügung.

Wenn der Umfang und die Besonderheit fachbezogener Aufgaben es erfordern, können Fachrechenzentren errichtet werden (§ 7).

Die gemeinsamen Gebietsrechenzentren sind zuständig für alle dezentral zu erledigenden Datenverarbeitungsaufgaben der Landesverwaltung (§ 6).

Die Aufgaben der automatisierten Datenverarbeitung von Gesamthochschulen, wissenschaftlichen Hochschulen und Fachhochschulen werden grundsätzlich in Hochschulrechenzentren durchgeführt (§ 8).

Die Gemeinden und Gemeindeverbände bedienen sich zur automatisierten Bearbeitung ihrer Aufgaben kommunaler Datenverarbeitungszentralen (§ 9).

Zur Koordinierung der automatisierten Datenverarbeitung in der Kommunalverwaltung ist ein kommunaler Koordinierungsanschluß gebildet (§§ 10 und 11).

Zur Förderung der Zusammenarbeit zwischen Landtag, Landesverwaltung und Kommunalverwaltung auf dem Gebiet der automatisierten Datenverarbeitung wurde ein Beirat gebildet (§ 12).

3. Organisation der DV-Zentren des Verbundsystems

Die DV-Zentren des ADVG NW sind Dienstleistungsbetriebe, die den auftraggebenden Behörden und sonstigen Stellen zur Verfügung stehen und diese bei der Durchführung ihrer Aufgaben unterstützen. Abb. 2 zeigt schematisch die Organisation der Landesdatenverarbeitungszentrale im LDS.

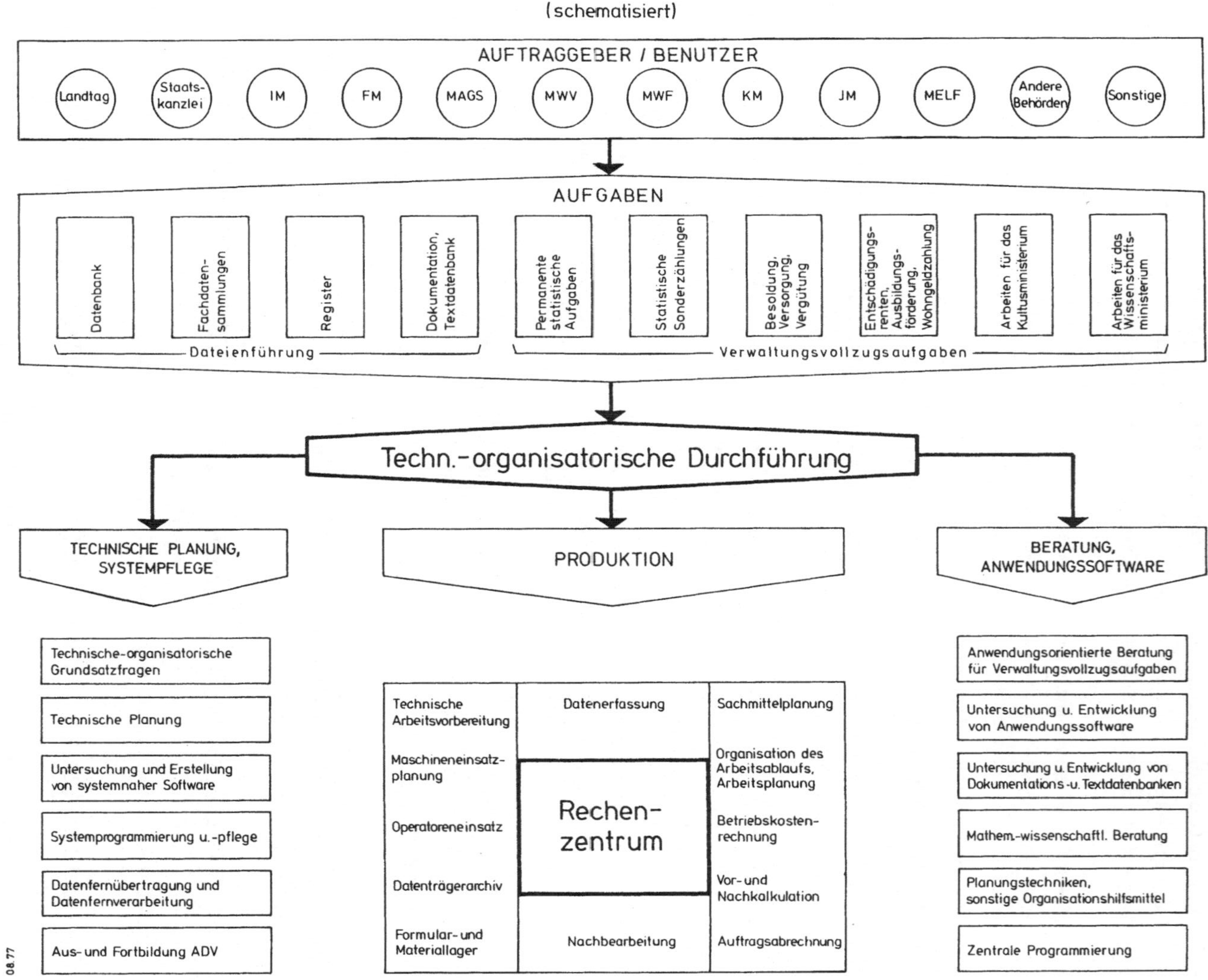
Organisation der Datenverarbeitungszentrale im Landesamt für Datenverarbeitung und Statistik NW
(schematisiert)
AUFTRAGGEBER / BENUTZER
Landtag
Staats-kanzlei
IM
FM
MAGS
MWV
MWF
KM
JM
MELF
Andere Behörden
Sonstige
AUFGABEN
Datenbank
Fachdaten-sammlungen
Register
Dokumentation, Textdatenbank
Dateienführung
Permanente statistische Aufgaben
Statistische Sonderzählungen
Besoldung, Versorgung, Vergütung
Entschädigungs-renten, Ausbildungs-förderung, Wohngeldzahlung
Arbeiten für das Kultusministerium
Arbeiten für das Wissenschafts-ministerium
Verwaltungsvollzugsaufgaben
Techn.-organisatorische Durchführung
TECHNISCHE PLANUNG, SYSTEMPFLEGE
PRODUKTION
BERATUNG, ANWENDUNGSSOFTWARE
Technische-organisatorische Grundsatzfragen
Technische Planung
Untersuchung und Erstellung von systemnaher Software
Systemprogrammierung u.-pflege
Datenfernübertragung und Datenfernverarbeitung
Aus- und Fortbildung ADV
Technische Arbeitsvorbereitung
Maschineneinsatz-planung
Operatoreneinsatz
Datenträgerarchiv
Formular- und Materiallager
Datenerfassung
Rechen-zentrum
Nachbearbeitung
Sachmittelplanung
Organisation des Arbeitsablaufs, Arbeitsplanung
Betriebskosten-rechnung
Vor- und Nachkalkulation
Auftragsabrechnung
Anwendungsorientierte Beratung für Verwaltungsvollzugsaufgaben
Untersuchung u. Entwicklung von Anwendungssoftware
Untersuchung u. Entwicklung von Dokumentations-u. Textdatenbanken
Mathem.-wissenschaftl. Beratung
Planungstechniken, sonstige Organisationshilfsmittel
Zentrale Programmierung
08.77

Eine bloße Ansammlung von DV-Zentren wäre aber keine wesentliche Änderung gegenüber dem Zustand vor Inkrafttreten des ADVG NW gewesen; es hätte sich lediglich um eine quantitative Ausweitung der Datenverarbeitungskapazität gehandelt. Die entscheidende Neuerung des ADVG NW bestand vielmehr darin, alle DV-Zentren so in einen Verbund zu bringen, daß letztlich jede diesem Verbund angeschlossene Stelle der öffentlichen Verwaltung Zugang zu den DV-Zentren in diesem System haben soll. Nur auf diese Weise können ein automatisierter Datenaustausch und eine effektive Aufgabenintegration durch Zusammenarbeit erreicht werden.

4. Organisation des Datenaustausches

Die DV-Zentren der öffentlichen Verwaltung in NW arbeiten bereits in Teilbereichen zusammen. So wird durch Datenträgeraustausch, in Einzelfällen aber auch durch Datenübermittlung auf Leitungen, schon ein Datenverbund praktiziert mit dem Ziel, einmal ermittelte Ausgangsdaten und Arbeitsergebnisse nur an einer Stelle vorzuhalten und zu aktualisieren, sie aber mehrfach zu nutzen.

Diese Zusammenarbeit muß jedoch, um den angestrebten umfassenden Verbund zu erreichen, wesentlich verstärkt werden. So sollen schließlich die in einem DV-System vorhandenen Datenbestände - soweit dies unter den Gesichtspunkten des Datenschutzes zulässig ist - auch den anderen angeschlossenen Teilsystemen zur Verfügung stehen, so daß berechtigte Benutzer auf Datenbestände an mehreren Standorten zugreifen können.

Bereits die ersten Untersuchungen im Hinblick auf die Planung der Datenfernverarbeitung im Verbund ergaben, daß es unwirtschaftlich wäre, die vielen notwendigen Verbindungen für einen Datenaustausch jeweils gesondert - z. B. durch aufgabenspezifische Übertragungsnetze - bereitzustellen. Dies hätte zu einer unrationellen, nicht mehr überschaubaren Vermaschung geführt. Da außerdem die komplexen Anforderungen bezüglich Datenaustausch durch die von der DBP angebotenen Datenübertragungsdienste nicht abgedeckt wurden, entstand in NW die Konzeption eines gemeinsamen Datenvermittlungssystems für den Bereich der öffentlichen Verwaltung.

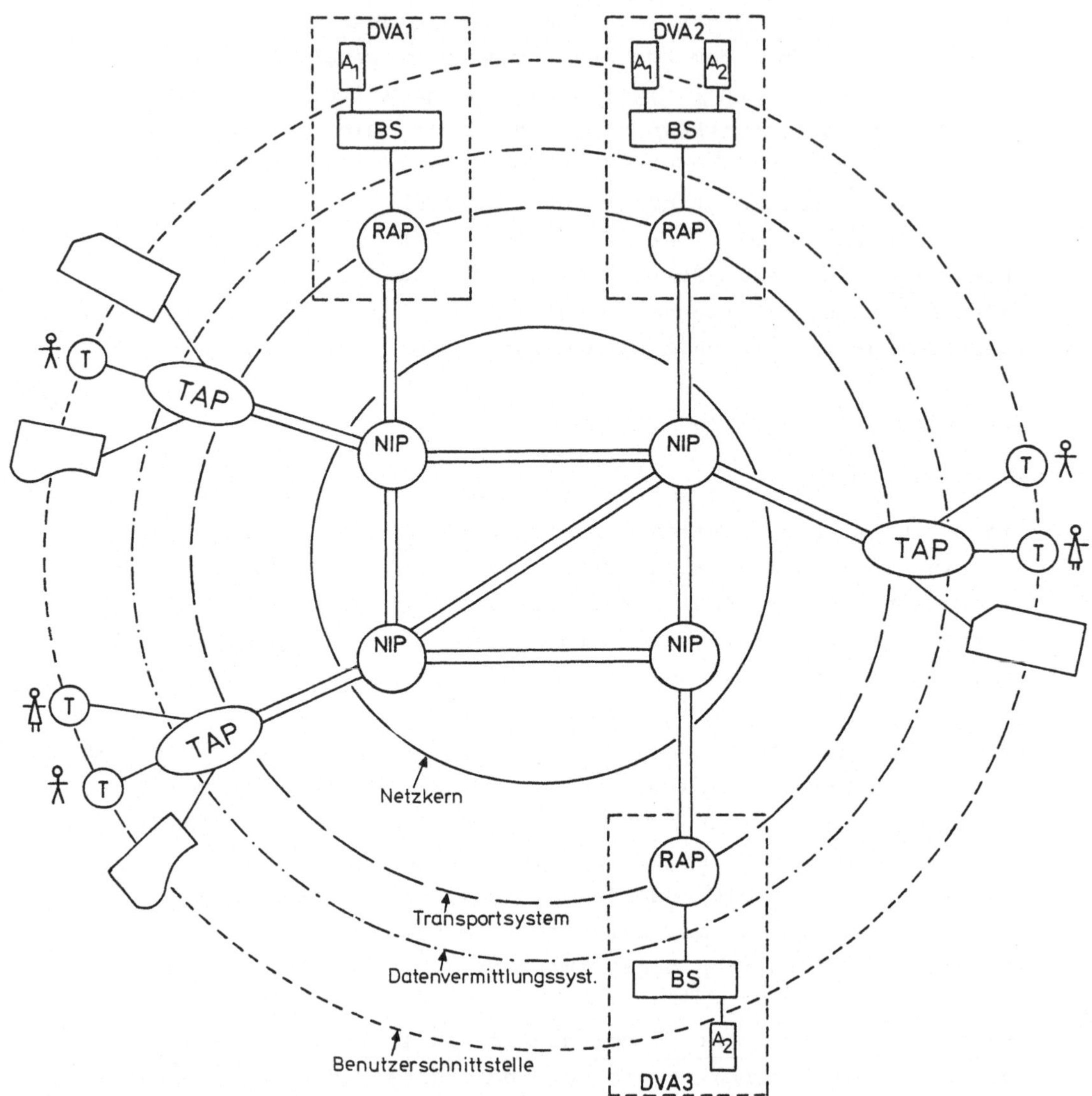

Struktur eines Netzwerkes für Datenfernverarbeitung

NIP = Netzinterner Prozessor
RAP = Rechneranschlußprozessor
TAP = Terminalanschlußprozessor
DVA = Datenverarbeitungsanlage
T = Terminal
BS = Betriebssystem
A = Anwendungsprogramm

Das Datenvermittlungssystem - oder kurz DVS - ist ein System von Kommunikationsrechnern, die an Schwerpunkten der Datenverarbeitung in NW installiert und miteinander durch Standleitungen hoher Übertragungskapazität verbunden werden. Leitungsverbindungen und Kommunikationsrechner - man bezeichnet sie auch als Knotenrechner - bilden den Netzkern. An diesen Netzkern, d. h. an den jeweils nächstliegenden Kommunikationsrechner werden die DV-Anlagen und Datenendeinrichtungen angeschlossen. Der Aufbau des DVS wird vom LDS durchgeführt.

5. Technischer Aufbau des Verbundsystems

Das Verbundsystem der automatisierten Datenverarbeitung NW hat - wie Abb. 3 zeigt - eine Schalenstruktur. Den Kern bildet das Transportsystem mit den netzinternen Prozessoren (NIP) und deren Verbindungsstrecken. Die erste Schale sind die Ein- und Ausgänge zum Transportsystem, d. h. die Rechneranschluß- bzw. Terminalanschlußprozessoren (RAP bzw. TAP).

Die wesentlichen Aufgaben der genannten Prozessoren sind:

NIP - Betriebsmittel für den Datentransport bereitzustellen und zu überwachen,

- den Verkehr der Datenpakete auf den logischen Verbindungen zu ermöglichen und zu steuern,

- Steuerinformationen bezüglich des Datentransports zu erzeugen, weiterzuleiten und zu empfangen.

RAP - das Interface zwischen Netzkern und dem jeweiligen DV-System zu bilden,

- die Umsetzung der anwendungsspezifischen Records in (Netz-Standard-)Pakete und umgekehrt durchzuführen,

- den Datenverkehr an dieser "Nahtstelle" zu steuern.

TAP - das Interface zwischen Netzkern und Datenstationen zu erbringen,

- die notwendigen Umsetzungen zum Aufbau der (Netz-Standard-) Pakete aus den anwendungsspezifischen Records und umgekehrt vorzunehmen,

- bei den direkt-angeschlossenen Datenstationen (Quellen/ Senken der Nachrichtenströme) die Gerätesteuerung durchzuführen.

Die Gesamtzahl der NIPs einschl. der Verbindungen ist der Netzkern. Ein NIP ist "Primus inter pares" und heißt Netz-Management-Zentrum, er hat zusätzliche Überwachungsfunktionen durchzuführen.

Durch die Verabschiedung von X.25 durch CCITT ist auf der Ebene der Paketvermittlung ein Standard vorgegeben. In Stufe 2 des DVS ist "X.25 level 3" die logische Grenze des Transportsystems. Dadurch wird der Netzkern im Prinzip identisch mit anderen Transportsystemen. Andererseits ist es nun Auflage für die Rechenzentren bzw. EDV-Hersteller, Rechneranschlußprozessoren mit der normengerechten Schnittstelle für den Datentransport bereitzustellen.

Die Ebene oberhalb der Paketvermittlungsprozedur muß ebenfalls noch "netz-einheitlich" gestaltet werden, um den allgemeinen Zugang zu Dienstleistungen, d. h. zur Verarbeitung zu ermöglichen. Für diese Ebene wurde der Begriff "Datenverarbeitungsstrom" geprägt, sie enthält die Ermöglichung der Verarbeitung, d. h. Anmeldung, Sequenzkontrolle der ein-/ausgegebenen Daten, Recovery, Abmeldung etc. Das spezielle Modul heißt: "DV-Strom-Kontroll-Modul" (DKM).

Während für Leitungsprozedur und Paketvermittlungsprozedur Normen vorliegen, ist dies für die DV-Strom-Prozedur noch nicht der Fall. Die funktionalen Anforderungen bezüglich DV-Strom-Prozedur liegt jedoch fest.

Protokollebenen des Verbundsystems der automatisierten Datenverarbeitung NW

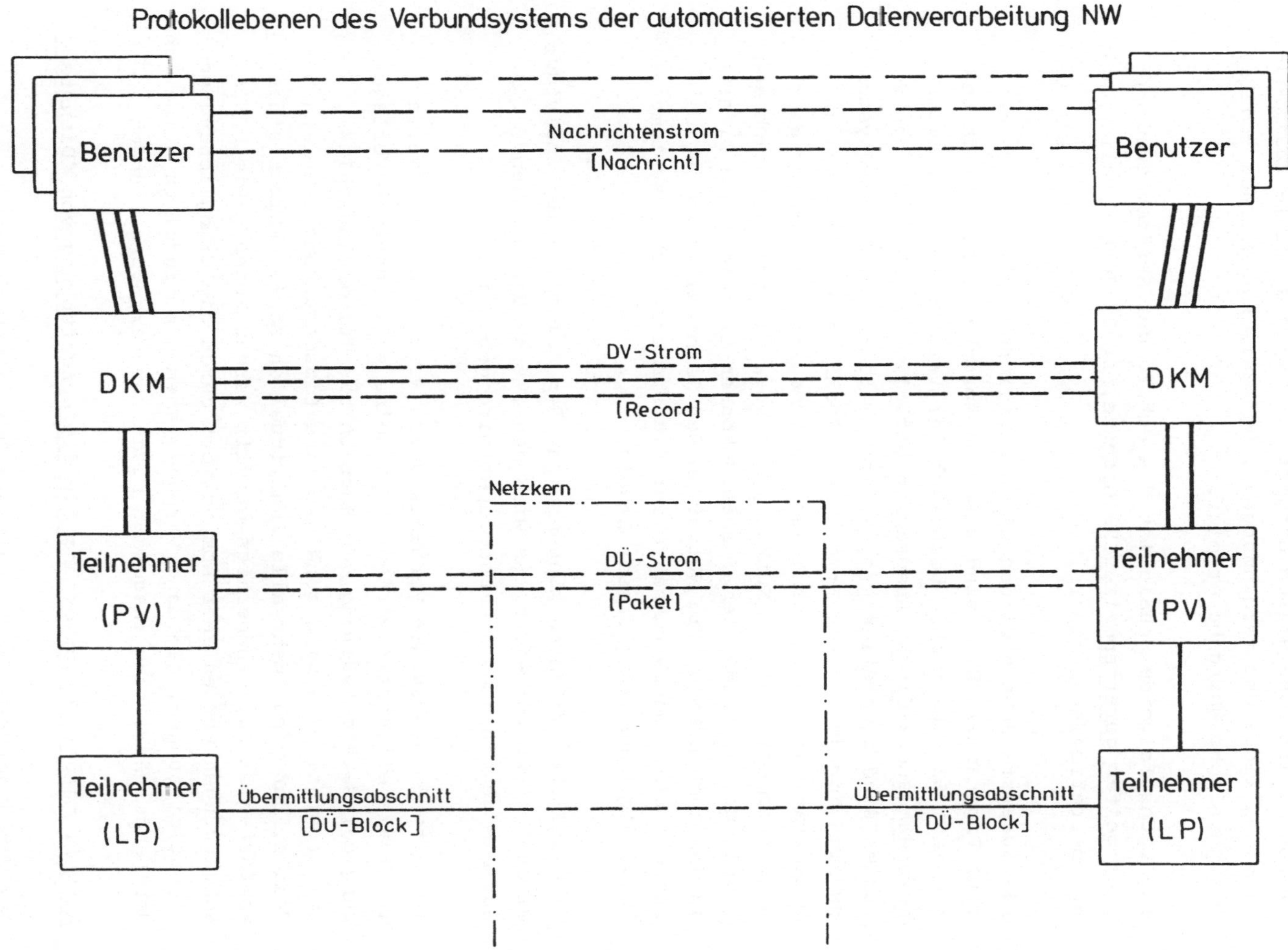

In Abb. 4 ist schematisch dargestellt, welche Module zusammenarbeiten (logische Verbindungen), und zwischen welchen Modulen die physische Übergabe erfolgt.

Die nächstfolgende Schale ist die Schale der Gerätebetreuung, hier gelten gerätespezifische Gesetze, z. B. Jobkontrollsprache des betreffenden Rechners.

Die äußerste Schale bilden die eigentlichen Nutzer (Personen bzw. Programme). Hier sind wieder Absprachen erforderlich und möglich. Die Absprachen bezüglich der Verarbeitung erfolgen anwendungsspezifisch, Absprachen bezüglich der Nutzung des Verbundes sind genereller Art. Nutzer im Sinne des Verbundsystems NW sind Anwendungsprogramme in den Rechnern und Personen an Datenstationen. Die Anwendungsprogramme sind mit großer Wahrscheinlichkeit "brave" Nutzer, d. h. sie richten sich nach den Regeln des Verbundsystems; anders können sie nicht die Dienste in Anspruch nehmen. Die Nutzer an den Terminals sind jedoch freier. Eine Inanspruchnahme der Dienste des Verbundsystems verlangt die Einhaltung dieser Regeln.

Einheitliche Verfahren können nicht den Komfort aller individuellen Systeme aufweisen. Es wird daher eine Beschränkung z. B. auf ein gemeinsames Kommandorepertoire geben müssen.

Im weiteren Ausbau des Verbundsystems werden sog. virtuelle Terminals eingesetzt werden, d. h. eine weitergehende Verlagerung der Gerätesteuerung vom Host in die Terminalanschlußprozessoren. Dies wird zunächst eine Einschränkung insofern bedeuten, daß nicht mehr alle individuellen Möglichkeiten eines komfortablen Datenendgerätes erfüllt werden können. Diese Einschränkungen werden aber kompensiert durch die Ermöglichung von Dienstleistungen, die ohne Verbundsystem dem einzelnen Nutzer und der Landesverwaltung insgesamt nicht zur Verfügung stünden.

6. Aufteilung der Verantwortung für die Durchführung von "Diensten"

Das Verbundsystem der automatisierten Datenverarbeitung soll Dienstleistungen erbringen. Es ist im Gegensatz zu allgemeinen Servicerechenzentren ein System mit vielen Beteiligten, sowohl eine größere Anzahl "Dienstleistungserbringender" als auch "Dienstleistungsinanspruchnehmender". Hier müssen Regelungen für die Durchführung von Arbeiten, für Führung von Datenbeständen "außerhalb des Hauses", für die Vergabe von Prioritäten bei der Bereitstellung von Rechenkapazität, für Ablaufplanung neuer Arbeiten getroffen werden.

Die Überlegungen bezüglich Zuständigkeit bei der Durchführung der einzelnen Schritte führten zu einer Trennung von Datentransport, Datenverarbeitung und Datenhaltung.

Das Datenvermittlungssystem NW ist eine "gemeinsame Einrichtung" für den Transport und für die Ermöglichung des Zugangs zu verschiedenen DV-Systemen. Der sendende Nutzer ist für seine Daten verantwortlich, bis der empfangende Nutzer dem Sender den Erhalt quittiert hat (Quittung auf logischer Ebene).

Die Rechenzentren gehen gegenüber den Nutzern "Servicegarantien" ein, d. h. sie haben die Dienstbereitschaft mit den Nutzern abzusprechen und ggf. rechtzeitig Nichtdurchführbarkeit zu signalisieren.

Ebenso ist eine Trennung der Verantwortung bei der Führung von Datenbeständen sinnvoll. Zuständig für den physischen Zustand ist das Rechenzentrum, zuständig für den Inhalt ist der Besitzer.

Die Dienstleistungen der Rechner und des Datentransportsystems werden schrittweise realisiert werden. Bei der Integration jeder DV-Anlage in das Verbundsystem ist zu überlegen, welche Dienste im Bezug auf diese DV-Anlage realisiert werden können/müssen. Ebenso wird beim Anschluß von Datenendgeräten festgelegt, welche Dienste über dieses Gerät ermöglicht werden sollen. Mit dem Nutzer werden Vereinbarungen getroffen bzgl. seiner Arbeiten an einem Rechensystem, d. h. Absprachen über die Durchführung der Jobs, über die Zurverfügungstellung von Rechenzeiten, über Garantien innerhalb welcher Zeit die Ergebnisse verfügbar sein werden. Dem Nutzer sind dann Informationen über Verfügbarkeit der Systeme, über Hilfsprogramme, über die ihm angelasteten Kosten mitzuteilen. Die Absprachen erfolgen z. Z. noch individuell.

7. Zusammenfassung

Durch die konzeptionelle Anordnung in Schalen ist die Verantwortung für die technische Durchführung der verschiedenen Aufgaben eindeutig festgelegt. Die fachliche Verantwortung für die Ausführung der Arbeiten ist hiervon nicht berührt, sie liegt beim Nutzer des Verbundsystems. Mit dem technischen Aufbau werden Hilfsmittel zur Verwirklichung eines Landesinformationssystems im Sinne des ADVG NW bereitgestellt, die Fortführung der Automation der verschiedenen Verwaltungsbereiche ist Aufgabe der jeweiligen Dienststellen.

Dipl.-Ing. Werner Urbas
Max-Planck-Gesellschaft zur
Förderung der Wissenschaften
e.V. - Generalverwaltung -
München

Einsatz von Kleinrechnern in den Verwaltungen der Max-Planck-Institute

A. Einleitung

Die Max-Planck-Gesellschaft setzt für die Automatisierung der Verwaltungsaufgaben der Max-Planck-Institute unterschiedliche Organisationsformen ein:
für die Personalabrechnung die zentrale Verarbeitung der Daten in einem wissenschaftlichen Großrechenzentrum,
für die Automatisierung des Haushalts- und Rechnungswesens den Einsatz von Kleinrechnern in den einzelnen Verwaltungen der Max-Planck-Institute.

Dieses Konzept mag zunächst überraschen. Verfügt doch die Max-Planck-Gesellschaft über eine Reihe leistungsfähiger Rechner für die wissenschaftlichen Aufgaben (im Nachfolgenden wissenschaftliche Rechner genannt). In Garching ist eines der leistungsfähigsten wissenschaftlichen Rechenzentren der BRD mit einer IBM 360/91 und einer AMDAHL 470 V/6 installiert. Die Überlegungen, die zu dem Einsatz der Kleinrechner geführt haben, sollen hier dargestellt werden.

Ausgangspunkt für solche Überlegungen sind die Aufgaben der Verwaltung, sodann die davon abgeleiteten Anforderungen an das Organisationssystem. In einem Vergleich der Lösungswege unter den Aspekten
- Kosten und
- organisatorische Vor- und Nachteile

soll die Entscheidung für die Kleinrechner begründet werden.

Nach der Darstellung des derzeitigen Realisierungsstandes soll durch einen Vergleich mit der zentralen Personalabrechnung unter den Aspekten:
- Aktualität
- Programmgrößen
- Datenmengen
- organisatorische Vorteile

verdeutlicht werden, welche Faktoren die optimale Organisationsform für die Bereitstellung von Rechenleistung bestimmen.

B. Aufgaben der Verwaltung

Die Max-Planck-Gesellschaft zur Förderung der Wissenschaften unterhält rund 50 Institute und Forschungsstellen verteilt über die ganze Bundesrepublik mit etwa 10.000 Beschäftigten (Bild 1). Das größte Institut ist das MPI für Plasmaphysik mit rd. 1000 Beschäftigten. An 9 Instituten arbeiten zwischen 350 und 600 Wissenschaftler, Gastwissenschaftler, Stipendiaten, Angestellte und Arbeiter, an 19 etwa 100 bis 350, an 17 bis zu 100. Wir haben damit eine Unterteilung getroffen in große Institute, mittlere Institute und kleine Institute. Die großen Max-Planck-Institute erreichen Größenordnungen der kleineren Großforschungseinrichtungen (z.B. der Gesellschaft für Mathematik und Datenverarbeitung mit rd. 700 Beschäftigten).

Die Institute führen entsprechend der Satzung der Max-Planck-Gesellschaft die laufenden Geschäfte, sie sind jedoch rechtlich unselbständig. Die Unterstützung der Institute und des Vorstandes der Gesellschaft ist die Aufgabe der Generalverwaltung. Dies bedeutet starke Selbständigkeit der Institute im Rahmen von Bewirtschaftungsrichtlinien, d.h. das Institut verwaltet selbständig seinen Betriebshaushalt und seinen Stellenplan. Es beschafft selbst, wickelt den Zahlungsverkehr ab und führt Einstellungen und Entlassungen des Personals durch. Bei der Generalverwaltung fallen vornehmlich die Aufgaben der Koordinierung und Beratung und der Zusammenführung der Institutshaushalte an. Die Personalabrechnung wurde als zentrale Dienstleistung für die Institute organisiert.

Im Haushalts- und Rechnungswesen der Institute sind im einzelnen folgende Bereiche durchzuführen:

- Bestellwesen
- Haushaltsüberwachung
- Kontokorrent einschl. Zahlungsverkehr
- Sachkontenbuchhaltung
- Anlagenverwaltung und
- Materialverwaltung.

Von der Größe der Institute und der abzuwickelnden Bestellvolumina her erreichen die großen Max-Planck-Institute die Größenordnung von Mittelbetrieben. Wegen der unterschiedlichen Größe der Institute und der daraus resultierenden unterschiedlichen Arbeitsteilung in der Verwaltung der einzelnen Institute wurden bisher - zu Recht - unterschiedliche Organisationsmittel für die Bewältigung dieser Verwaltungsaufgaben verwendet. In den großen und mittleren Max-Planck-Instituten sind z. Zt. Magnetkontencomputer - 21 - eingesetzt.

Dafür wurde von der Generalverwaltung ein einheitliches Programmpaket zur Verfügung gestellt, das folgende drei Bereiche umfaßt:

- Bestellbuchhaltung und Haushaltsüberwachung
- Sachkontenbuchhaltung und Zahlungsabwicklung
- Anlagenverwaltung.

Wissenschaftliche Rechner werden eingesetzt für die Anlagenverwaltung und für die Bestellbuchhaltung. Darin kommt zum Ausdruck, daß der Magnetkontencomputer für die Bewältigung größerer Datenmengen, wie es z.B. in der Anlagenverwlatung notwendig ist, nicht ausreicht. Mit dem Magnetkontencomputer kann einigermaßen sinnvoll lediglich ein Bestand bis zu 3.000 bzw. 5.000 Anlagengegenständen verwaltet werden. Bei großen Instituten aber sind es im Schnitt bereits 15.000 Anlagengegenstände. Für die Überwachung des Bestellobligos ist die Magnetkontokarte wegen der zu geringen Speicherkapazität ebenfalls ein zu schwerfälliges Instrument. Auf der anderen Seite weist die Magnetkontencomputerorganisation folgende Vorteile auf:

- sofortige Auskunftbereitschaft anhand der Konten
- Sofortverarbeitung z.B. Soll-Ist-Vergleich
- Integrierte Verarbeitung, z.B. Übertragung der einmal eingegebenen Zahlungsanweisung auf die Konten: Lieferantenkonto, Ausgabenkonto, Haushaltsüberwachungskonto und Inventarkonto
- Auswertung durch Auflistung der Kontokarten.

C. Anforderungen an das Organisationssystem

Ein Organisationssystem, das die derzeitige Organisation ablösen soll, muß deshalb weitere Verbesserungen gegenüber dieser Organisationsform bringen, andererseits die bisher erkannten Mängel beseitigen. Nur so können die Ziele einer Neuorganisation erreicht werden:

- Entlastung der Institutsverwaltungen in den wichtigsten bestehenden oder zu erwartenden Aufgaben
- Leichtere Erstellung der heute und in Zukunft geforderten Berichte.

Daraus ergeben sich folgende Anforderungen an das System:

1. Software

   Den Instituten sollen Anwenderprogramme zur Finanzbuchhaltung (Kreditoren- und Sachkontenbuchhaltung), Kostenstellenabrechnung (Budgetabrechnung), Anlagenverwaltung, Materialverwaltung, Bestellbuchhaltung und Haushaltsüberwachung zur Verfügung gestellt werden.

   Die Programme müssen auf den Dialog mit dem Sachbearbeiter ausgerichtet sein. Das Operating muß vom Sachbearbeiter nach entsprechender Schulung durchgeführt werden können.

2. Hardware

   Für die einzelnen Sachgebiete, Finanzbuchhaltung, Anlagenverwaltung, soll je ein Arbeitsplatz - sprich Terminal - zur Verfügung stehen. Die Speicherkapazität ist so auszulegen, daß zu den Konten und Stammsätzen der jederzeitige Zugriff möglich ist.

3. Datenfernverarbeitung

   Eine Datenfernverarbeitung in den regionalen Institutszentren ist notwendig, damit ein Anschluß der örtlich naheliegenden Institute realisiert werden kann.

   Ein Datenaustausch zwischen den einzelnen Instituten und der Generalverwaltung in München soll möglich sein, zunächst über maschinenlesbare Datenträger, dann jedoch auch über Wählleitungen. Im Bereich des Haushalts- und Rechnungswesens sind folgende Daten auszutauschen:

Vom Institut zur Generalverwaltung	Monatsabschlüsse, gegen Ende des Jahres auch in kürzeren Rhythmen, Finanzstatus, Haushaltsvoranschlag, Jahresabschluß, Zahlungsanweisungen für Investitionen.
Von der Generalverwaltung zum Institut	Vorläufiger Haushaltsplan, endgültig genehmigter Haushaltsplan.

D. Lösungsalternativen

Zur Realisierung eines derartigen Systems gibt es viele Alternativen. Diskutiert werden sollen der Einsatz von Kleinrechnern, die Mitbenutzung eines zentralen wissenschaftlichen Großrechenzentrums oder die Benutzung der dezentralen wissenschaftlichen Rechenzentren. Bild 2 zeigt einen Vergleich der Kosten der 3 Alternativen über 5 Jahre. Die Kosten pro Jahr liegen demnach im Bereich von 1,0 bis zu 1,5 Mio. DM pro Jahr. Bei der Ungenauigkeit einer Schätzung über einen Zeitraum von 5 Jahren liegen diese Kosten nicht so weit auseinander, daß von dieser Seite her eine eindeutige Präferenz für eine der drei Alternativen ausgesprochen werden kann. Um so mehr wiegen organisatorische Vor- und Nachteile der einzelnen Lösungswege. Zunächst jedoch einige Bemerkungen zu den einzelnen Posten der Kostengegenüberstellung:

Zu 1. Programmkosten

   a) Programmieraufwand

   Beim Einsatz von Kleinrechnern eines Typs oder einem zentralen Großrechner sind die Programme nur für einen Anlagentyp zu erstellen. Der Programmieraufwand wurde mit 5 - 8 Mannjahren angesetzt, wobei das Mannjahr mit 80.000.-- DM gerechnet wurde. Auch bei Kleinrechnern stehen heute rationelle Methoden zur Programmentwicklung zur Verfügung: z.B. Cobol mit Routinen für die Behandlung von Bildschirmmasken, ein Datenbanksystem, ein Editor und ein Abfragegenerator. Bei Einsatz auf mehreren wissenschaftlichen Rechenzentren kommt als Zusatzaufwand die Umstellung auf die jeweiligen Rechnersysteme hinzu. Pro System ist mit mindestens 1 - 2 Mannjahren zu rechnen. Insgesamt sind dabei 5 verschiedene Systeme zu berücksichtigen: Univac 1008, CDC-Cyber 172 (2 x), DEC 10 bzw. DEC 20 (4 x), Honneywell 66/60, Siemens 4004/150, IBM 360/91 - Amdahl 470 V/6. Der Umstellungsaufwand resultiert aus der Unterschiedlichkeit der Programmiersprache, der Datenbanksysteme und der Terminals mit ihren unterschiedlichen Möglichkeiten der Aufbereitung von Bildschirmmasken.

b) Wartung und Operating

Bei einem einheitlichen Programmpaket reichen zwei Programmierer für die Wartung des Systems aus. Bei 5 Systemen ist für jedes System mindestens ein halber Programmierer notwendig.

c) Lizenzkosten

Bei Kleinrechnern sind die Lizenzkosten für Compiler und Standardprogramme in den Hardwarepreisen enthalten. Die wissenschaftlichen Rechenzentren der MPG verfügen in der Regel nicht über kommerzielle Compiler und Standardprogramme. Die monatlichen Gebühren betragen im Falle des "Unbundling" dafür rd. 3.000.-- DM. Für die 2. und weitere Anlage desselben Herstellers wurde ein reduzierter Betrag angesetzt.

Zu 2. Hardwarekosten

Bei der Kostengegenüberstellung wurde von einem Einsatz der Hardware von 7 Jahren ausgegangen, so daß hier von den Installationskosten auf den 5-Jahreszeitraum 5/7 angerechnet wurden. Die Ausstattung der Arbeitsplätze mit Bildschirmen und Druckern unterscheidet sich bei den 3 Alternativen kaum, sodaß die Kosten für Installation und Wartung der Terminals in gleicher Höhe anzusetzen sind.

Bei den Kleinrechnern sind die Installations- und Wartungskosten für die zu beschaffenden 19 Kleinrechner angesetzt, bei den wissenschaftlichen Rechnern die Kosten für die anfallenden Rechenzeiten. Dabei wird von den Erfahrungen bei dem Betrieb interaktiver Programmsysteme im kommerziellen Bereich ausgegangen. Bei Anschluß von 60 Terminals, die alle jeweils rd. 5 Std. pro Tag aktiv sind, ist sicher die Leistungsfähigkeit einer IBM 370/148 notwendig. Bei Benutzung einer AMDAHL 470 V/6 mit etwa der 10-fachen Leistungsfähigkeit einer 148 würden für diese Aufgaben rd. 100 CPU-Stunden pro Jahr benötigt. Bei einem internen Verrechnungssatz von 1.500.-- DM pro CPU-Stunde ergibt sich damit eine Summe von DM 750.000.-- über 5 Jahre. Mehrkosten von 250.000 DM erscheinen jedoch wahrscheinlich.

Zu 3. Datenfernübertragungskosten

Mit zunehmender Anzahl der örtlich verfügbaren Datenverarbeitungsanlagen nehmen die Kosten für die Datenfernübertragung ab. Bei dem Einsatz von Kleinrechnern kann durch die größere Anzahl von einzusetzenden Verarbeitungsanlagen der Aufwand für die Datenfernübertragung klein gehalten werden. Der Kostenermittlung wurden einfache Sternnetze mit Konzentratoren zugrundegelegt.

Vergleicht man die einzelnen Kostenpositionen, so liegen die Unterschiede der Kleinrechnerlösung gegenüber dem zentralen Rechner in geringeren Kosten für die Datenfernübertragung und höheren Kosten für die Hardware. Erstere könnten durch die Einrichtung des Paketvermittlungsdienstes gesenkt werden, letztere durch den anhaltenden Trend zur Verbilligung der Hardware. Der Einsatz wissenschaftlicher Rechenzentren weist dagegen mittlere DFÜ-Kosten, jedoch die höchsten Programmkosten auf.

Nun zu den organisatorischen Vor- und Nachteilen der einzelnen Lösungswege:

Die Kleinrechnerlösung bietet folgende Vorteile:

1. Verfügung über das System durch die Verwaltung
2. Sachbezogene Realisierung des Softwaresystems
3. Geringe Koordinierungserfordernisse und geringe Risiken der Softwareentwicklung durch Verwendung eines einheitlichen kommerziell ausgerichteten Systems.
4. Anpassung des EDV-Systems an die dezentrale Organisation.

Zu 1. Verfügung durch Verwaltung

Die Verwaltung hat die volle Zugriffsmöglichkeit auf die Teilinformationen, z.B. Konten und Belege. Die Sachbearbeiter führen das Operating selbst durch. Die Anlage bleibt solange der Verwaltung zur Verfügung, als dieses System den Anforderungen der Verwaltung genügt.

Bei Mitbenutzung eines wissenschaftlichen Rechenzentrums dagegen ist die Verwaltung ein Benutzer unter vielen anderen, meist nur in untergeordneter Rolle. Die Arbeitszeitregelungen, besonders kritisch zum Jahresabschluß und Monatsabschluß sind nach den Bedürfnissen der Wissenschaftler festgelegt. Der Anteil der Verwaltungsprogramme an der gesamten Verarbeitungsleistung des Rechenzentrums ist gering, ca. 1% - 2%. So besteht die Gefahr, daß Operateure und Programmierer diesem Bereich nicht die notwendige Aufmerksamkeit widmen.

Der Austausch und die Wahl der Rechenanlagen erfolgt aufgrund der Anforderungen der wissenschaftlichen Rechenaufgaben.

Zu 2. Sachbezogene Realisierung

Bei Einsatz des Kleinrechners kann sowohl die Software- als auch die Hardwarelösung den Anforderungen der Verwaltung vollständig angepaßt werden, d.h. die Realisierung des dialogorientierten Systems. Eine derartige Verarbeitungsform ist nicht bei allen wissenschaftlichen Rechenzentren gegeben. Vielfach wird weniger Gewicht auf die Dialogverarbeitung gelegt, als vielmehr auf die Erzielung von kurzen turn-around-Zeiten. Eine Umstellung des Betriebssystems und der Organisation dieser Rechenzentren auf dialogorientierte Verarbeitung wäre ein schwerer Eingriff in den Betrieb des Rechenzentrums. Dies würde in dem einen oder anderen Fall ein Absinken der CPU-Auslastung bis zu einer Größenordnung von rd. 50% bedeuten. Die Anwendung von Datenbanken ist in den wissenschaftlichen Rechenzentren nicht im großen Umfange gegeben. Manche Datenbanken sind erst sinnvoll zu betreiben, wenn etwa ein Drittel bis zur Hälfte der Anwenderprogramme diese Systeme, z.B. IMS, benutzen. Den Erfordernissen des Datenschutzes und der Datensicherheit kann auf einem Kleinrechner, der nur für die Verwaltungsaufgaben programmiert ist, meist effizienter entsprochen werden, als bei einem wissenschaftlichen Betrieb, bei dem häufig qualifizierte Anwender freien Zugang zum Rechner haben.

Zu 3. Geringerer Koordinierungs- und Entwicklungsaufwand durch Einsatz eines kommerziell ausgerichteten Systems

Beim Kleinrechner erfolgt die Entwicklung und der Einsatz des Systems allein im Verantwortungsbereich der Verwaltung.

Durch Anwendung eines kommerziell ausgerichteten Systems, durch die Übertragung der Gesamtverantwortung an einen Vertragspartner, nämlich den Hersteller, für die Hard- und Software, durch die Unterstützung der Institute bei der Bedienung und bei der Behebung von auftretenden Fehlern durch die örtlichen Geschäftsstellen des Herstellers wird ein hohes Maß an Sicherheit für die Entwicklung und den laufenden Betrieb erreicht. Der Koordinierungsaufwand ist gering.

Bei dem zentralen Rechner sind Abstimmungen mit den Rechenzentren erforderlich. Die Zusammenarbeit mit der Programmierung und dem Operating ist noch relativ leicht herstellbar. Risiken für die Entwicklung des Softwarepakets stellen jedoch die oft vom Herstellerstandard abweichenden Betriebssysteme dar.

Diese Schwierigkeiten werden bei Mitbenutzung mehrerer Rechner potenziert. Die Entwicklung und der Einsatz der Programme wird abhängig von einer Anzahl von Programmierern und Operateuren des Rechenzentrums und einer Vielzahl von Besonderheiten des wissenschaftlichen Betriebes.

Zu 4. Anpassung des EDV-Systems an die Organisation

Der Einsatz von Kleinrechnern entspricht voll der dezentralen Organisation der Max-Planck-Institute. Die Mitbenutzung eines zentralen Großrechners bedeutet dagegen eine vollständige Zentralisierung, die Mitbenutzung von 10 wissenschaftlichen Rechenzentren eine teilweise Zentralisierung.

E. Stand der Durchführung

Die Anforderungen an die Soft- und Hardware wurden in einem Rahmenplan für alle Bereiche entsprechend den Zielen der Neuorganisation spezifiziert. Die geforderten Arbeitszeiteinsparungen ergeben sich:

- durch Wegfall des Kontenhandlings
- durch die rechnergeführte einmalige Eingabe der Daten
- durch die Möglichkeit der Weitergabe des gespeicherten Belegs von Arbeitsbereich zu Arbeitsbereich entsprechend der Bearbeitungsfolge
- durch die Möglichkeit des Abrufs und der Auswertung der gespeicherten Daten.

Bei den Buchungen erscheinen Arbeitszeiteinsparungen von 1/3 - 1/4, bei den Auswertungen von 9/10 gegenüber der MKC-Organisation möglich.

Nach dem derzeitigen Projektstand können folgende Aussagen gemacht werden:

- Ein Arbeitsplatz wird einschließlich der Programmierkosten rd. 55 TDM kosten gegenüber 50 - 80 TDM bei einer Magnetkontencomputerlösung.
- Die Wirtschaftlichkeit des Einsatzes dürfte bei den meisten Installationen bereits durch Ablösung vorhandener Magnetkontencomputer und Verwaltungsprogramme auf wiss. Rechnern gegeben sein.

Offen ist die endgültige Lösung des Anschlusses kleinerer Institute und mittlerer Institute. Wie aus der Kostengegenüberstellung der drei Alternativen ersichtlich, stellen die Datenfernübertragungskosten einen wesentlichen Bestandteil der Gesamtkosten dar. Nachdem hier jeweils abzuwägen ist, ob die Installation eines eigenen Systems kostengünstiger ist, als der Anschluß an ein größeres System mittels Datenfernübertragung, - diese Notwendigkeit sich jedoch erst in 3 Jahren ergeben wird und sich bis dahin die einzelnen Kostenanteile noch verschieben können - wurde eine Festlegung bisher nicht getroffen. Erst der weitere Verlauf des Projekts wird zeigen, ob alle Risiken richtig gesehen wurden. Produktiv eingesetzt werden die ersten beiden Kleinrechner noch Ende 77 mit der Finanzbuchhaltung.

F. Vergleich mit der zentralen Personalabrechnung

Ein Vergleich mit den Anforderungen im Bereich der Personalabrechnung nach den Aspekten

- Aktualität
- Programmgrößen
- Datenmengen
- sachliche Vorteile

soll die Gründe für den Einsatz von Kleinrechnern in den Instituten noch veranschaulichen.

Die Personalabrechnung ist nur einmal pro Monat durchzuführen. Die Verarbeitung der Bestellungen und Rechnungen im Bereich des Haushalts- und Rechnungswesen jedoch täglich.

Die Personalabrechnung erfolgt nach für alle Max-Planck-Institute einheitlichen Regeln, da für die Max-Planck-Gesellschaft der Bundesangestelltentarif und der Manteltarif für Arbeiter des Bundes Anwendung finden. Die Kompliziertheit des Regelwerkes hat es mit sich gebracht, daß eine effektive Programmierung erst bei Programmgrößen von 1/2 bis 1 Megabyte erreicht werden konnte. Im Bereich des Haushalts- und Rechnungswesens sind jedoch Programmgrößen zwischen 50 und 70 Kilobytes üblich. Durch Segmentierung ist ein Kernspeicherbereich pro Anwendungsgebiet von 16 KB ausreichend.

Die Personalabrechnung ist für rd. 10.000 Beschäftigte monatlich durchzuführen. Pro Monat sind rd. 2.000 Änderungsdaten, Neueinstellungen, Entlassungen, Änderungen von Stammdaten zu verarbeiten. Im Bereich des Haushalts- und Rechnungswesens der Institute ergeben sich ganz andere Dimensionen:

Rund 300.000 Stammsätze mit rd. 50.000 Bewegungen pro Monat.

Durch die zentrale Personalabrechnung ergibt sich eine Vielzahl von sachlichen Vorteilen, so das zentrale Meldewesen und der Datenaustausch mit den Versicherungsträgern und den Banken.

Im Haushalts- und Rechnungswesen steht dem lediglich die Notwendigkeit der monatlichen Zusammenfassung der Institutsdaten für die Umsatzsteuervoranmeldung und den Monatsabschluß gegenüber.

Die Unterschiedlichkeit der Anforderungen dieser beiden Aufgabenbereiche ist damit klar zu erkennen. Es soll jedoch nicht unerwähnt bleiben, daß diese Kleinrechner auch für Aufgaben im Personalwesen der Institute eingesetzt werden sollen, so z.B. für die Erfassung der Daten zur zentralen Personalabrechnung.

G. Schluß

Dieser Vergleich zeigt, daß es heute bereits wirtschaftlich vertretbar ist, die Datenverarbeitung dort zu betreiben, wo die Daten anfallen und die Informationsbedürfnisse entstehen. Diese Rechnung wird jedoch nur dann aufgehen, wenn es gelingt, diese Systeme ohne neue Spezialisten, sondern mit den bisherigen Sachbearbeitern zu betreiben. Dazu sind große Anstrengungen auf Seiten des Anwenders notwendig, auch ist die tatkräftige Unterstützung durch den Hersteller vorort bei dem derzeitigen Entwicklungsstand unerläßlich. Mit diesem Weg sind zugegebenermaßen noch Risiken verbunden. Die Alternative, eine Mitbenutzung des Wissenschaftlichen Rechenzentrums, würde vielfach die Gefahr mit sich bringen, den Wirkungsgrad des Rechenzentrumsbetriebes zu verschlechtern, oder nicht sachgerechte Lösungen für den Verwaltungsbereich herbeiführen. Was vor 2 - 3 Jahren wegen der zu hohen Kosten der Rechnersysteme und der nicht vorhandenen kommerziellen Software als Lösungsweg noch ausschied, erscheint heute als die beste Organisationsform für die Bereitstellung von Rechenkapazität für die Verwaltungen der Max-Planck-Institute.

Zusammenfassung:

Die Max-Planck-Gesellschaft setzt für die Automatisierung der Verwaltungsaufgaben der Max-Planck-Institute unterschiedliche Organisationsformen ein:
für die Personalabrechnung die zentrale Verarbeitung der Daten in einem wissenschaftlichen Großrechenzentrum,
für die Automatisierung des Haushalts- und Rechnungswesens den Einsatz von Kleinrechnern in den einzelnen Verwaltungen der Max-Planck-Institute.
Die Gründe für dieses Konzept: Aufgaben, Datenmengen, Kommunikationsbedürfnisse, sowie Wirtschaftlichkeitsüberlegungen werden dargestellt.

Bild 1

MPG hat 10.000 Beschäftigte
davon 2.000 Wissenschaftler
2.000 Stipendiaten, Gäste
Plön
MPI für Limnologie
Wilhelms haven
MPI für Zellbiologie
HAMBURG
MPI für ausländisches und internationales Privatrecht
MPI für Meteorologie
BERLIN
Fritz-Haber-Institut
MPI f. Bildungsforschung
MPI f. mol. Genetik
Forschungsstelle Vennesland
MPI für biophysikalische Chemie
MPI für Geschichte
MPI für experimentelle Medizin
MPI für Strömungsforschung
MPI für Systemphysiologie
MPI für Ernährungsphysiologie
Dortmund
MPI fur Aeronomie
Lindau/Harz
Mülheim/ Ruhr
MPI für Kohlenforschung
Göttingen
Düsseldorf
MPI für Eisenforschung GmbH
KÖLN
MPI für Züchtungsforschung
Bonn
MPI für Radioastronomie
Erläuterungen
große MPI (350 - 650 Beschäftigte)
(IPP 1000 Beschäftigte)
mittlere MPI (100 - 350 Beschäftigte)
kleine MPI (bis zu 100 Beschäftigte)
MPI für physiologische und klinische Forschung
Kerckhoff-Klinik
Bad Nauheim
FRANKFURT
MPI für Biophysik
Gmelin-Institut für anorganische Chemie und Grenzgebiete
MPI für Hirnforschung
MPI für europäische Rechtsgeschichte
MPI für Chemie
Mainz
Heidelberg
MPI für Kernphysik
MPI für Astronomie
MPI für medizinische Forschung
MPI für Pflanzengenetik
MPI für ausländisches öffentliches Recht und Völkerrecht
MPI für Metallforschung
Stuttgart
MPI für Festkörperforschung
Tübingen
MPI für Virusforschung
MPI für Biologie
MPI für biologische Kybernetik
Friedrich-Miescher-Laboratorium für biologische Arbeitsgruppen
MPI für Immunbiologie
Freiburg
MPI für ausländisches und internationales Strafrecht
MPI für Plasmaphysik
MPI für Psychiatrie
Forschungsstelle für Psychopathologie und Psychotherapie
MPI für Biochemie
MPI zur Erforschung der Lebensbedingungen der wissensch. technischen Welt
MPI für ausländisches und internationales Patent-, Urheber- und Wettbewerbsrecht
MPI für Physik und Astrophysik
MÜNCHEN
MPI für Verhaltensphysiologie
Projektgruppe f. intern. u. Vergl. Sozialrecht
Projektgruppe für Laserforschung

Bild 2

Vergleich der Kosten über einen 5-Jahres-Zeitraum

Lösungsweg:	Einsatz von 19 Kleinrechnern bei den großen und mittleren Max-Planck-Instituten	Mitbenutzung einer zentralen Großrechenanlage 360/91 - AMDAHL 470 V/6	Mitbenutzung der großen wissenschaftlichen Rechner der Max-Planck-Institute 1 x Univac 2 x CDC 172 4 x DEC 10 oder 20 1 x Honeywell 66/60 1 x Siemens 4004/150 1 x IBM 360/91 - Amdahl 10 Anlagen
1. Software a) Entwicklungskosten	5 - 8 Mannjahre [1)]	5 - 8 Mannjahre	5 - 8 Mannjahre Umstellung auf andere Systeme, pro weiteres System 1 - 2 Mannjahre 5 - 10 Mannjahre
	400 - 640 TDM	400 - 640 TDM	800 - 1.440 TDM
b) Programmpflege	2 Programmierer [2)]	2 Programmierer	2 Programmierer pro weiteres System 1/2 Programmierer 2 1/2 Programmierer
	400 TDM	400 TDM	900 TDM
c) Lizenzgebühren f.systemnahe Software - Cobol, Datenbank, Abfragesystem	in Hardwarepreis enthalten - TDM	180 TDM	1.475 TDM
Summe Software	800 - 1.040 TDM	980 - 1.220 TDM	3.175 - 3.815 TDM

Bild 2 Fortsetzung

2. Hardware				
2.1 Terminals				
a) Installation	5/7 von 1.25 Mio DM	750 TDM	750 TDM	750 TDM
b) Wartung	40% von 1.25 Mio DM	500 TDM	500 TDM	500 TDM
2.2 Rechner ohne Terminals				
a) Installation	5/7 von 2.75 Mio DM	1.970 TDM	anteilige Rechenkosten	anteilige Rechenkosten
b) Wartung	40% von 2.75 Mio DM	1.100 TDM	750 - 1.000 TDM	750 - 1.000 TDM
Summe Hardware		4.320 TDM	2.000 - 2.250 TDM	2.000 - 2.250 TDM
3. Datenfernverarbeitungskosten		490 TDM	2.300 - 2.600 TDM	1.300 - 1.600 TDM
Leitungsgebühren incl. Modems				
s.1 Gesamtkosten für 5 Jahre		5.610 - 5.850 TDM	5.280 - 6.070 TDM	6.475 - 7.665 TDM
s.2 Kosten pro Jahr		1.122 - 1.170 TDM	1.056 - 1.214 TDM	1.295 - 1.533 TDM

1) pro Mannjahr 80.000 DM - Fremderstellung

2) jährlich 40.000 DM - eigene Programmierer

ZUKÜNFTIGE ENTWICKLUNG VON RECHENZENTREN

Dr. G. Bayer, Rechenzentrum der Technischen Universität Braunschweig
Dr. W. Dirlewanger, Informatik-Rechenzentrum der Universität Stuttgart, seit Juli 77 Rechenzentrum der Gesamthochschule Kassel
Dr. R. Ebert, Großrechenzentrum für die Wissenschaft Berlin
Dr. H. Felsch, Hochschulrechenzentrum der Universität Bielefeld
Dr. H. Pralle, Regionalrechenzentrum für Niedersachsen Hannover

Vorbemerkung

Der Einsatz von Großrechnern in Lehre und Forschung hat an den Universitäten und wissenschaftlichen Forschungsstätten zu der Gründung von Rechenzentren geführt. Diese haben in ihrer rund zwanzigjährigen Geschichte zwar noch nicht zu einer einheitlichen Struktur gefunden, über die heutigen Aufgabenstellungen (hauptsächlich: Betrieb von Rechenanlagen, Bereitstellung von Software, Unterstützung der Benutzer, Teilnahme an EDV-Entwicklungen) herrscht jedoch ein weitgehender Konsens.

Die schnelle Innovation bei Hardware und Software sowie das Enstehen neuer Strukturen durch Datenübertragungsnetze auf der einen und Mikroprozessoren auf der anderen Seite wirft die Frage auf, wie sich die wissenschaftlich/technischen Rechenzentren weiterentwickeln oder ob sie etwa schon bald als Institution überlebt sein werden.

Die folgenden Aussagen wurden von fünf Leitern aus unterschiedlich alten Rechenzentren sehr verschiedener Größe gemeinsam erarbeitet. Für den überschaubaren Zeitraum von 5 - 10 Jahren werden zunächst Einflußgrößen ermittelt. Die anschließenden Thesen prognostizieren ihre weitere Entwicklung. Im dritten Schritt werden hieraus Forderungen bzw. Folgerungen für Rechenzentren im wissenschaftlichen Bereich, für ihre Trägerschaft, für die EDV-Hersteller und für die Benutzer hergeleitet.

A. Einflußgrößen

1. Stellenwert von Forschung und Lehre.
2. Konzepte zum EDV-Einsatz.
3. Benutzerbedürfnisse.
4. Technologische Entwicklung der EDV.
5. Grenzen für den EDV-Einsatz.

B. Thesen zu den Einflußgrößen

Zu A.1: Stellenwert von Forschung und Lehre

1.1. Forschung und Lehre behalten den jetzigen Stellenwert.

1.2. Die EDV bleibt Schlüsseltechnologie.

1.3. Der EDV-Standard in der Bundesrepublik ist z.Zt. befriedigend.

1.4. Die Budgets für die Groß-EDV werden gegenüber dem jetzigen Stand nicht weiter wachsen. Die Folgekosten werden den EDV-Einsatz begrenzen und nicht (wie bisher) die Investitionskosten.

Zu A.2: Konzepte zum EDV-Einsatz

2.1. Bund und Länder planen ressortübergreifende EDV-Verbunde.

2.2. Gewerbliche EDV-Dienstleistungen werden bereichsweise auch für Nachfragen aus dem Entwicklungs- und Forschungsbereich konkurrenzfähig.

2.3. Gesamtwirtschaftliche Überlegungen führen bereichsweise zu Spezialisierung und Konzentration.

2.4. Die EDV-Entwicklung profitiert von Standardisierung und Normung; dies fördert die Trends 2.1. bis 2.3.

2.5. Alle EDV-Entwicklungen sind von internationalen Zusammenhängen und marktbeherrschenden Positionen geprägt.

Zu A.3: Benutzerbedürfnisse

3.1. Die Qualitätsanforderungen an die EDV wachsen (EDV am Arbeitsplatz, Antwortzeiten, graphische E/A, Betriebssicherheit, Handhabbarkeit, Portabilität von Software, Methodenbanken usw.).

3.2. Das Spektrum der EDV-Anwendungen wächst.

3.3. Es wird eine langsame quantitative Bedarfssteigerung geben; dabei gibt es
  a) einen Grundbedarf an EDV; dieser steigt nicht wesentlich, und
  b) einen Spitzenbedarf durch Bereiche, die innovationsfreudig sind; hier steigt der Bedarf stark.

3.4. Der Bedarf nach Beratungs- und Vermittlungsfunktionen des RZ wächst der Breite und der Tiefe nach.

3.5. Anwenderbereiche fordern zunehmend spezielle Systeme in Hardware und/oder Software.

3.6. Zukünftige EDV-Systeme werden auch bisherige Anwendersoftware benutzen.

Zu A.4: Technologische Entwicklung der EDV

4.1. Die Entwicklung der Hardware führt zu einem besseren Preis-/Leistungsverhältnis für die jetzigen EDV-Anwendungen, allerdings wird die Verbesserung von Jahr zu Jahr geringer.

4.2. Neue Hardware-Mechanismen ermöglichen neue Anwendungen (z.B. Datenbankmaschine). Trotzdem bleiben universelle Großsysteme erhalten.

4.3. Die EDV-Leistung wird leichter transferierbar (zum Benutzer und zwischen Systemen, z.B. durch Kommunikations-Prozessoren, EDS-System usw.).

4.4. Entwicklung und Einsatz der Software bleiben trotz verbesserter Programmiermethoden weiterhin problematisch (Verwendung vieler Programmiersprachen, verschiedener Dialekte, unterschiedlicher Betriebssystemfunktionen usw.).

4.5. Schlüsselfertige Anwendersysteme setzen sich durch (z.B. SPSS).

4.6. Die zukünftigen Systeme werden die Eigenschaften bisheriger Systeme weitgehend berücksichtigen (Wahrung einer Mindestkompatibilität).

Zu A.5: Grenzen des EDV-Einsatzes

5.1. Datenschutzprobleme werden den Einsatz der EDV in diesbezüglich relevanten Bereichen begrenzen.

5.2. Die Durchführung von aufwendigen EDV-Vorhaben wird stärker als bisher davon abhängen, ob das zu erwartende Ergebnis die aufzuwendenden Kosten rechtfertigt.

5.3. EDV-Vorhaben werden nicht durchsetzbar sein, wenn sie in extremer Weise Menschen durch Maschinen zu ersetzen versuchen.

C. Folgerungen aus den Thesen

C.1. Forderungen an das Rechenzentrum

1.1. Intensivierung der Zusammenarbeit mit anderen Rechenzentren zur Erhöhung des eigenen Dienstleistungsangebotes durch Vermittlung von andernorts verfügbaren EDV-Kapazitäten, Programmen und Daten (jedes RZ stellt hierzu einen "Wegweiser" bereit). Das RZ kann dadurch als Makler lokal nicht erfüllbare Benutzerbedürfnisse im Verbund befriedigen.

1.2. Verstärkte Bereitstellung von Benutzerinformation in Form einer auf die Benutzerbedürfnisse ausgerichteten, verständlichen und sachgerechten Dokumentation.

1.3. Verstärkung und Verbreiterung der Benutzerberatung unter Ausdehnung auf EDV-Dienstleistungen, die im Verbund verfügbar sind; Sorge für entsprechende Qualifikation und Kompetenz der Beratung.

1.4. Koordination im Verbund
- bei Beschaffungen,
- bei Spezialisierung der RZ auf besondere Hard- und Software, Anwendungsschwerpunkte usw.

1.5. Werbung für den Einsatz von schlüsselfertigen Anwendersystemen anstelle aufwendiger Neuprogrammierung bzw. Adaption.

1.6. Ausrichtung der Ausbildung für Benutzer auf Grundlagenwissen und EDV-Methoden, so daß der Anwender sich über spezielle Systeme mit Hilfe von Medien selbst orientieren kann. Entsprechende Orientierung der RZ-internen Ausbildung.

1.7. Unterstützung der Einführung von Normen und Standards und Unterbindung von nicht normgerechten Lösungen, auch der Benutzer.

1.8. Schaffung von standardisierten Schnittstellen zu den Rechenanlagen für eine Vielzahl von unterschiedlichen Benutzergeräten (einfaches Terminal bis Prozeßrechner).

1.9. Bereitstellung von Mechanismen zur Aufwands- und Kostenschätzung bei EDV-Projekten und Unterstützung der Benutzer bei deren Anwendung.

1.10. Umfassende Abstimmung von Hardware- und Softwareprojekten der Benutzer sowie diesbezüglicher Beschaffungen im Rahmen gutachterlicher Mitwirkungen.

1.11. Größtmögliche Transparenz gegenüber Geldgeber und Benutzergemeinschaft bei Kostenermittlung und Verteilung der Kapazität des RZ (Rechenzeit, Softwarebudget, Mannmonate usw.).

1.12. Abbau unwirtschaftlicher Anlagen- und Personal-Kapazität (z.B. Kartenstanzen nur über Dienstleistungsfirmen).

C.2. Folgerungen für die Trägerschaft

2.1. Angemessene Beteiligung der Hochschulen und ihrer RZ bei der Planung von EDV-Verbunden.

2.2. Konzeptfindung für die bedarfsgerechte Verteilung von Rechnerleistung für Forschung und Lehre (auch über Ländergrenzen hinweg), insbesondere unter Berücksichtigung stagnierender EDV-Budgets; Entwicklung von Bezugsgrößen.

2.3. Einführung von Schwerpunktmaßnahmen zur Deckung des Spitzenbedarfs.

2.4. Planung von Haushaltsansätzen für die EDV, die nach Ablauf der Lebensdauer vorhandener Systeme eine adäquate, der Entwicklung angepaßte Ersetzung aus dem ordentlichen Haushalt erlauben.

2.5. Erhaltung des Pluralismus der Hersteller bei der Ausrüstung der Rechenzentren im Interesse der Fortentwicklung.

2.6. Vereinheitlichung bei der Durchführung von EDV-gestützten Bibliotheks- und Verwaltungsmaßnahmen zur Verbesserung der Wirtschaftlichkeit.

C.3. Forderung an die Hersteller

3.1. Volle Berücksichtigung der Folgerungen für das Rechenzentrum (s. C.1.) bei der Entwicklung von Systemen.

3.2. Bereitstellung von einfachen, einheitlichen und wirksamen Schnittstellen zur EDV für die Anwender im Hochschulbereich.

3.3. Stärkere Einhaltung bestehender allgemeiner Normen und Standards in Hardware und Software als bisher.

3.4. Verfügbarkeit der gängigen höheren Programmiersprachen in standardisierter Form (keine firmenspezifische Dialekte).

3.5. Berücksichtigung der Benutzerwünsche nach Portabilität ihrer Anwendersoftware auch auf zukünftige EDV-Systeme.

3.6. Schlüsselfertige Anwendersysteme müssen im Hochschulbereich möglichst abgehoben von maschinenspezifischen Elementen und fachlich korrekt sein. Der Zugang über gängige höhere Programmiersprachen ist zu gewährleisten.

3.7. Offenheit der Rechnersysteme für Datenverkehr jeglicher Art (wegen des breiten Spektrums von EDV-Geräten und -Anwendungen im Hochschulbereich).

3.8. Einbeziehung von Datensicherung und Datenschutz auch in die Systemkonzeption für wissenschaftliche Rechner.

3.9. Wesentliche Erhöhung der Betriebssicherheit bei Hard- und Software gegenüber dem heutigen Stand, insbesondere bei Großsystemen.

3.10. Automatisierung des Betriebsablaufes, so daß manuelle Eingriffe durch Operator weitgehend entfallen und darüberhinaus ein vollautomatischer Betrieb möglich ist.

3.11. Drastische Reduzierung des Kostenaufwandes für die Wartung von Hardware und Software bei neu entwickelten Systemen.

C.4. Folgerungen für die Benutzer

4.1. Möglichst weitgehender Einsatz der Programmbibliothek und schlüsselfertiger Systeme.

4.2. Bei nicht dem Standardfall entsprechenden Anwendungen schlüsselfertiger Systeme (Arbeiten im Grenzbereich) entsprechende Sorgfalt und Skepsis.

4.3. Einbeziehung der Erkenntnisse auf dem Gebiet der Programmiertechnik und -methodik in das jeweilige Arbeitsgebiet, wenn die Entwicklung eigener Problemlösungen nötig wird (keine Wegwerfprogramme).

4.4. Rechtzeitige Einbeziehung des Rechenzentrums in die Planung von Hard- und Softwareprojekten.

4.5. Berücksichtigung von DV-Methoden in der Lehre, wenn sie in einem Fachgebiet Anwendungsreife erlangt haben.

4.6. Durchführung von Kostenüberlegungen bei allen EDV-Vorhaben.

4.7. Bereitschaft zur Kooperation mit anderen Benutzern.

4.8. Beachtung von Standards und Normen, soweit irgend möglich.

DISKUSSION

Das Rechenzentrum - eine überholte Organisationsform

Versuch eines Resümees

Prof. Dr. Adolf Schreiner, Universität Karlsruhe

Das Thema dieses Abends war bereits von einigen Vortragenden in ihren Referaten angesprochen worden. In einer speziellen Diskussionsveranstaltung wurde es bei einer äußerst regen Beteiligung aller Teilnehmer des Workshops nach den verschiedensten Gesichtspunkten hin erörtert. Im folgenden soll versucht werden, die wesentlichen Punkte dieser Aussprache kurz wiederzugeben.

Als Leitbild einer Entwicklung, die die Organisationsform des heutigen Rechenzentrums überwinden könnte, hatte sich der Vortrag von Urbas über den Einsatz von Kleinrechnern in den Verwaltungen der Max-Planck-Institute erwiesen, der an anderer Stelle dieses Bandes wiedergegeben ist. Während Dezentralisierungsschritte wie z. B. jene der FIRST NATIONAL CITY BANK, New York, in einem revolutionären Akt zwei installierte Großrechner IBM/37o-165 durch 8 "Mega-Mini-Computer" ersetzten (1), hat das von Urbas zitierte Vorgehen der Max-Planck-Institute im Verwaltungsbereich evolutionären Charakter, denn dort werden heute noch vorhandene dezentrale Magnetkontencomputer eins zu eins durch Minirechner mit Platteneinheit und Dialogstationen, also durch eine neuere Technologie abgelöst, ein Vorgehen, das aus DV-Sicht des Jahres 1962 - als man die Lochkartentechnik auf ähnliche Weise durch die Magnetspeichertechnik ersetzte - keinerlei Verwunderung auslöst, das aber nach der Ära der integrierten Datenverarbeitung manchen aufhorchen läßt. Die Vorgehensweise der Max-Planck-Gesellschaft ist auch sehr modern: für alle über die Bundesrepublik verteilten Einsatzorte eine zentral gesteuerte einheitliche Hardware-Auswahl, zentral gesteuerte Erstellung und Wartung der Software sowie der allgemeinen Systemdienste. Die Hardware-Wartung erfolgt durch den Hersteller auf lokale Anforderungen hin. Spezifische Operateurarbeit an den Minis tritt dem Vernehmen nach nicht auf, sofern man darunter ein Mehr gegenüber den heutigen Hantierungen am Magnetkontencomputer versteht.

Zu diesen Feststellungen waren die Meinungen der Teilnehmer äußerst kontrovers: kann man wirklich davon ausgehen, daß die Hantierungs-,

Verteilungs- und Organisationsfunktionen, der Kontakt zum Anlagenhersteller, die Überwachung der Wartungsfirmen etc. jeweils gerade noch in Leerzeiten ohnehin schon vorhandener Mitarbeiter wahrgenommen werden können, so daß kein zusätzlicher Personalbedarf entsteht? Man rührt hier an die berühmten Paradoxien des griechischen Philosophen Zeno, wenngleich es auch eine Tatsache ist, daß schon in vielen Fällen mit gleichem (vermindertem) Personal eine höhere (gleiche) Produktionsleistung erzielt wurde.

Daß man diese Problematik aber nicht einfach übergehen kann, sollte das Zitat (2) des folgenden überschlägigen Vergleichs zwischen einem Großrechnersystem und einer Anzahl von Minirechnern zeigen, die man für dasselbe Geld erhält:

Ein Univac-Großrechner 11oo/82 mit 2 CPU's, 16 kW Pufferspeicher (125 nsec), 1o24 kW Hauptspeicher, 2 Schnelldruckern à 14oo Z.p.M., 2 Kartenlesern à 1ooo K.p.M., 6 Bandgeräten UNISERVO 2o (32o kHz), 8 Plattensystemen UNIVAC 8434 (52oo MB) kostet 14,2 Mio. DM.

Als Minirechner sei die DATAPOINT 55oo gewählt. Für 135.ooo DM erhält man ein Kompaktsystem für Dialog, bestehend aus: Zentraleinheit mit 9o Instruktionen, 12 kB(ROM und RAM) für das Betriebssystem, 48 kB für den Benutzer (Zykluszeit jeweils 1,6 µsec), ferner zwei 25 MB-Wechselplatten. Als Ergänzung werden angeboten z. B. Kettendrucker (18o Zeilen/Minute, 21.5oo DM), Kartenleser (3oo Karten/Minute, 12.5oo DM) und Magnetbandgerät (12,5 inch/sec, 3o.5oo DM).

Will man einen überschlägigen Preisvergleich der beiden Systeme durchführen, dann hat man zunächst die Peripherie beider Anlagen rein rechnerisch etwa auf den gleichen Durchsatz zu bringen; das bedeutet, daß die DATAPOINT-Systeme rechnerisch zusätzlich mit 15 Druckern, 6 Kartenlesern und 1oo (!) Magnetbandeinheiten zu versehen sind. Da die Terminalperipherie in beiden Fällen als gleich angesehen wird, kann sie außer Acht bleiben. Nach Abzug dieser Positionen bleibt ein Systempreis von 1o,7 Mio. DM übrig, für den man 8o Einheiten DATAPOINT 55oo erhalten würde. Rein rechnerisch sind diese 8o Einheiten im Vergleich zu dem UNIVAC-Doppelprozessorsystem (in Klammern) folgendermaßen ausgestattet:
Hauptspeicher: 384o kB netto für Benutzerprogramme plus 128o kB für Betriebssysteme, Zykluszeit 1,6 µsec (46oo kB, Zykluszeit 1,25 usec); Pufferspeicher: keiner (75 kB, 125 nsec); Plattenspeicher:

535o MB (52oo MB). Von den Bauelementen her handelt es sich also um ein durchaus vergleichbares Volumen. Bedenkt man ferner, daß damit jedes zweite Institut mit einer eigenen Anlage DATAPOINT 55oo ausgestattet werden könnte, so ist das doch eine beachtenswerte Alternative.

Nun aber zum zweiten Teil des Vergleichs, den der laufenden Aufwendungen. An Wartungskosten pro Jahr wären für die 8o DATAPOINT-Systeme 1,37 Mio. DM und für das UNIVAC-System o,45 Mio. DM aufzuwenden. Man kann sicher davon ausgehen, daß pro DATAPOINT-System für Betrieb, Wartung, Software, Literaturstudien etc. ein Mitarbeiter mit einem Viertel bis zu einem Drittel seiner Arbeitszeit ausgelastet wäre; dann müßten etwa 2o bis 27 (bei UNIVAC 1o) Mann hierfür eingesetzt werden. Das entspricht bei einem Personalkostensatz von 6o.ooo DM pro Mann und Jahr 1,2 bis 1,6 Mio. DM (bei UNIVAC DM 6oo.ooo).

Schreibt man die Anlagen in einem Zeitraum von 5 Jahren ab, so betragen die jährlichen Kosten für die Hardware 2,84 Mio. DM, für die Wartung o,45 Mio. DM, insgesamt also 3,29 Mio. DM. Die jährlichen Mehrkosten für das dezentrale System betragen - bezogen auf die laufenden Hardwarekosten - also ca. 5o %. Materialverbrauch, Raumkosten usw. können als etwa vergleichbar angesehen und daher in dieser Überschlagsrechnung weggelassen werden.

Gegen einen rein additiven Kapazitätsvergleich wurde eingewandt, daß jedes dezentrale System für seinen Spitzenbedarf ausgelegt werden muß, während bei einer Zentralisierung ein Poolungseffekt auftritt. In dieselbe Richtung zielte das Argument, doch nicht drei 1/3 DV-Spezialisten ihrem Können und ihrer Effektivität nach einem hauptamtlichen DV-Profi gleich zu setzen. Andererseits kann der Einsatz eines auf ein spezielles Anwendungsgebiet zugeschnittenen Rechners, z. B. auf NASTRAN oder SPSS, es dem Benutzer erlauben, mit einem Minimum an allgemeinen EDV-Kenntnissen auszukommen, also evtl. auf die Beherrschung einer Programmier- und Steuersprache zu verzichten.

Die Möglichkeit der Dezentralisierung hat zweifellos dazu geführt, daß Rechenzentren um ihre Benutzer künftig werben müssen, statt ihnen - wie es geschehen sein soll - die Nutzungsbedingungen zu diktieren. Dieses wird auch die Leistung der Rechenzentren steigern, zumal die Dezentralisierung des Zugriffs zur Rechenleistung heute überhaupt kein Diskussionspunkt mehr ist. Es stellt sich vielmehr nur noch die Frage, ob die Verarbeitung im Einzelfall wirtschaftlicher dezentral oder zentral erfolgt. Dabei werden die Hardwarekosten, die heute nur rund ein Drittel der Gesamt-EDV-Kosten ausmachen, eine immer geringere Rolle spielen, umso mehr werden aber Wartungs- und Softwaregesichtspunkte in den Vordergrund rücken.

Ein nicht-rationaler, aber umso gewichtigerer Gesichtspunkt ist folgender: Die Kosten für die Individualisierung der Datenverarbeitung sind heute unter eine Schwelle gesunken, die es gestattet, sich diesen Luxus zu leisten, und das ökonomische Gewissen auf irgendeine Art - berechtigt oder unberechtigt - zu beruhigen. Es gibt kaum einen augenfälligeren Trend gegen die Wirtschaftlichkeit als den zum eigenen Auto und weg vom öffentlichen Verkehrsmittel. Freilich stößt auch die Individualisierung irgendwo an ihre wirtschaftliche Grenze, denn das Privatflugzeug hat sich trotz Verkehrsstaus noch nicht allgemein durchgesetzt.

Welche Aufgaben haben die Rechenzentren in der durch die Minis veränderten Welt?
Ihre Schwerpunkte lagen bisher in der Bereitstellung von Rechenkapazität auf zentralen Anlagen, im Verfügbarmachen standardisierter Software für die Benutzer, in der Beisteuerung von spezifischem DV-Know-How zu Projekten der DV-Anwendung. Durch die Minis in Frage gestellt werden kann höchstens die erste Funktion, obwohl auch in diesem Bereich für das Problem der Massendatenverarbeitung auf absehbare Zeit noch keine andere Lösung gesehen wird. An Hochschulen wurde die Beobachtung gemacht, daß Institute mit eigenen Minirechnern zwar das zentrale Rechenzentrum noch benutzen, aber erstens im verminderten Umfang und zweitens mit veränderten Ansprüchen. Dieser Profilveränderung muß das Rechenzentrum durch das Angebot neuer "Leistungsprodukte" gerecht werden. Am Beispiel der Max-Planck-Gesellschaft wird deutlich, wie zentrale Betreuungsfunktionen auch für dezentrale Hardware angeboten werden können. Die Integration sämtlicher DV-Anlagen eines Unternehmens im organisatorischen Zusammenhang, sei es über ein Netz oder auch nur ein ordnendes Konzept, bleibt eine Forderung des Informationshaushaltes und der Wirtschaftlichkeit; einem Rückfall in desorganisierte, punktuelle Datenverarbeitung - selbst wenn er hier oder da praktiziert werden sollte - wird keine Überlebenschance eingeräumt.

BEWERTUNG UND OPTIMIERUNG
DER DIENSTLEISTUNGEN
DES RECHENZENTRUMS

KONZEPT FUER EINE ANLAGENUNABHAENGIGE BETRIEBSSTATISTIK VON DATENVERARBEITUNGSSYSTEMEN

G. Schwichtenberg
Universität zu Köln
Rechenzentrum

Vorbemerkung

Das im folgenden vorgestellte Konzept für eine Betriebsstatistik wurde Anfang 1976 als Studie ausgearbeitet und inzwischen für die Rechenanlagen CYBER 76/72 des Regionalen Rechenzentrums an der Universität zu Köln realisiert. Nach einer Erprobungsphase soll es auch auf andere Rechenanlagen der Universität zu Köln übertragen werden.

Aufgaben der Betriebsstatistik

Eine Analyse der verschiedenen Anforderungen für eine statistische Beurteilung des Betriebsverhaltens einer Datenverarbeitungsanlage ergab, daß unter den Begriff "Betriebsstatistik" oder "Systemstatistik" sehr heterogene Vorstellungen subsumiert werden:

- Nachweis der von Benutzern verbrauchten Datenverarbeitungskapazität,
- Analyse der Benutzungsgewohnheiten (z. B. Jobumfang, Filebenutzung, Sicherungsmaßnahmen),
- Anforderung und Verbrauch der Betriebsmittel (unabhängig von der Zuordnung zu Benutzern, z. B. als Funktion der Zeit),
- Analyse der Verfügbarkeit bzw. Zuverlässigkeit eines Datenverarbeitungssystems bzw. einzelner Komponenten eines Systems,
- Beobachtung des Operateur-Verhaltens und seines Einflußes auf die Betriebseffizienz,
- Analyse der Durchsatzleistung des Systems im Normalbetrieb,
- Beobachtung des Systems im Hinblick auf wünschenswerte oder bereits durchgeführte Systemmodifikationen,
- Erkennung von Engpässen (Flaschenhälsen) oder Überdimensionierungen (Wasserköpfen) des Gesamtsystems,
- Fehleranalysen aller Komponenten (isoliert oder in Abhängigkeit zueinander).

Alle diese Aufgaben haben nun bestimmte Gemeinsamkeiten, die ihre begriffliche Zuordnung zur "Statistik" rechtfertigen:

- Es handelt sich um nachträgliche Analysen mit den typischen Bearbeitungsphasen der Erhebung, der Aufbereitung und der statistischen Auswertung;
- die Objektdaten sind gleich strukturiert und nicht verknüpft;
- es handelt sich um große Datenmengen, bei denen die Einzelinformation ohne die Gesamterhebungsmasse von untergeordneter Bedeutung ist.

Jedoch stellt man zwischen diesen verschiedenen Aufgaben auch erhebliche Unterschiede fest:

- Der Typ des Erhebungsobjekts ist sehr verschieden (Benutzerkonten, Betriebsmittelkonten, Jobs, Fehlerfälle, Systemmitteilungen);
- die Zeit wird unterschiedlich berücksichtigt (Protokollierung von Ereignissen, Zeiträumen oder Zuständen),
- die Erhebungsmethodik ist unterschiedlich bezüglich der Codierung (Kompaktheit oder Systemnähe), der Regelmäßigkeit (Vollerhebung oder Teilstichproben) und der Differenzierung der Aussage (Einzelfallerhebung oder Zwischenstatistik).

Zur Einheitlichkeit einer Betriebsstatistik

Angesichts der großen Unterschiede zwischen den verschiedenen Aufgaben (und zwischen den entsprechenden Teillösungen, wie sie in heutigen Betriebssystemen realisiert wurden) scheint es nicht möglich zu sein, alle Aufgaben in einem einzigen Statistik-System zu erfüllen. Es muß sogar in Zweifel gezogen werden, daß ein solches Einheitssystem wirtschaftlich wäre. Um zu einem vernünftigen Kompromiß zu kommen, sollen die Gründe für ein Gesamtsystem diskutiert werden:

- Durch isolierte Statistik-Systeme können Inkonsistenzen in den Ergebnissen entstehen.
- Der Pflegeaufwand für die Software und den Datenbestand mehrerer Systeme ist höher.
- Ein einheitliches System erzwingt eine bessere begriffliche Grundlegung und damit höhere Präzision in der statistischen Ergebnisaussage.
- Wenn das einheitliche System anlagenunabhängig gestaltet werden kann, ergibt sich eine bessere Vergleichbarkeit der Betriebsstatistik verschiedener Rechenanlagen.
- Der Aufwand der Software-Anpassung bei einem Wechsel des Betriebssystems wird geringer.

Das folgende Konzept berücksichtigt besonders die Aufgaben der Benutzungsstatistik, der Betriebsmittelstatistik, der Systemzuverlässigkeits analyse sowie der Durchsatzanalyse. Es vernachlässigt die Aufgaben der Operateuranalyse, der Analyse der Systemmodifikationen sowie die Fehleranalyse. Für die letzteren Aufgaben dürfte sich eine langfristige Aufzeichnung auch kaum lohnen; dafür wird man in den zu untersuchenden Zeiträumen zusätzliche Erhebungsmethoden einsetzen müssen.

Kennzeichnung des Konzepts

Die Ziele für das erarbeitete Konzept waren:

- Anlagenunabhängigkeit (d.h. Hersteller-, Hardware- und Betriebssystem-Unabhängigkeit),
- Langfristigkeit (betreffend Softwarepflege und Datenhaltung),
- möglichst umfassende Gültigkeit (insbesondere bezüglich der Betriebsmittel),
- Wohldefinition aller verwendeten Begriffe,
- Möglichkeit des Informationsaustauschs mit anderen Rechenzentren.

Im Sinne der statistischen Datenanalyse mußte zuerst eine Entscheidung über die Klasse der zu erhebenden Objekte getroffen werden. Als begrifflicher Ausgangspunkt wurde dazu die folgende Aussage gemäß DIN 44 300 verwendet:

> "Ein Datenverarbeitungssystem ist eine <u>Funktion</u>seinheit zur Verarbeitung von Daten ...".

Daran anschließend wurde der Begriff "Funktion" zum Kernbegriff erhoben und wie folgt ergänzt:

> Ein Datenverarbeitungssystem erfüllt <u>Funktionen</u>. Die Verwaltung der Funktionen liegt in der Hand des Betriebssystems. Dieses stellt die erforderlichen <u>Betriebsmittel</u> bereit.
> Die Ausführung einer Funktion muß Gegenstand eines Auftrags an das Datenverarbeitungssystem sein: d.h., daß für jede Funktion ein <u>Auftraggeber</u> existiert.
> Jeder Auftrag wird dem System auf einem bestimmten Weg zugeleitet (<u>Quelle</u>). Die Quelle einer Funktion kann selber eine Funktion sein.

Damit ergibt sich für den Begriff "Betriebsstatistik" die folgende Aufgabenbeschreibung:

> Statistischer Nachweis der von einem Datenverarbeitungssystem erfüllten Funktionen, ihrer Auftraggeber und ihrer Betriebsmit-

tel sowie Analyse der Beziehungen zwischen verschiedenen Auftraggebern, Funktionen und Betriebsmitteln.

Der Begriff der "Funktion" wurde nun so allgemein verstanden, daß durch ihn alle in einem Datenverarbeitungssystem möglichen Zustände abgedeckt werden, also auch Störungs-, Wartungs- und Leerzeiten. Beispiele für Funktionstypen sind: Anlagengrundfunktion (Wartung ...), Job, Session, Programm, Filespeicherung, Systemtask.

Merkmale einer Funktion sind:

- Name,
- Typ,
- Auftraggeber,
- Quelle,
- Aufrufspezifikation,
- Zeitmarken (Anfang, Ende, Dauer),
- Betriebsmittel (angefordert, bereitgestellt, verbraucht),
- Kommentare,
- Abschlußkennung (z. B. Fehlercodes).

Kurzbeschreibung des Systemstatistikfiles (SSF)

Alle Angaben über alle Funktionen werden in einem einheitlichen Datenbestand gesammelt und verwaltet: dem Systemstatistikfile (SSF). Der SSF ist wie folgt aufgebaut:

- Erhebungseinheit ist die Funktion,
- je Funktion wird eine variable Anzahl von Datensätzen aufgenommen (abhängig vom Typ der Funktion und bestimmten Umständen),
- alle Datensätze haben gleiche Länge (50 Zeichen),
- alle Informationen sind alphanumerisch codiert (63 Zeichen Vorrat),
- die Fileorganisation ist sequentiell, 50 Datensätze bilden einen Datenblock (unabhängig von der Funktionseinteilung),
- Sortierreihenfolge der Funktionen ist das Startdatum der Funktion (kompakt codiert in den ersten 10 Zeichen als sog. Ordnungskriterium), innerhalb der Funktionen die Datensatzkennung,
- die Liste der Betriebsmittel ist unbegrenzt, es werden jedoch vier Betriebsmittelklassen unterschieden: Prozess-, Speicherungs-, Organisations- und Global-Betriebsmittel,
- die Daten sind nicht verkettet oder explizit strukturiert.

In jedem Datensatz sind die ersten zehn Zeichen das Ordnungskriterium (ein Zeichen für das Jahr, drei Zeichen für den Tag des Jahres, ein Zeichen für die Stunde des Tages, zwei Zeichen für die Minute, ein Zeichen für den ursprünglichen Erhebungsfile sowie zwei Zeichen als laufende sequentielle Numerierung zur Vermeidung von Doppelkennungen), darauf folgt ein Zeichen mit der Datensatzkennung. In den einzelnen Datensätzen sind folgende Angaben enthalten:

- Definitionssatz (A-Satz):
  Funktionstyp, Startdatum, Startuhrzeit, Name der Funktion, Bezeichnung des Auftraggebers, Bezeichnung der Quelle;
- Beschreibungssatz (B-Satz):
  die ersten vierzig Zeichen des Funktionsaufrufs (z.B. Jobkarte);
- Organisationsbetriebsmittelsatz (O-Satz):
  Art des Betriebsmittels, Menge des angeforderten, bereitgestellten und verbrauchten Betriebsmittels (z. B. Priorität);
- Globalbetriebsmittelsatz (G-Satz):
  Art des Betriebsmittels, Menge des angeforderten, bereitgestellten und verbrauchten Betriebsmittels;
- Prozessbetriebsmittelsatz (P-Satz):
  - wie G-Satz - ;
- Speicherbetriebsmittelsatz (S-Satz):
  - wie G-Satz - ;
- Kommentarsatz (Y-Satz):
  Quelle des Kommentars, Kommentartext;
- Abschlußsatz (Z-Satz):
  Abschlußcode, Abschlußdatum, Abschlußuhrzeit, ggf. Fehlerkennzeichnung, Dauer in Uhrzeit (Minuten), Dauer in Systemsekunden.

Der SSF ist aus Verarbeitungs- und Verwaltungsgründen unterteilt nach zeitlich gleich großen Abschnitten (Wochen). Die Bearbeitungsroutinen können jedoch beliebige SSF-Abschnitte hintereinander als einen Gesamtfile verarbeiten.

Verarbeitungsroutinen für den SSF

Für die Pflege des SSF wurden Routine-Programme geschrieben zur:

- Erstellung,
- Aufbereitung,
- Auswertung.

Zur Erstellung des SSF werden folgende Systemaufzeichnungen des Systems Cyber 76/72 herangezogen:

- SIF der Cyber 76 (System Information File),
- Dayfile der Cyber 72,
- Maschinenprotokoll (Aufzeichnungen der Operateure),
- Audits der Cyber 76,

. Audits der Cyber 72.

Zusätzlich soll demnächst berücksichtigt werden:

. CEF der Cyber 72 (Customer Engineering File),
. Magnetbandarchiv-Katalog.

Für jeden der genannten Datenbestände existiert eine Routine, die die für den SSF relevanten Informationen extrahiert und als Teil-SSF ablegt.

Für die Aufbereitung des SSF ist neben verschiedenen Sortier- und Misch-Läufen sowie einer SSF-Zerlegungsroutine vor allem eine Korrekturroutine vorhanden, die folgende Aufgaben erfüllt:

. Übernahme von Angaben aus dem Dayfile der Cyber 72 über Funktionen der Cyber 76 in deren Funktionsbeschreibung (z. B. Drucken oder Stage),
. Konsistenzprüfung der Angaben aus den verschiedenen Aufzeichnungen.

Für die Auswertung des SSF wurde ein abgestuftes System realisiert:

. Direkte Auswertung (einfache Statistiken),
. Kumulierte Auswertungen und
. Anschlußroutinen für Spezialauswertungen mit Hilfe von großen Statistikpaketen oder speziellen Programmen (z. B. Rechnungsschreibung).

Bei einem Betriebssystemwechsel müssen in erster Linie nur die Erhebungsroutinen angepaßt werden (die übrigen nur, soweit ihre Funktionsfähigkeit gefährdet ist).

Bemerkungen zur Rechenbedarfs- und Rechenzeitentwicklung

Dr. F. Wolf
Regionales Rechenzentrum Erlangen

1. Einleitung

Das Rechenzentrum der Universität Erlangen-Nürnberg hat 9 Jahre lang eine CD 33oo in verschiedenen Ausbaustufen - vom Monoprozessor mit 64K bis zum Doppelprozessor mit 224K Speicher als Stapel- und Teilnehmersystem - betrieben. Seit 1974 stand zusätzlich eine Anlage TR 44o für die Informatik zur Verfügung. Anfang 1977 wurde das Universitätsrechenzentrum zum Regionalen Rechenzentrum Erlangen (RRZE) erweitert und mit einem Dreifachprozessor TR 44o ausgestattet. Nutzungsberechtigte Institutionen sind die Universität Erlangen-Nürnberg, die Universität Bayreuth, die Fachhochschulen Coburg und Nürnberg und die Gesamthochschule Bamberg. Gleichzeitig wurde der bisherige Informatikrechner durch eine CYBER 172 abgelöst. Beide Anlagen sind in einem technischen und organisatorischen Verbund zusammengefaßt, d.h. sie werden gemeinsam unter derselben Organisationsform betrieben, wobei gewisse Prioritäten für Informatikarbeiten gesetzt sind. Sichtgeräte und Stapelstationen können zum größten Teil alternativ an beide Rechner angeschlossen werden, so daß allen Benutzern der Zugang zu beiden Anlagen offen steht.

Die Außerdienststellung des CD 33oo Systems und die Installation der beiden Großrechner gibt Anlaß, die Entwicklung des Rechenzeitbedarfs und des Rechenzeitverbrauchs an der Universität Erlangen-Nürnberg darzustellen. Derartige Überlegungen sind erforderlich, um angesichts der hohen Investitionskosten für Rechenzentren den richtigen Zeitpunkt und den richtigen Einsatz solcher Einrichtungen zu ermitteln.

2. Darstellung der Rechenzeitentwicklung

Um die Rechenzeitentwicklung an der Universität Erlangen-Nürnberg unter Einschluß der Informatik, aber ohne Berücksichtigung der Institutsrechner deutlich zu machen, wollen wir folgende Größen betrachten:

- Li = installierte Rechenleistung
- La = angebotene Rechenleistung
- Lv = in Anspruch genommene Rechenleistung

Zur Leistungsmessung der verschiedenartigen Anlagen und der verschiedenen Konfigurationen wurde der Erlanger Benchmark (ERBM) verwendet, und zwar mit dem Parametersatz, der für die Maschinenauswahl für das RRZE zusammengestellt wurde. Der ERBM basiert auf einem synthetischen Programm, das über Eingabedaten E/A intensiv, rechenintensiv oder organisationsintensiv gemacht werden kann und besteht aus insgesamt 65 Jobs (teils FORTRAN, teils ALGOL; teils vorübersetzt, teils mit Übersetzung; alle Programme arbeiten mit Dateien). Wir wollen hier nicht die Problematik der Leistungsmessung mittels Benchmark allgemein noch speziell mit dem ERBM diskutieren; die erhaltenen Werte stimmen jedoch mit den Erfahrungswerten aus dem täglichen Betrieb überein. Als Bezugswert für die Leistungsmessungen gehen wir von einer ausgewogenen CD 33oo Konfiguration mit 128K Speicher aus und normieren ihre Leistung zu 1. Unter Berücksichtigung der BM-Laufzeiten erhalten wir so folgende Leistungsstufen für den Stapelbetrieb:

CD 33oo	mit	64 K	:	o.84
"	"	96 K	:	o.89
"	"	128 K	:	1
"	"	224 K	:	1.25
2 x CD 33oo	"	224 K	:	1.76
TR 44o	"	128 K	:	2.o8
"	"	192 K	:	2.55
3 x TR 44o	"	384 K	:	6.76
CYBER 172	"	128 K	:	6.76

Bei BM-Versuchen im realen Betrieb können die Werte je nach Parametereinstellung der BS-Version um ca. 1o % schwanken. Ganz bewußt wurden deshalb beide Großanlagen mit demselben Faktor angesetzt. In Abb. 1 wird die installierte Leistung pro Jahr (normiert auf eine CD 33oo) für die drei verschiedenen Anlagen dargestellt, in Abb. 2 wird über alle Anlagen summiert. Falls eine Konfiguration nicht das ganze Jahr über zur Verfügung stand, wurde nur ein entsprechender Anteil berücksichtigt.

Um die angebotene Rechenleistung zu ermitteln, gehen wir von der Zeit aus, in der die Rechenanlage den Benutzern zur Verfügung steht - unabhängig von dem Grad der Nutzung - und multiplizieren diese mit dem Leistungsfaktor, der sich aus den Laufzeiten des ERBM auf den verschiedenen Anlagenkonfigurationen ergibt. Um die so erhaltenen Werte mit der installierten Leistung vergleichen zu können, müssen wir noch eine Normierung durchführen, indem wir durch 8736 (=Zahl der Stunden pro Jahr) dividieren (zur Normierung könnte man auch etwa eine geplante Betriebs-

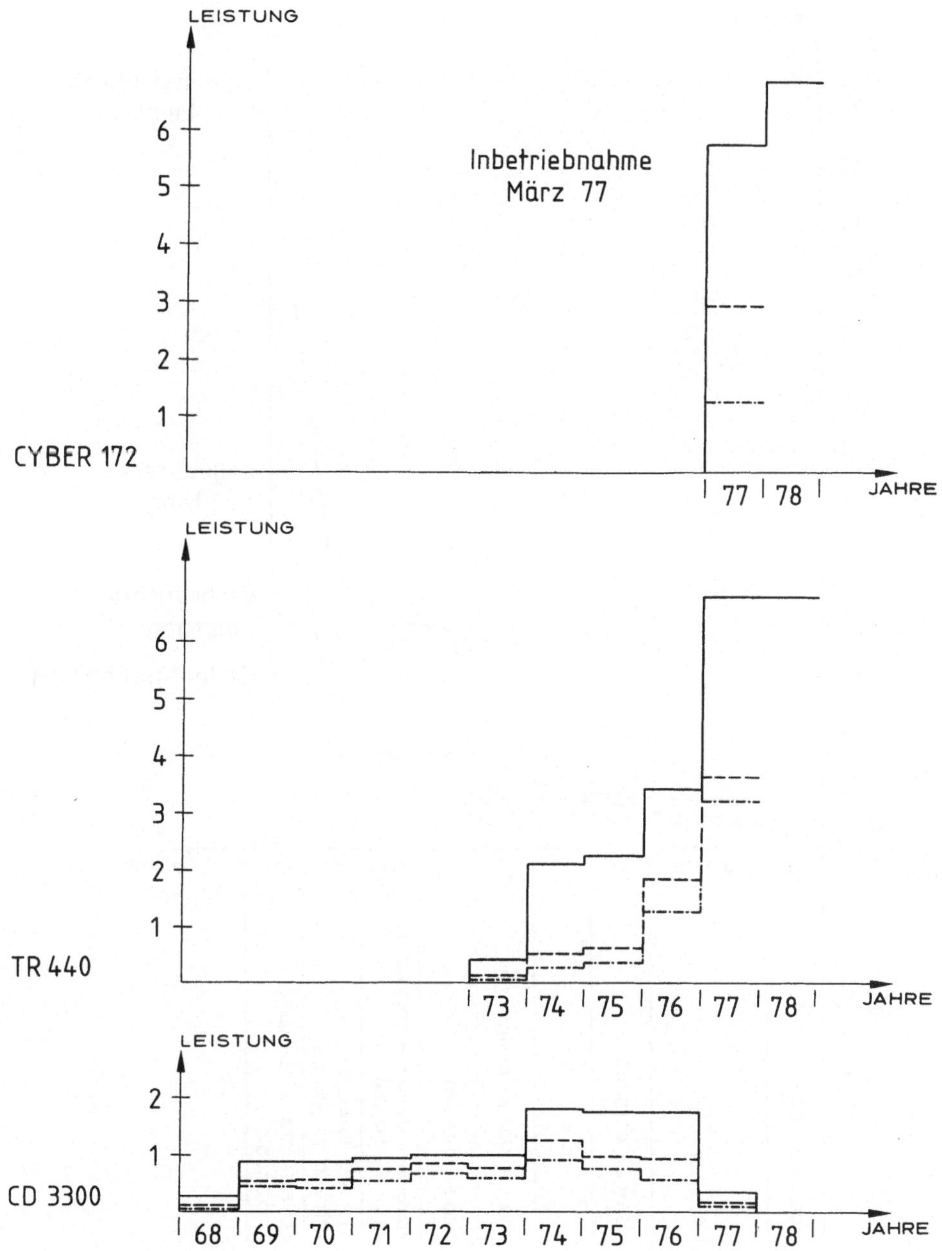

Abb.1 Darstellung der installierten ———, angebotenen – – – und verbrauchten —·—·— Leistung bei den verschiedenen Anlagen an der Universität Erlangen-Nürnberg

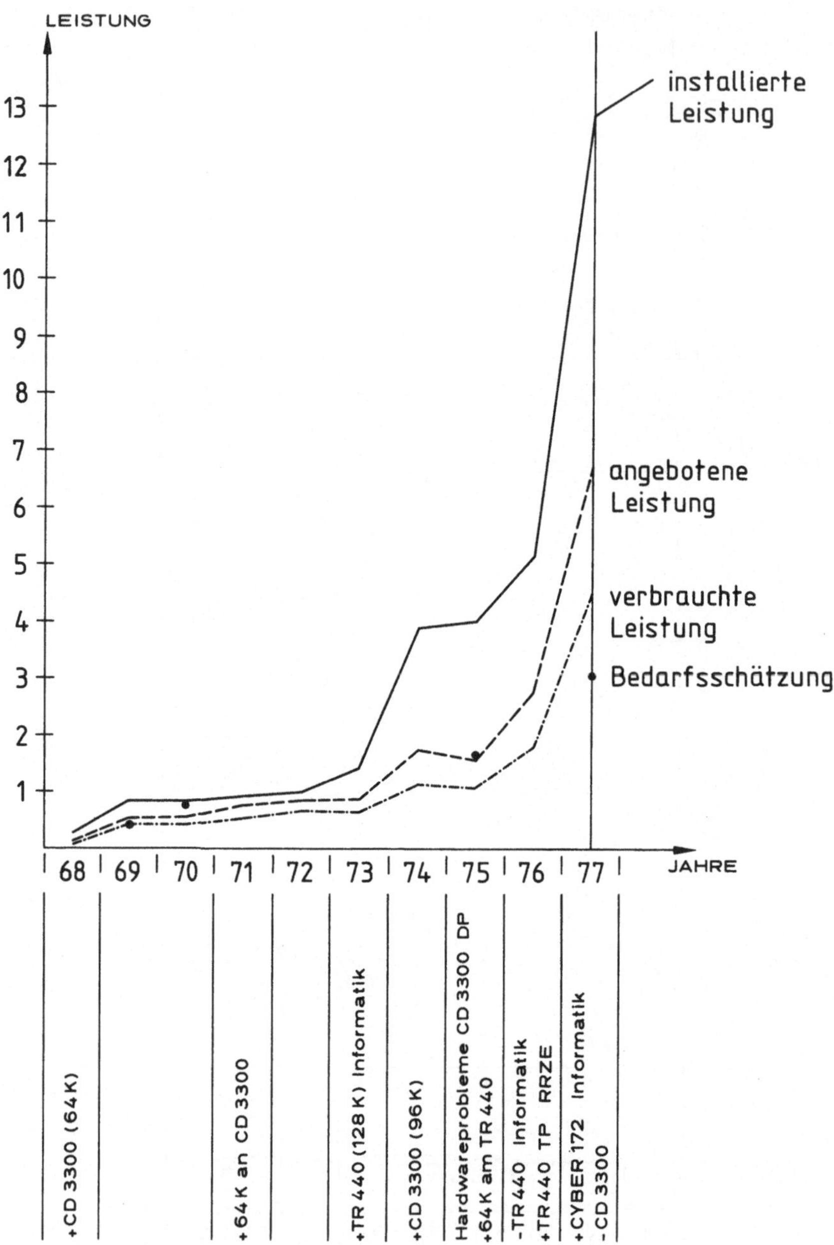

Abb. 2 Darstellung der installierten, angebotenen und verbrauchten Rechenleistung sowie des Rechenbedarfs

zeit von 4ooo - 6ooo Stunden entsprechend einem 2-3 Schichtbetrieb heranziehen).

Als die von den Benutzern in Anspruch genommene Rechenleistung betrachten wir die aus den Accounting-Daten entnommene CPU-Zeit, wobei diese zunächst wiederum in CD 33oo Einheiten umgerechnet wird, aufgrund von Faktoren, die ebenfalls mit Hilfe des ERBM ermittelt wurden. Die Faktoren wurden so bestimmt, daß bei Umrechnung auf CD 33oo Einheiten die Kosten für die Durchführung des BM, in die neben der CPU-Zeit auch die Kanalzeit, die Speichergröße und die Verweilzeit im Speicher eingehen, auf allen Rechnertypen gleich hoch waren.

1 CPU-Std. TR 44o = 3.5 CPU-Std. CD 33oo
1 CPU-Std. CYBER 172 = 7 CPU-Std. CD 33oo

Die so erhaltenen Werte werden durch Division durch 8736 wiederum normiert. Alle Leistungswerte werden in Abbildung 1 und 2 in ihrem zeitlichen Verlauf dargestellt.

Bemerkungen

- Die Werte für 1977 sind aus den Halbjahreswerten hochgerechnet, wobei zu berücksichtigen ist, daß es sich hierbei um die Zeit unmittelbar nach der Installation der Anlagen handelt; voraussichtlich werden angebotene und verbrauchte Rechenzeit höher ausfallen.
- Durch die Installation einer 2. CD 33oo für das Rechenzentrum und einer TR 44o für die Informatik wurde 1974 die installierte Rechenleistung vervierfacht.
- Durch die Installation der beiden Großrechner TR 44o TP und CYBER 172 hat sich 1977 die installierte Leistung wiederum verdreifacht.
- Der Rückgang der angebotenen und verbrauchten Leistung 1975 bei etwa gleicher installierter Leistung wie 1974 ist auf Hardwareprobleme an der CD 33oo, hervorgerufen durch Störungen der Klimaanlage, zurückzuführen.
- Die Auswirkungen der Einführung von Rechenzeitkosten im Jahre 1976 kommt in der summarischen Darstellung in Abb. 2 nicht zum Ausdruck, die insgesamt in Anspruch genommene Rechenzeit ist auch 1976 gestiegen.
- Die geringe Auslastung der installierten Leistung in den Jahren 1974 - 1976 ist darauf zurückzuführen, daß der Informatikrechner TR 44o zunächst nur in einer Schicht betrieben wurde und nur in beschränktem Umfang von Nichtinformatikern in Anspruch genommen werden durfte.

3. Interpretation durch Wachstumsmodelle

In diesem Abschnitt wollen wir ermitteln, inwieweit die betrachteten Leistungskurven durch Wachstumsmodelle (für beschränktes bzw. unbeschränktes Wachstum) beschrieben werden können.

Exponentielles Wachstum (Modell 1)
Sei L(t) die Leistung zum Zeitpunkt t.
Der Zuwachs an Leistung im Intervall $(t,t+\Delta t)$ sei proportional der Leistung im Zeitpunkt t (Zuwachskoeffizient ε).

Dann gilt
$$\Delta L(t) = \varepsilon \cdot L(t) \cdot \Delta t$$
$$L(t) = L_o \cdot e^{\varepsilon \cdot t} \qquad \text{exponentielle Wachstumskurve}$$

Beschränktes Wachstum (Modell 2)
Sei Lmax eine Obergrenze für die (installierte) Leistung.
Der Leistungszuwachs wird umso geringer sein, je näher man der Obergrenze kommt, was durch den Proportionalitätsfaktor (Lmax-L(t))/Lmax zum Ausdruck gebracht wird.

Damit ergibt sich
$$\Delta L(t) = \varepsilon \cdot L(t) \cdot \Delta t \cdot \frac{Lmax-L(t)}{Lmax}$$
$$L'(t) = \varepsilon \cdot L(t) - \frac{\varepsilon}{Lmax} L^2(t)$$
$$L(t) = \frac{Lmax}{1+(\frac{Lmax}{L_o}-1)e^{-\varepsilon t}} \qquad \text{beschränkte Wachstumskurve (logistische Kurve)}$$

Nach der Methode der kleinsten Fehlerquadrate wurden die Parameter der entsprechenden Kurven aus den beobachteten Werten berechnet und in Abbildung 3 dargestellt.
Für Modell 2 werden bei der angebotenen und der verbrauchten Leistung jeweils 2 Kurven berechnet:

1. Der Parameter Lmax wird aus den beobachteten Werten errechnet
2. Der Parameter Lmax wird festgelegt:
   Bei der angebotenen Leistung gehen wir von 75 % der installierten Leistung aus: $Lmax_a$=15.77. Dieser Wert entspricht einer Steigerung der derzeit installierten Leistung um 1/6, was durch Abrundung der vorhandenen Konfigurationen erreicht werden könnte. Bei der verbrauchten Rechenzeit gehen wir von einer maximalen Auslastung von 8o % aus: Lmax = 12.62.

Die Abbildungen 3a-c zeigen die ermittelten Kurven.

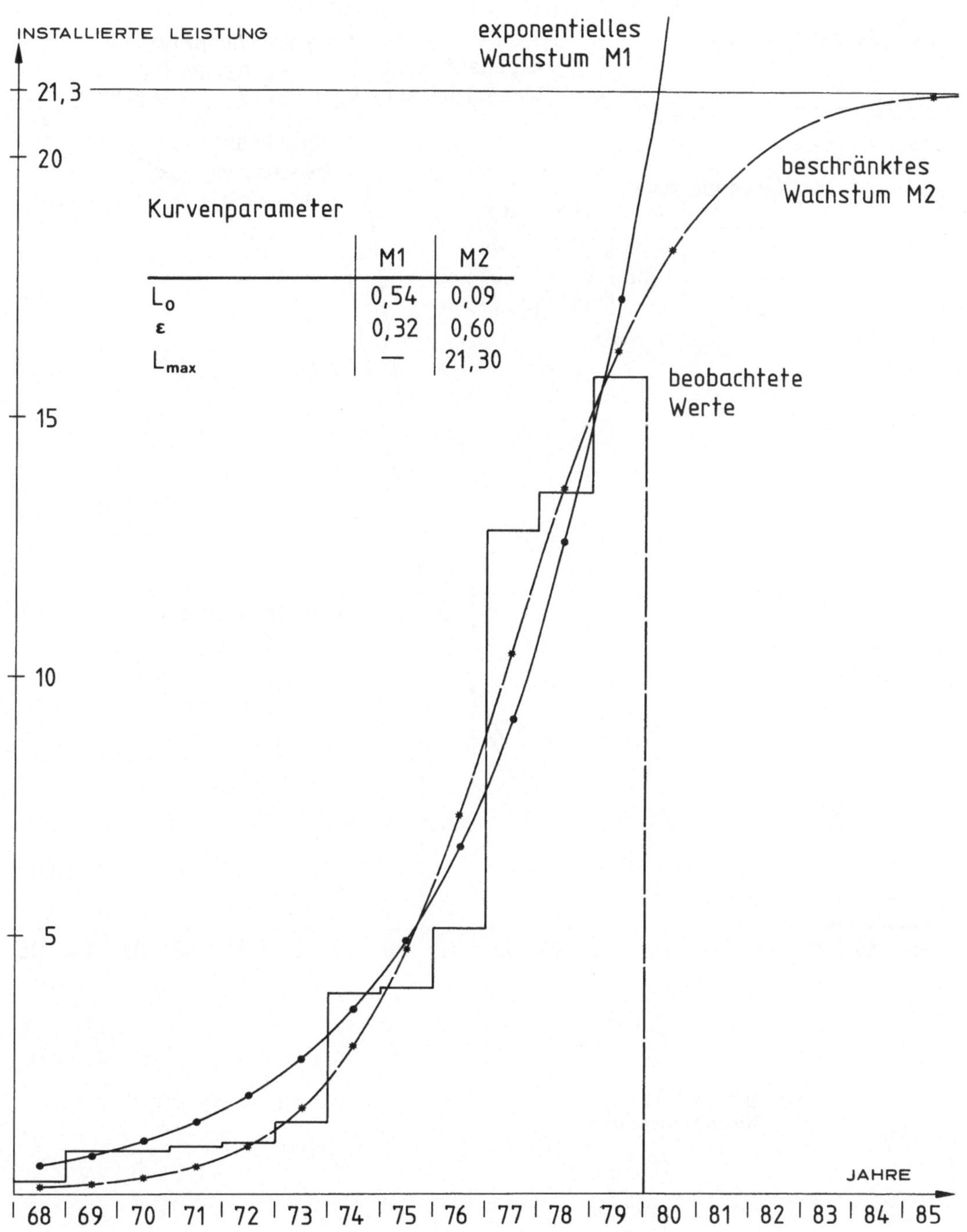

Abb. 3a Darstellung der installierten Leistungswerte durch Wachstumskurven

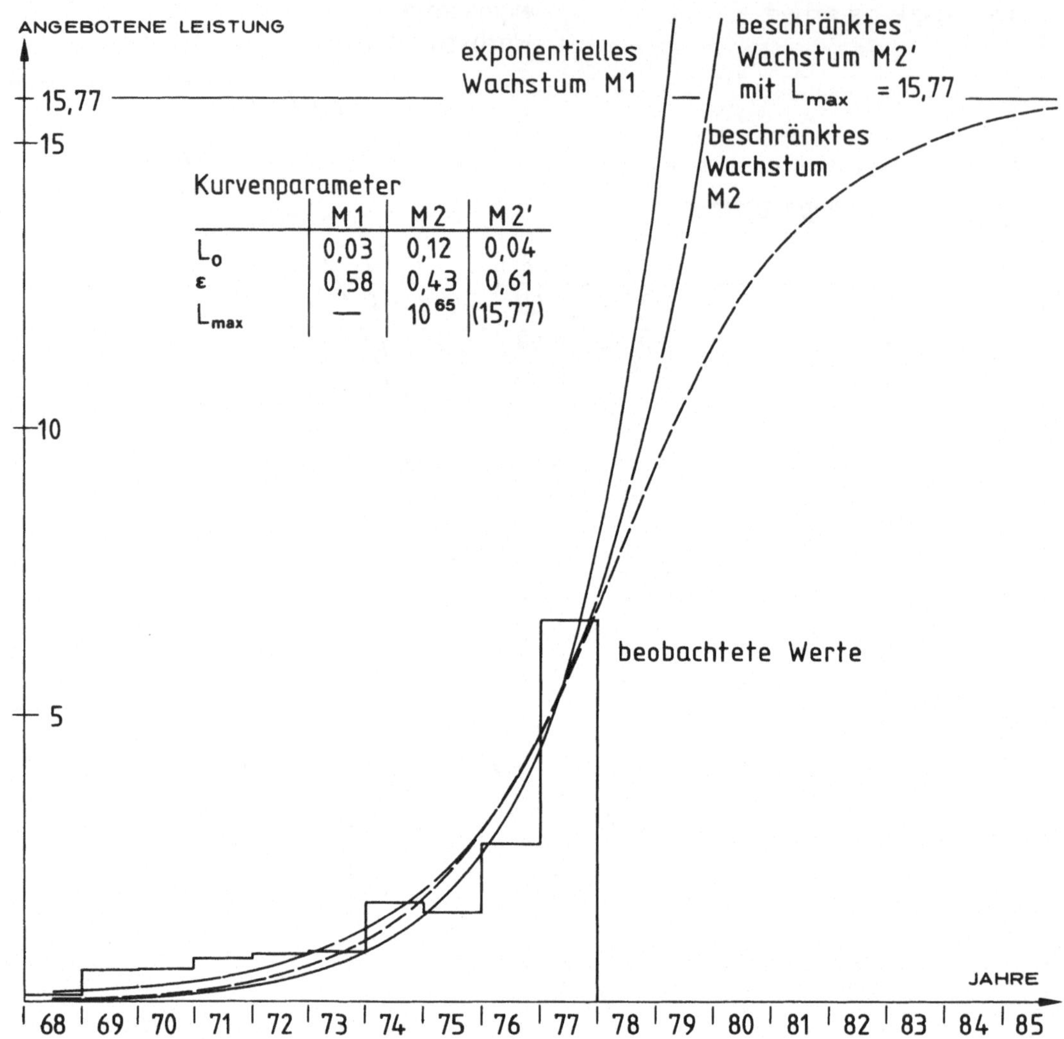

Kurvenparameter

	M1	M2	M2'
L_o	0,03	0,12	0,04
ε	0,58	0,43	0,61
L_{max}	—	10^{65}	(15,77)

Abb.3b Darstellung der angebotenen Leistungswerte durch Wachstumskurven

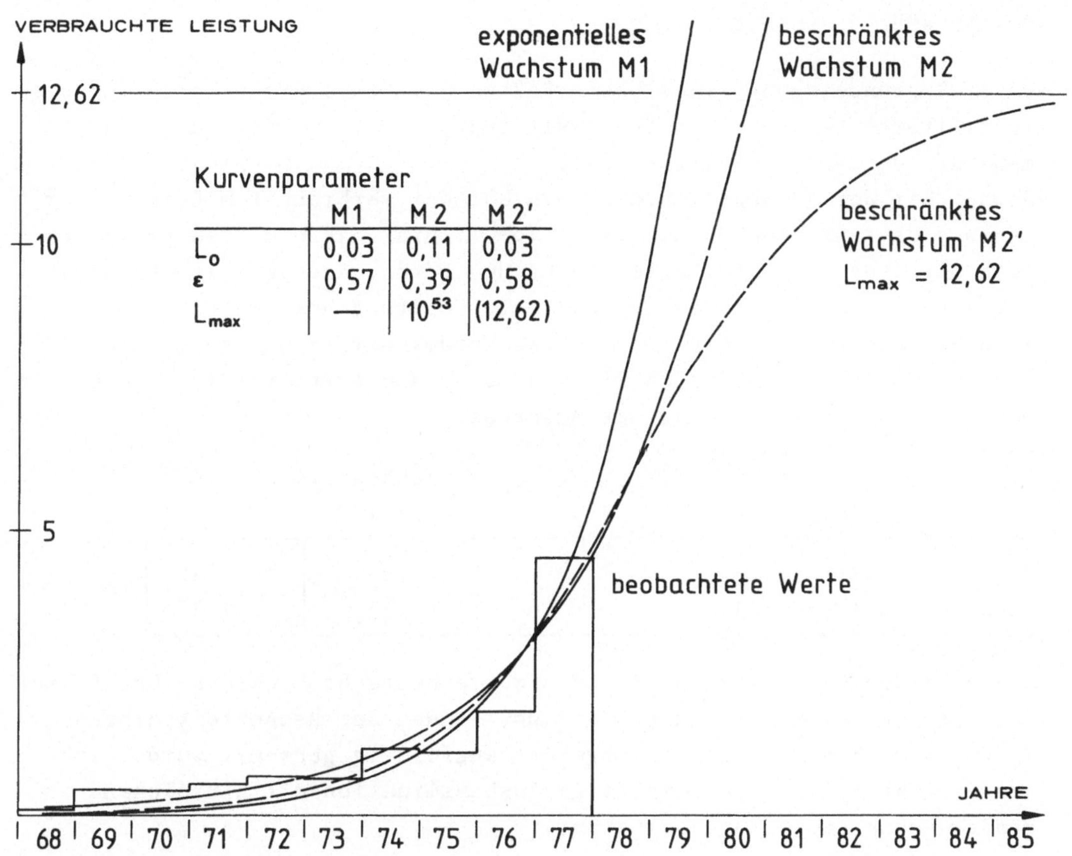

	M1	M2	M2'
L_o	0,03	0,11	0,03
ε	0,57	0,39	0,58
L_{max}	—	10^{53}	(12,62)

Abb. 3c Darstellung der verbrauchten Leistungswerte durch Wachstumskurven

Bemerkungen zu den Ergebnissen

-Unter Zugrundelegung eines beschränkten Wachstums ergibt sich für die installierte Leistung ein Grenzwert $Lmax_i$ = 21.3o, das sind rund 5o % mehr als derzeit installiert ist.
-Sowohl bei der angebotenen als auch bei der verbrauchten Leistung ergeben sich sehr hohe Grenzwerte ($>1o^{5o}$). Hier haben wir es praktisch noch mit einem exponentiellen Wachstum zu tun. Andererseits sind diese Werte natürlich durch die installierte Leistung beschränkt.
-Interessant ist der Vergleich der Wachstumskoeffizienten bei Modell 1 für den Rechenzeitverbrauch mit bzw. ohne die Werte von 1977, d.h. mit oder ohne Berücksichtigung des Ausbaues.

	Rechenzeitverbrauch	
	ohne 1977	mit 1977
Wachstumskoeffizient	o.25	o.57
Wachstumsfaktor pro Jahr	1.29	1.73

Diese beiden Werte können als Grenzwerte betrachtet werden. Der Faktor 1.29 bezieht sich auf einen Zeitraum, in dem der Rechenzeitverbrauch durch zu geringes Rechenzeitangebot langfristig gebremst wurde, während der Wert 1.73 die derzeitige Ausbausituation mit hinreichend freier Rechenkapazität überbetont.

4. Differenzierte Untersuchung der Verbrauchsschwankungen

Die installierte Rechenkapazität wächst nicht kontinuierlich, sondern sprunghaft mit den Systemerweiterungen. Aber auch der Rechenzeitverbrauch ist nicht kontinuierlich gewachsen. 197o, 1973 und 1975 war der Verbrauch geringer als im Vorjahr. Während es sich 197o und 1973 bei voll ausgelasteter CD 33oo Konfiguration nur um statistische Schwankungen handelt, ist der Rückgang 1975 auf Hardwareprobleme an der CD 33oo, hervorgerufen durch Schwierigkeiten mit der Klimatisierung, zurückzuführen.

Um die Verbrauchsschwankungen zu verdeutlichen, gehen wir nicht mehr von der Gesamtrechenzeit aus, sondern von der Rechenzeit einer Benutzergruppe, in der Regel eines Instituts, eines Lehrstuhls bzw. einer zentralen Einrichtung. Im Mittel unterscheiden wir etwas mehr als 5o Benutzergruppen pro Jahr.
Die dazu erforderlichen Begriffe werden an Hand von Abbildung 4 einge-

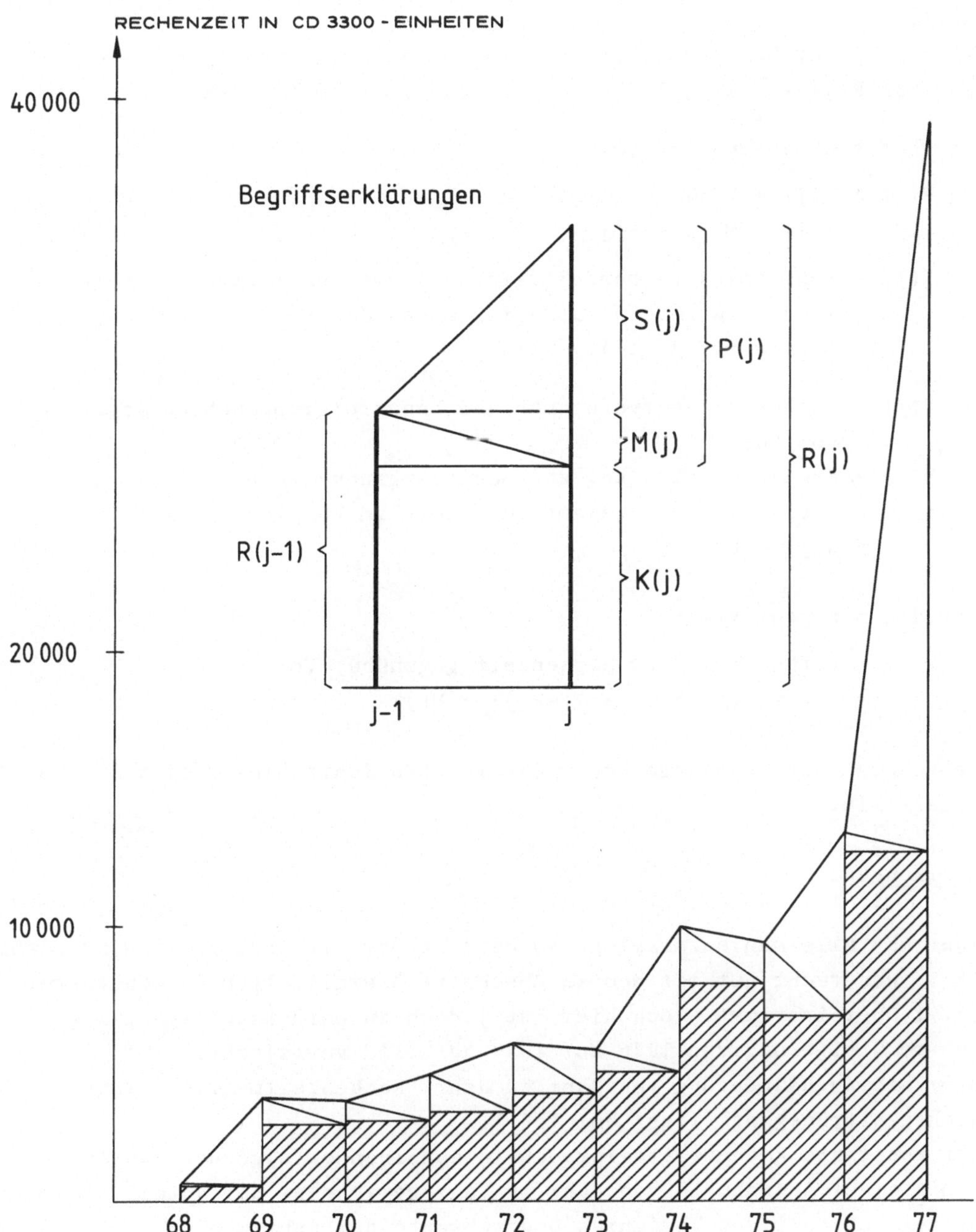

Abb. 4 Verbrauchsschwankungen

führt.
Sei r(i,j) der Rechenzeitverbrauch der Benutzergruppe i im Jahre j
Dann ist $R(j) = \sum_i r(i,j)$ die Gesamtrechenzeit im Jahre j.

Sie läßt sich aufspalten in

$$R(j) = K(j) + P(j)$$
$$= K(j) + M(j) + S(j)$$

mit K(j) = Konstanter Rechenzeitverbrauch auf Benutzergruppenebene in den zwei aufeinanderfolgenden Jahren j-1 und j

$$= \sum_i \min(r(i,j), r(i,j-1))$$

P(j) = Rechenzeitmehrverbrauch auf Benutzergruppenebene gegenüber Vorjahr

M(j) = Rechenzeitrückgang auf Benutzergruppenebene

S(j) = Steigerung der Gesamtrechenzeit im Vergleich zum Vorjahr

$$= R(j) - R(j-1)$$

Außerdem betrachten wir

V(i) = Veränderung der Rechenzeit gegenüber Vorjahr

$$= \sum_i |r(i,j)-r(i,j-1)| = P(j) + M(j)$$

Die Verbrauchsschwankungen über die letzten Jahre hinweg sind in Abb. 4 dargestellt.

Bemerkungen

- Faßt man alle Jahre zusammen, so beträgt der mittlere Zuwachs pro Jahr 68 %, was recht gut mit dem in Abschnitt 3 ermittelten Zuwachsfaktor (1.7) übereinstimmt. Auch hier ist jedoch zu berücksichtigen, daß die enorme Steigerung von 1976 auf 1977 das Bild verfälscht.
- Die Verbrauchsänderung von Jahr zu Jahr (Rechenzeitmehrverbrauch + Rechenzeitrückgang) liegt bei 1o8 %.
- Der konstante Rechenzeitverbrauch in aufeinanderfolgenden Jahren ist - mit einer Ausnahme - von Jahr zu Jahr gewachsen, der Anteil liegt im Mittel bei 8o % des Vorjahres und schwankt nur sehr wenig.
- Die Ausnahme beim Übergang von 1975 zu 1976 ist durch die Einführung von Rechenzeitgebühren zu erklären. Hier haben einige der bisherigen Benutzer ihre Rechenaktivitäten aus Geldknappheit eingestellt bzw. reduziert. Trotz der Einführung von Rechenzeitgebühren ist jedoch die Inanspruchnahme von Rechenzeit insgesamt gestiegen.

-Vernachläßigt man das Startjahr 1968 so ist der absolut geringste Rechenzeitrückgang von 1976 auf 1977 zu beobachten. Hier lag offensichtlich ein großer Rechenzeitbedarf vor. Außerdem zeigt dies, daß die Programmumstellung in der Regel ohne unüberwindliche Schwierigkeiten möglich war.

5. Vergleich zwischen Rechenzeitbedarf und Rechenzeitverbrauch

An der Universität Erlangen-Nürnberg wurden in den letzten 1o Jahren insgesamt 4 Bedarfserhebungen durchgeführt. Auf die Problematik derartiger Bedarfsumfragen soll hier nicht eingegangen werden, sie ist hinreichend bekannt:
Einerseits gibt es Institute - wie etwa Theor. Physik und Theor. Chemie- die einen potentiell beliebig hohen Bedarf an Rechenkapazität haben, andererseits gibt es Institute, deren Rechenzeitbedarf sehr stark von den jeweils aktuell durchgeführten Forschungsprojekten abhängt und damit sehr starken Schwankungen unterworfen ist; weiterhin gibt es Institute mit einem latenten Bedarf, der sich nur sehr schwer abschätzen läßt, der jedoch bei Bereitstellung von entsprechenden Softwarepaketen sehr umfangreich werden kann (z.B. Linguistik).

Die ermittelten Schätzwerte für den Rechenzeitbedarf beziehen sich auf CD 33oo Einheiten. Abb. 5 zeigt einen Vergleich der 4 Bedarfsumfragen mit dem tatsächlichen Rechenzeitverbrauch. Wir müssen dabei unterscheiden zwischen Zeiten, in denen ausreichend Rechenkapazität für eine freie Bedarfsentfaltung zur Verfügung stand (1969, 1977) und Zeiten, in denen wegen eines zu geringen Rechenzeitangebotes der Bedarf nicht befriedigt werden konnte (197o, 1975).

Bemerkungen

-In den Jahren 1969 und 1977 war hinreichend Rechenkapazität vorhanden, so daß sich der Rechenbedarf der Benutzer frei entfalten konnte, wobei zu berücksichtigen ist, daß 1977 für die Benutzer Rechenzeitkosten in Höhe von ca. 15 % der Betriebskosten anfallen. Die verbrauchte Rechenzeit entspricht in diesem Falle dem tatsächlichen Bedarf nach Rechenleistung der angebotenen Qualität.
-Die Bedarfsschätzungen für 1969 und 1977 liegen weit unter dem tatsächlichen Bedarf (Verbrauch). Mehr als die Hälfte der Rechenzeit wird von Benutzern in Anspruch genommen, deren Bedarf in der Planung

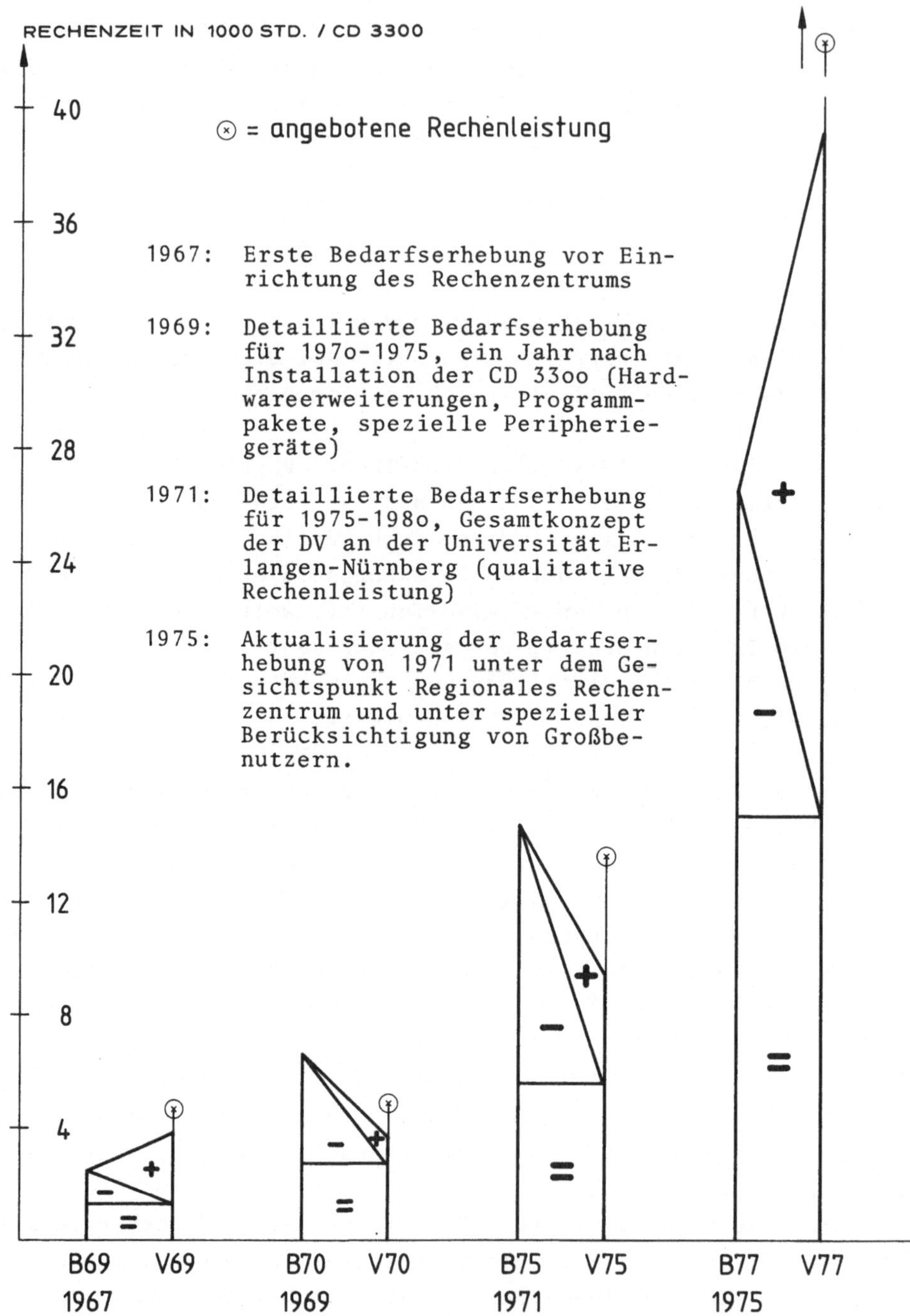

Abb. 5 Vergleich Bedarfsschätzung-Verbrauch

überhaupt nicht oder zumindest nicht in dieser Größenordnung berücksichtigt wurde. Der tatsächliche Bedarf liegt etwa 5o % über der Bedarfsschätzung. Berücksichtigt man Mehr- und Minderverbrauch gegenüber der Schätzung auf Benutzergruppenebene, so liegt der Schätzfehler gar bei weit über 1oo %.

- In den Jahren 197o und 1975 wurde nicht genügend Rechenleistung angeboten um den geschätzten Bedarf decken zu können. Nach den Erfahrungen von 1969 und 1977 kann man den tatsächlichen Bedarf bei freier Entfaltungsmöglichkeit hier ebenfalls mit 5o % über dem geschätzten Bedarf ansetzen.

Schluß

- Die Bemerkungen lassen sich nicht ohne weiteres auf andere Rechenzentren übertragen. Es wäre jedoch interessant, derartige Untersuchungen auch an anderen Stellen durchzuführen.
- Die Bemerkungen enthalten keine Theorie und keine Thesen, sondern lediglich die Darstellung eines Sachverhaltes.

Hans-Chr. Sieg

Konzept für ein Diagnose- und Gestaltungsinstrumentarium zur Rationalisierung von Rechenzentren

1. Einleitung

Unter "Rationalisierung des Rechenzentrumsbetriebs" werden alle Maßnahmen bzw. Aktivitäten verstanden, die darauf ausgerichtet sind, die Wirksamkeit und Wirtschaftlichkeit des Betriebs eines Rechenzentrums weitgehend zu verbessern, wobei ausdrücklich keine Bedingungen hinsichtlich des technischen Entwicklungsstandes der einzusetzenden Instrumente/Systeme gestellt werden.

Eine in 1976 durchgeführte Studie (1) hatte zum Ziel, die Möglichkeiten zur Rationalisierung des Rechenzentrumsbetriebs aufzuzeigen. Dazu wurde in dieser Studie (vgl. Abb. 1)

- die gegenwärtige Situation westdeutscher Rechenzentren untersucht
- das gegenwärtige Marktangebot an Rationalisierungs-Software analysiert
- der Einfluß von Hardware-Software-Entwicklungstendenzen, die sich möglicherweise auf zukünftige Rationalisierungsaktivitäten auswirken können, festgestellt

Die Studie kommt zu dem Ergebnis, daß es zwar eine Reihe von Ansätzen gibt, in Teilbereichen des Rechenzentrums Maßnahmen mit dem Ziel der Steigerung von Wirksamkeit und Wirtschaftlichkeit durchzuführen, daß es jedoch keine gesicherten Aussagen darüber gibt, ob und unter welchen Bedingungen bestimmte Maßnahmen erfolgversprechend sind. Der Grund hierfür ist letztlich darin zu sehen, daß jedes Rechenzentrum durch ein individuelles Bündel von strukturellen Eigenschaften und Merkmalen gekennzeichnet ist. Diese Eigenschaften und Merkmale bestimmen u.a. die Auswirkungen, die beim Einsatz bestimmter Rationalisierungsmaßnahmen auftreten. In Abhängigkeit von den jeweils gegebenen (unterschiedlichen) strukturellen Ausgangsbedingungen kann dieselbe Maßnahme höchst unterschiedliche Auswirkungen zeigen.

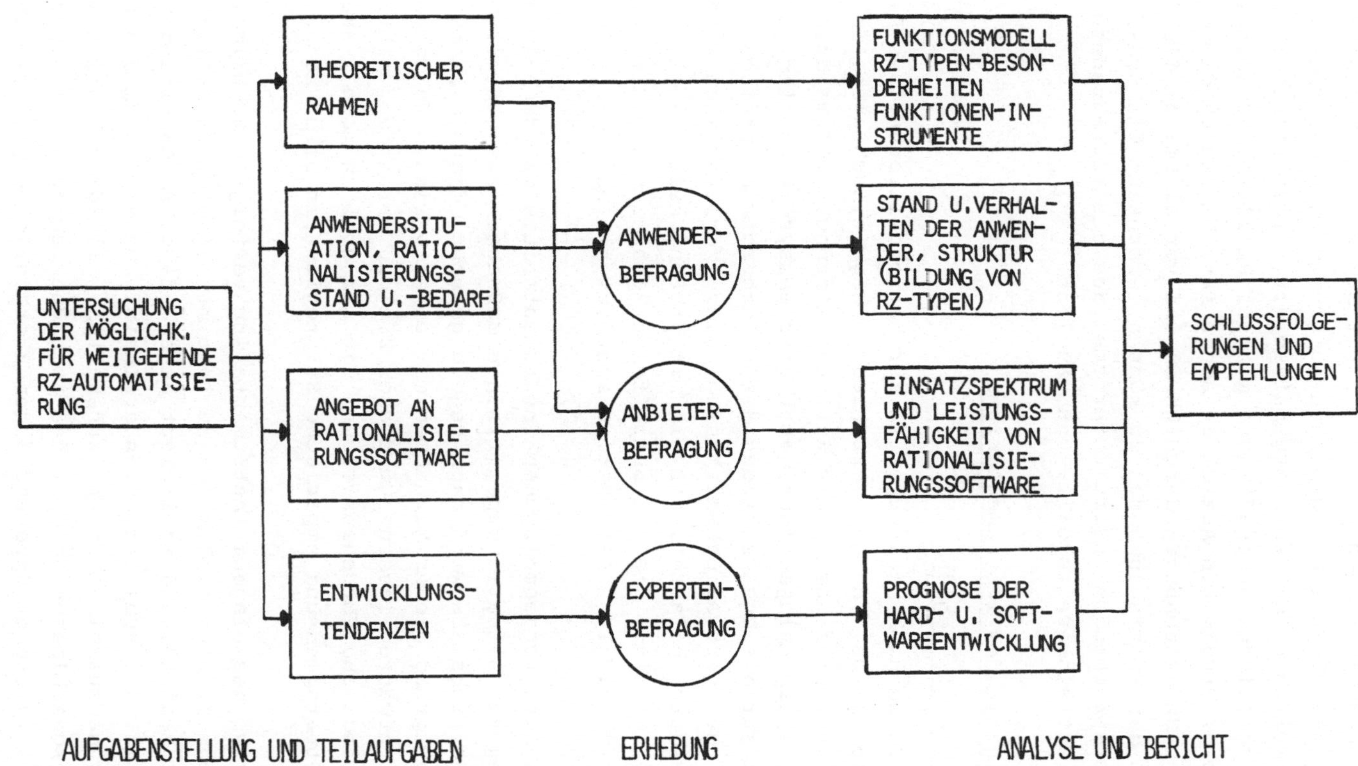

ABB 1: AUFGABENSTELLUNG UND VORGEHENSWEISE DER UNTERSUCHUNG

Um entsprechende Aussagen über die Wirksamkeit und Wirtschaftlichkeit des RZ-Betriebs gewinnen zu können, liegen bisher zu wenige empirisch fundierte Ergebnisse vor. Erforderlich wäre eine systematische Beschäftigung mit der Realität, für die z.B. in der o.g. Studie ein Anfang zu sehen ist. Um jedoch diese systematischen Untersuchungen durchführen und vor allem, um die Ergebnisse in der Praxis anwenden zu können, erscheint die Schafffung eines entsprechenden Instrumentariums, das die verfahrenstechnischen Mittel bereitstellt, unumgänglich.

2. Notwendigkeit des Instrumentariums

2.1 Alternative Strategien

Auf der Suche nach Möglichkeiten zur Rationalisierung des Rechenzentrumsbetriebs kann man verschiedene Wege einschlagen. So kann man z.B. auf eine Lösung der Rationalisierungsprobleme durch leistungsfähigere Anlagen (Hardware, Betriebssystem) hoffen, eigene Software für die Unterstützung des Rechenzentrumsbetriebs entwickeln oder Softwarepakete kaufen. Diese Möglichkeiten werden jedoch dadurch belastet, daß sie mit großen Unsicherheitsfaktoren behaftet sind, die dem betroffenen Rechenzentrum die Ableitung der "optimalen" Alternative sehr erschweren.

Ziel des hier vorgeschlagenen Instrumentariums ist deshalb die Ableitung von situationsspezifischen Maßnahmen zur Gestaltung des RZ-Betriebs. Es wird nach Regeln gesucht, die bestimmte Wirkungen aufgrund dieser Maßnahmen mit einer gewissen Wahrscheinlichkeit erwarten lassen. Um dieses Ziel zu erreichen, gibt es unterschiedliche Vorgehensweisen, die man grob in modell-analytische Strategien und empirische Strategien einteilen kann. (2)

Das hier vorgeschlagene Instrumentarium verfolgt eine primär empirische Strategie, d.h. es beginnt mit einer ausführlichen Analyse der Realität und impliziert eine andauernde Auseinandersetzung mit der Realität. Dies erscheint notwendig, um den Praxisbezug herzustellen und beizubehalten. Allerdings soll damit nicht ausgeschlossen werden, daß auch Überlegungen, die aufgrund modell-analytischer Untersuchungen zustandekommen, in das Instrumentarium integriert werden können, soweit eine Möglichkeit der Überprüfung an der Realität gegeben ist.

2.2 Ergebnisse der Studie "Rationalisierung von Rechenzentren"

Die genannte Studie (1) liefert eine Reihe von Gründen, die die Notwendigkeit eines solchen Instrumentariums unterstreichen:
So existiert z.B. gegenwärtig eine Vielzahl von Methoden und Softwarepaketen, die zur Lösung von Teilproblemen des RZ-Betriebs eingesetzt werden können. Demgegenüber ist - wie sich durch eine im Rahmen der Studie durchgeführte Befragung belegen läßt - die Transparenz auf diesem Gebiet gering, d.h. der einzelne RZ-Leiter kennt üblicherweise nur einen Ausschnitt aus dem Methoden- und Software-Angebot. Es fehlt vor allem das Wissen über die Grenzen der Eignung bestimmter Methoden/Software und das Wissen über notwendige organisatorische, qualifikationsmäßige u.ä. Voraussetzungen für ihren Einsatz.
Darüberhinaus fällt es dem einzelnen Anwender nicht selten schwer, die eigentlichen Schwachstellen seines RZ-Betriebes und ihre Ursachen präzise zu diagnostizieren. Hauptgrund dafür ist, daß bisher noch kein systematisches und umfassendes Verfahren zur Beurteilung der Effizienz des RZ-Betriebes existiert. Eine der Funktionen des zu entwickelnden Instrumentariums sollte deshalb darin bestehen, eine Systematik zur Beurteilung der Effizienz des Betriebes eines konkreten Rechenzentrums in der Praxis zu liefern.

Die Studie führt u.a. zu der Erkenntnis, daß sich verschiedene RZ-Typen unterscheiden lassen, wobei das wesentliche Kriterium die Größe eines Rechenzentrums ist (Hardwareausstattung, Auftragsprofil). Das Vorhandensein und die Ausprägung organisatorischer Stellen innerhalb eines Rechenzentrums wird z.B. fast ausschließlich von der Größe des Rechenzentrums bestimmt. Andererseits wurde deutlich, daß die Zuordnung von Funktionen zu organisatorischen Stellen in den einzelnen Rechenzentren stark differiert, eine Tatsache, die für empirische Untersuchungen im Rechenzentrum denkbar schlechte Voraussetzungen schafft (vgl. Abb. 2). Hier wäre es z.B. eine Aufgabe des Instrumentariums, standardisierte Begriffe und Definitionen einzuführen, um empirische Untersuchungen, wie z.B. Fall- oder Feldstudien überhaupt erst möglich zu machen.

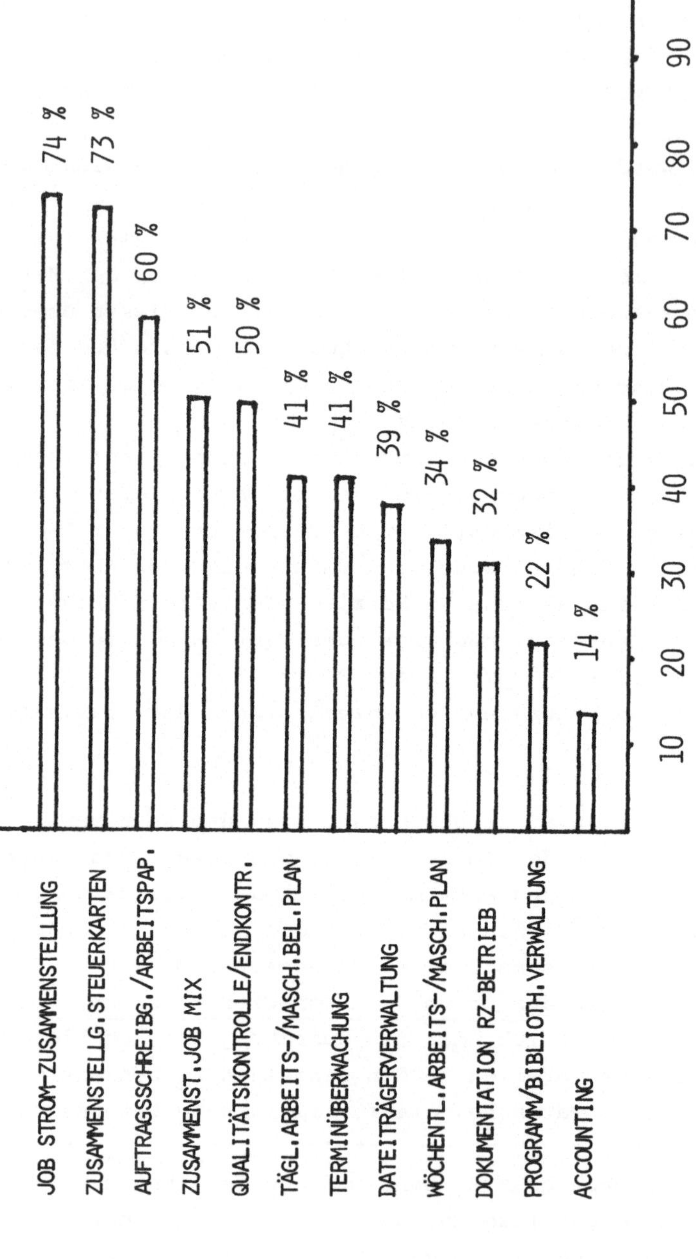

ABB. 2: ZUORDNUNG VON FUNKTIONEN ZUR ARBEITSVORBEREITUNG IM RZ

In der Studie wird auch versucht, die für die nächsten Jahre zu erwartenden Entwicklungen auf dem Gebiet der Hardware und Software und die sich daraus für die Rechenzentren ergebenden Entwicklungen zu prognostizieren. Das Ergebnis zeigt, daß Veränderungen in verschiedenen Bereichen zu erwarten sind, so z.B. veränderte Anforderungen an Qualifikation und Einsatz des Personals sowie strukturelle Veränderungen in der Aufbau- und Ablauforganisation. Wenn aber bereits das gegenwärtige Angebot an Rationalisierungshilfen für das einzelne Rechenzentrum unüberschaubar ist, so gilt dies umso mehr für evolutorische Veränderungen, die durch Hardware- oder Softwareentwicklungen verursacht werden. Hier würde es eine Aufgabe des vorgeschlagenen Instrumentariums sein, Entwicklungstendenzen aufzuzeigen und ihre möglichen Auswirkungen zu bewerten. Als konkretes Beispiel seien die heute verfügbaren Kassetten-Massenspeichersysteme genannt, die ganze Bandarchive aufnehmen und damit aufwendige Bandverwaltungen eliminieren können. Solche und ähnliche Entwicklungen müssen dem Rechenzentrum, das vor einer Rationalisierungsentscheidung steht, schon als Trend frühzeitig bekannt sein, um Fehlinvestitionen zu vermeiden.

3. Konzeption des Instrumentariums

3.1 Diagnose-Instrumentarium

Mit Hilfe des Diagnose-Instrumentariums sollen die spezifischen Ziele, Funktionen, Strukturen, Rechner- und Personalausstattung, Umgebungsbedingungen usw. des praktischen Rechenzentrumsbetriebs beschrieben und Schwachstellen sowie Ursachen für Effizienzmängel diagnostiziert werden können.

Primärer Zweck der Diagnose des Betriebs eines konkreten Rechenzentrums ist die Feststellung, ob dieses Rechenzentrum wirksam und wirtschaftlich arbeitet, d.h. ob es seine Ziele erreicht und zwar mit den geringstmöglichen Kosten zbw. dem geringstmöglichen Einsatz an Resourcen.

Die Bereitstellung des Diagnose-Instrumentariums kann in Form von Handbüchern erfolgen, die die erforderlichen Werkzeuge enthalten, wie z.B.:

- Handbuch Ist-Aufnahme: Fragebogen, Checklisten, Diagramme zur Darstellung des Rechenzentrums, Erhebungstechniken
- Handbuch Ziel-Analyse: Fragebogen, Zielbäume, Bewertungstechniken
- Handbuch Schwachstellenanalyse: Checklisten, Erfahrungsberichte, Fallstudien, Feldstudien

Diese Handbücher müssen so angelegt sein, daß sie in "vorprogrammierter" Form dem Anwender eine praktische Anleitung für die Diagnose seines Rechenzentrums geben können.

Die Ergebnisse, die bei der Anwendung der Diagnose-Handbücher erzielt werden sollen, sind nachfolgend beschrieben:

Die erste Phase der Diagnose sollte Analysen

- der RZ-Ziele
- der RZ-Leistungen bzw. der Zielerreichungsgrade
- der RZ-Kosten bzw. der Resourcen-Belastungen

beinhalten.

Zunächst ist festzustellen, welche Ziele dem Rechenzentrumsbetrieb von der RZ-Leitung, vom hierarchisch übergeordneten DV-Management und von den "Kunden" (z.B. den Fachabteilungen) gesetzt oder von ihm erwartet werden. Eine solche Analyse kann beispielsweise zum Ergebnis haben, daß bestimmte Ziele sich widersprechen, d.h. nicht gleichzeitig verfolgt bzw. erreicht werden können oder daß es nicht sinnvoll ist, bestimmte Ziele zu verfolgen, weil keine Aussicht besteht, sie zu erreichen. Notwendig erscheint die Unterscheidung von "expliziten" und "impliziten" Zielen. Explizite Ziele sind als Anforderungen formuliert und als Vorschriften oder Sollvorgaben leicht erkennbar. Gleiches gilt für implizite, quasi "unbewußt" verfolgte Ziele, die mit Hilfe spezieller Erfassungs-Methoden analysiert werden müssen, die aber keineswegs weniger wichtig zu sein brauchen, als explizite Ziele. Zum Messen der Wirksamkeit ist es notwendig, implizite in explizite Ziele umzuwandeln.

Ein besonderes Problem besteht darin, Prioritäten von Zielen zu erkennen und die Ziele in eine Prioritätsskale einzuordnen. Solche Prioritätsskalen erlangen besondere Wichtigkeit, wenn - was in der Realität häufig vorkommt - nicht alle Ziele erreicht werden können und dann entschieden werden muß, welche(s) Ziel(e) mit dem größten Nachdruck verfolgt werden sollen. Hierbei kann sich ergeben, daß von den verschiedenen am Rechenzentrumsbetrieb Beteiligten bzw. von ihm Betroffenen durchaus unterschiedliche Prioritätsurteile abgegeben werden. In einem solchen Falle kann es notwendig sein, spezielle Einigungsprozesse zwischen den Beteiligten in Gang zu setzen, durch die die vorhandenen Differenzen bereinigt werden.

Nach den Feststellungen der RZ-Ziele sind die tatsächlichen Zielerreichungsgrade bzw. die tatsächlichen Leistungen und Kosten des RZ-Betriebs zu bestimmen. Falls zwischen ihnen keine ausreichende Übereinstimmung besteht, wird eine zweite Phase der Diagnose notwendig. Bevor diese zweite Phase skizziert wird, muß die erste Phase der Diagnose aber noch um eine sehr wesentliche Dimension und entsprechende Aktivitäten ergänzt werden. Notwendig ist ein Vergleich der RZ-spezifischen Zielsetzungen, Leistungen und Kosten mit einem auf empirischer Basis gewonnen "Profil" der Zielsetzungen, Leistungen und Kosten ähnlicher Rechenzentren (bzw. Rechenzentren des gleichen Typs). Dieses "Profil" soll keineswegs nur Mittelwerte, sondern Bandbreiten umfassen, so daß es für das einzelne Recheznetrum möglich wird, die eigene Psosition auf einem Spektrum von Ziel-, Leistungs- und Kosten-Ausprägungen zu erkennen, die zwischen günstigen und ungünstigen Werten schwanken. Der Zweck eines solchen Vergleiches liegt auf der Hand. Auf diese Weise kann sichergestellt werden, daß das einzelne Rechenzentrum nicht in einem "Elfenbeinturm" der Selbstzufriedenheit bezüglich seiner eigenen Wirksamkeit/Wirtschaftlichkeit sitzen bleibt, während "ähnliche" Rechenzentren bereits sehr viel anspruchsvollere Zielsetzungen realisieren.

Zweifelsohne ergeben sich durch die Forderung nach derartigen empirisch zu gewinnenden Informationen für unterschiedliche RZ-Typen erhebliche Konsequenzen für das zu entwickelnde Diagnose-Instrumentarium. Es genügt nämlich nicht, lediglich eine Erfassungs- und Istaufnahme-Methodik zur Feststellung von Zielen, Zielerreichungsgraden und den zwischen ihnen bestehenden Abweichungen zu schaffen. In bestimmten Abständen müssen empirische Erhebungen zur Aktualisierung der genannten Profile durchgeführt werden. Die Profile müssen zur Verwendung in entsprechenden Analysen bereitgestellt werden. Andererseits bietet der Einsatz der genannten Erfassungs- und Istaufnahme-Methodik bei vielen Rechenzentren die Basis, um tatsächlich die notwendigen empirischen Daten auf einheitliche und systematische Weise zu gewinnen.

Die zweite Phase der Diagnose setzt immer dann ein, wenn in der ersten Phase eine nicht ausreichende Wirksamkeit/Wirtschaftlichkeit des Rechenzentrumsbetriebs festgestellt worden ist. Diese zweite Phase kann grob als "Schwachstellen-Analyse" gekennzeichnet werden. Ihr Zweck besteht darin, die Ursachen für mangelnde Wirksamkeit/Wirtschaftlichkeit zu erkennen. Grundsätzlich kann davon ausgegangen werden, daß die erste Diagnose-Phase durch Feststellung von Abweichungen zwischen Zielen und tatsächlich Erreichtem (bzw. durch Feststellung von Abweichungen zwischen den eigenen Leistungen /Kosten und den Leistungen/Kosten ähnlicher Rechenzentren) bereits eine Reihe von Hinweisen auf Ursachen liefern wird. Dennoch ist zu erwarten, daß nur ein Teil der für mangelnde Wirksamkeit/Wirtschaftlichkeit des Rechenzentrumsbetriebs verantwortlichen Ursachen derartig "vordergründig" zu erkennen sein wird.

Schwierigkeiten treten aber dann auf, wenn keine eindeutigen Einzelfaktoren als Schwachstellenursache zu isolieren sind. Die einzig mögliche Vorgehensweise besteht in diesem Fall darin, die für Teilprobleme des Rechenzentrumsbetriebs bereits gefundenen Erklärungen bzw. Lösungsvorschläge untereinander in Beziehung zu setzen und ihren Gültigkeitsbereich, d.h. ihre Voraussetzungen präzise abzugrenzen. Damit würden Informationen gewonnen, die für die Schwachstellenanalyse von erheblicher Bedeutung sind. In Kombination mit den in der ersten Diagnose-Phase gewonnen Informationen erhöhen sie die Chance, Ursachen für zu geringe Wirksamkeit/Wirtschaftlichkeit zu erkennen. Darüberhinaus bieten die bereits im Zusammenhang mit der ersten Diagnose-Phase herausgestellten notwendigen empirischen Untersuchungen Gelegenheit, zusätzlich Informationen über verschiedene RZ-Typen zu gewinnen.

3.2 Gestaltungs-Instrumentarium

Zweck des vorgeschriebenen Gestaltungs-Instrumentariums ist die Ableitung situationsspezifischer Gestaltungsempfehlungen, die auf den Ergebnissen der mit Hilfe des Diagnose-Instrumentariums erzeugten detaillierten Diagnosen aufbaut. Mit seiner Hilfe soll es möglich sein, aus der Menge der möglichen Lösungen diejenige auszuwählen, die unter vorgegebenen Bedingungen/Restriktionen die vorgegebenen Ziele bestmöglich realisierbar macht.

Nachfolgend werden die voraussichtlichen Komponenten eines solchen Instrumentariums skizziert:

- Katalog verfügbarer Hardware und Software zur Unterstützung des RZ-Betriebs
- Handbuch RZ-Betrieb: Fallstudien, Erfahrungsberichte, Beschreibung von realisierten Teillösungen von RZ-Problemen einschließlich der Randbedingungen (z.B. modellhafte Ablauf-Organisation)
- Handbuch RZ-Optimierung: Fallstudien, Erfahrungsberichte, (z.B. über Einsatz von Hochleistungsgeräten), System-Tuning, Programm-Tuning
- Handbuch RZ-Gestaltung: Regeln über empirisch abgesicherte Zusammenhänge zwischen Zielen, Maßnahmen, Wirkungen und Restriktionen im RZ-Bereich
- Handbuch RZ-Modelle: Methoden, Modelle und Ergebnisse von modell-analytischen Untersuchungen, kritische Konfrontation mit der Realität

Zum letzteren ist zu bemerken, daß zwar gegenwärtig kein allgemeingültiger theoretischer Ansatz zur Erklärung der Strukturen und des Verhaltens des "Systems Rechenzentrum" existiert, daß es jedoch eine Reihe von modell-analytischen Ansätzen gibt, die bei Gestaltungsentscheidungen nicht unberücksichtigt bleiben sollten. So könnten Warteschlangentheorie, Simulationsmodelle, Netzplantechnik und ähnliches sicher einen Beitrag leisten, wenn es um Fragen der RZ-Strukturierung (z.B. Zentralisierung/Dezentralisierung) geht.

4. Realisierungsmöglichkeiten

Ansätze zur Entwicklung von Teilen des vorgeschlagenen Instrumentariums sind vorhanden (1), so z.B. ein Katalog von System Support Software sowie Aussagen über Hardware- und Softwareentwicklungstendenzen. Es gibt jedoch keinen Zweifel daran, daß die zu schaffenden "Handbücher" (s. Punkt 3) einen erheblichen Erfassungs- und Entwicklungsaufwand erfordern. Dies gilt schon für die Entwicklung eines standardisierten gedanklichen Bezugsrahmens, d.h. die Definition und Beschreibung der relevanten Variablen wie z.B. RZ-Funktionen, der die Grundlage für das Diagnose-Instrumentarium darstellt. Insbesondere jedoch das Kernproblem des Gestaltungs-Instrumentariums, nämlich die Erarbeitung von Regeln über Zusammenhänge zwischen Zielen, Maßnahmen, Wirkungen und Restriktionen stellt eine schwierige Aufgabe dar, wenn die Ergebnisse den Ansprüchen der empirischen Nachprüfbarkeit genügen sollen. Um solche Regeln produzieren zu können, wäre etwa folgende Vorgehensweise denkbar:

- Durchführung von Fallstudien zu ausgewählten Fragestellungen der RZ-Rationalisierung (einzelne Rechenzentren)
- Auswertung der Fallstudien, Formulierung und Analyse von Beziehungszusammenhängen (Hypothesen)
- Durchführung vergleichender Feldstudien (statistische Erhebungen in einer Vielzahl von Rechenzentren)

Literaturhinweise:

(1) Vorstudie "Rationalisierung von Rechenzentren", gefördert vom BMFT (DVO81 527375), durchgeführt von der Arbeitsgemeinschaft: Fried. Krupp GmbH, Krupp Gemeinschaftsbetriebe (KGB), Köln, Betriebswirtschaftliches Institut für Organisation und Automation an der Universität zu Köln (BIFOA), Orgalogic Gesellschaft für Unternehmensberatung und Informationsverarbeitung mbH, Köln, 1976.

(2) Kubicek, H. "Empirische Organisationsforschung" C.E. Poeschel Verlag, Stuttgart, 1975

Einfluß und Ausmaß der Forderung nach Wirtschaftlichkeit in der Organisation von Rechenzentren

- Oberrechnungsrat D. Kiel -

Überlegungen nach moderner, zeitgemäßer und vielleicht auch zukunftsorientierter Organisation in der öffentlichen Verwaltung rufen sofort die Frage auf: Weshalb? Warum überhaupt? Um mich nicht in zeitraubende Begründungen zu verlieren, möchte ich, angemessen für einen Prüfungsbeamten, mit einer abgewandelten Aussage des Landesrechnungshofs Baden-Württemberg beginnen:

"EDV-Einsatz erfordert neue organisatorische Lösungen."

Die Auseinandersetzung mit organisatorischen Fragen, neuen Organisationsschemen und dergleichen in der öffentlichen Verwaltung ist ein Feld, auf dem sich in den letzten Jahren viele tummeln, und muß wohl auch für Verwaltungsexterne nach dem Grad ihres Engagements lukrativ sein. Nach meinen Erfahrungen ist solchen Untersuchungen ein Erfolg nur beschieden, wenn sie von Verwaltungsfachleuten vorgenommen werden, zumindest aber qualifizierte Fachleute des betroffenen Aufgabenbereichs intensiv mitwirken. Lassen Sie mich noch einen weiteren generellen Aspekt für Organisationsuntersuchungen nennen. Jede Untersuchung sollte in Abhängigkeit von der Zahl des dafür eingesetzten Personals auf überschaubare Organisationseinheiten abgestellt werden. Untersuchungen und daraus resultierende Vorschläge sind nur dann von Nutzen, wenn sie in angemessener Zeit mit detaillierten Vorschlägen vorgelegt werden können. Ist der Untersuchungsbereich zu komplex, so wird entweder das Ergebnis so spät vorliegen, daß es durch die zwischenzeitliche Entwicklung zumindest in Teilbereichen überholt ist, oder es wird fristgerecht vorgelegt und beschränkt sich auf allgemeine Aussagen, die eine Reaktion und notwendige Änderung nicht ohne weiteres ermöglichen.

Nun zum Begriff der Wirtschaftlichkeit. Mir scheint, viele reden von Wirtschaftlichkeit, wissen aber oft nicht, was sie meinen. Vor einigen Jahren wurde die EDV noch ohne nähere Prüfung als Instrument der Rationalisierung und damit als wirtschaftlich apostrophiert. Ich war erstaunt, daß einzelne auch heute noch mit dieser Wertvorstellung leben. So erhielt ich auf der diesjährigen Hannover-Messe für ein Programmsystem eines großen, internationalen Herstellers einen Werbeband mit der Überschrift "Wirtschaftlichkeit in der Verwaltung". In dem Heft fand ich jedoch keine Daten, die auch nur einen geringen Ansatz einer Wirtschaftlichkeitsüberlegung aufzeigen konnten. Auch im Bereich der öffentlichen Verwaltung habe ich wiederholt festgestellt, daß von Wirtschaftlichkeit gesprochen wird, ohne daß der geringste Beweis einer Wirtschaftlichkeitsberechnung angetreten werden kann.

Was bedeutet nun der Begriff Wirtschaftlichkeit für die Verwaltung? Betriebswirtschaftlich versteht man, wie Sie wissen, darunter zwei alternative Möglichkeiten der günstigsten Zweckmittelrelation, und zwar einerseits ein bestimmtes Ergebnis mit möglichst geringen Mitteln oder zweitens mit bestimmten Mitteln das bestmöglichste Ergebnis zu erzielen. Für die öffentliche Verwaltung gilt bei der heutigen angespannten Finanzlage des Bundes und der Länder überwiegend nur noch die erste Alternative, also mit möglichst geringen Mitteln ein bestimmtes Ergebnis zu erreichen, d.h. die sparsamste Lösung. Während in der öffentlichen Verwaltung früher Sparsamkeit und Wirtschaftlichkeit nach § 26 RHO (heute § 34 LHO/BHO) für die Verwaltung der Mittel und damit für den Ausgabenvollzug galt, sind seit 1972 die Grundsätze der Wirtschaftlichkeit und Sparsamkeit auch für die Aufstellung des Haushalts, und damit bereits für die Planung, verbindlich geregelt. Mit diesen haushaltsrechtlichen Bestimmungen zur Beachtung der Wirtschaftlichkeit und Sparsamkeit in allen Bereichen der öffentlichen Verwaltung ist bereits die erste Frage meines Referats - Einfluß der Forderung nach Wirtschaftlichkeit - beantwortet.

Wenn Sie so wollen, dürfte heute in der öffentlichen Verwaltung nichts mehr geschehen, ohne daß die Grundsätze der Wirtschaftlichkeit und Sparsamkeit beachtet werden. Wir sind uns wohl alle darüber im klaren, daß diese haushaltsrechtliche Forderung bisher in vielen Bereichen unbeachtet geblieben ist und auch heute noch bleibt. Mir persönlich scheint, daß es meistens nicht böser Wille ist, wenn unwirtschaftlich und wenig sparsam verfahren wird. In Gesprächen werden wir als Prüfungsbeamte oftmals darauf verwiesen, daß derartige Untersuchungen aus Personalmangel im "Drange der laufenden Geschäfte" unterbleiben müssen. Mir persönlich scheint, daß dies oftmals nur ein unqualifiziertes Alibi dafür ist, daß das vorhandene Personal mit den Instrumenten der Wirtschaftlichkeitsanalysen nicht hinreichend vertraut ist, oder daß die Komplexität derartiger Untersuchungen unterschätzt wird und man sich dann bei solchen Untersuchungen übernimmt.

Lassen Sie mich noch einen weiteren grundsätzlichen Gedanken zur Wirtschaftlichkeit und Sparsamkeit äußern. Viele sind der Auffassung, daß es ausreicht, zu Beginn eines Vorhabens eine Wirtschaftlichkeitsuntersuchung durchzuführen, um damit die gesamte spätere Weiterentwicklung sanktionieren zu können. Wir wissen alle aus eigener Erfahrung, wie oft bei der heutigen schnellebigen Zeit in allen Bereichen kurzfristig Änderungen und Wandlungen eintreten. Soll die Verwaltung wirtschaftlich sein, so kann sie es sich nicht leisten, mit einmal gewonnenen Erkenntnissen das gesamte weitere Handeln zu begründen und als wirtschaftlich zu bezeichnen. D.h. eine wirtschaftliche und sparsame Verwaltung ist nur dort gewährleistet, wo eine ständige Erfolgskontrolle durchgeführt wird.

Auf die Instrumente, die dazu einzusetzen sind, will ich im einzelnen nicht eingehen. Sie sind hinsichtlich der Rechenzentren auch überwiegend der "Abrechnung von Rechenzentrumsdienstleistungen" zuzuordnen, die in diesem Workshop nicht behandelt werden. Wollen Sie über Methoden etwa nachlesen, so kann ich Ihnen das Buch meines Kollegen Jürgen Schmidt empfehlen, der sich unter dem Titel "Wirtschaftlichkeit in der öffentlichen Verwaltung", veröffentlicht im Erich Schmidt-Verlag, Berlin, mit Fragen der Kostenermittlung, Kostenrechnung, Wirtschaftlichkeitsberechnungen, Wirtschaftlichkeit der ADV, Planungsmethoden und Nutzenkostenuntersuchungen, erläutert an Musterfällen, beschäftigt hat.

Lassen Sie mich nun auf organisatorische Entscheidungen in Rechenzentren eingehen unter Hinweis, in welchem Umfang Wirtschaftlichkeitsüberlegungen einfließen müssen. Bevor ich zu Fragen des einzelnen Rechenzentrums komme, möchte ich zunächst auf die notwendige landesweite Einbettung eines Rechenzentrums zu sprechen kommen, insbesondere weil hier, jedenfalls wenn ich den Hochschulbereich betrachte, schon die Versäumnisse beginnen.

Für die allgemeine Landesverwaltung liegt in Niedersachsen über die "Verfahrensgrundsätze für die Automatisierung von Aufgaben der Landesverwaltung" vom 2.8.1972, die bereits seit Referentenentwurf im Jahre 1971 beachtet werden, ein ausreichendes Instrument für ein wirtschaftliches Verwaltungshandeln vor. Die Grundsätze, die eingehend die Einführung von EDV-Verfahren reglementieren, haben u.a. auch eine Gesamtkonzeption zum Aufbau der EDV-Organisation im Lande bewirkt wie auch eine wirtschaftliche Vorausplanung der für die Landesverwaltung erforderlichen Rechnerkapazität, Datenerfassungskapazität und Programmierkapazität.

Im März 1973 hat ein interministerieller Arbeitskreis EDV Zielvorstellungen für die Weiterentwicklung der elektronischen Datenverarbeitung in Niedersachsen erarbeitet und ist bei seinem Sollvorschlag vom Ist, das dazu erhoben wurde, ausgegangen. Für die allgemeine Landesverwaltung weist dieses Papier eine klare Gesamtkonzeption aus.

Weshalb gehe ich darauf ein, wenn also im Lande Niedersachsen alles insoweit bestens bestellt ist?

Das genannte Papier weist für meine Vorstellungen ein wesentliches Manko auf. Der Hochschulbereich wird in der Istanalyse statistisch zwar aufgezeichnet, es fehlt jedoch eine kritische Würdigung sowie wenigstens ein deutlicher Hinweis auf eine mögliche Gesamtkonzeption. Statt dessen wird auf die KMK-Empfehlung für die Errichtung und Betriebsordnung von Hochschulrechenzentren verwiesen, auf die Herstellervielfalt im Hochschulbereich und die besonders geringe Kompatibilität. Es wird auch betont, daß eine Koordinierung im Hochschulbereich für EDV notwendig sei und dann in diesem Zusammenhang auf den Arbeitsausschuß EDV im Hochschulbereich - damals beim Kultusministerium - verwiesen.

Dieser Arbeitskreis hat am 6.7.1973 "Vorläufige Grundsätze eines künftigen niedersächsischen EDV-Gesamtplanes für den Hochschulbereich" als Arbeitsgrundlage erarbeitet. Sie wurden den niedersächsischen Hochschulen sodann zur Stellungnahme zugeleitet. Von da an - die Aufgaben gingen 1974 auf das Ministerium für Wissenschaft und Kunst über - hat der Arbeitskreis nicht mehr getagt. Es besteht allerdings die Aussicht, daß der Ausschuß in absehbarer Zeit wieder eingesetzt wird.

Wenn wir also nach einer Gesamtkonzeption im Hochschulbereich in Niedersachsen fragen, so muß man feststellen, es ist nichts da. Ein derartiger Plan ist aber andererseits erforderlich, soll eine organisatorische Einbettung der einzelnen Hochschulrechenzentren in ein Gesamtsystem und damit ein grundsätzlich wirtschaftliches Vorgehen überhaupt erreicht werden. Lassen Sie mich, wenn ich auch persönlich mit den vom Arbeitskreis erarbeiteten Grundsätzen in vielen Punkten, insbesondere wo Folgerungen aus vagen Schätzungen oder aus Werten Dritter gezogen werden, nicht übereinstimme, doch daraus einige Punkte nennen, die mir als Ansatz richtig erscheinen, eine wirtschaftliche Gesamtkonzeption zu erreichen. So schlug der Arbeitskreis vor, je Hochschulregion ein umfassend zuständiges Rechenzentrum zu schaffen. Er hatte sich mit der Aufgabentrennung und daraus folgenden organisatorischen Konsequenz zwischen Arbeiten für Forschung und Lehre und Aufgaben der Hochschulverwaltung auseinandergesetzt, ebenso mit dem Problem und den organisatorischen Konsequenzen eines Rechnerverbundes wie auch mit der organisatorischen Zuordnung der EDV-Anlagen einer Hochschulregion zum umfassend zuständigen Rechenzentrum. Dies scheinen mir schon wesentliche Fragen zu sein, die geklärt werden müssen, um zu einer wirtschaftlich sinnvollen EDV-Gesamtkonzeption für ein Land zu kommen. Ich will dabei nicht verhehlen, daß es noch andere Fragen gibt, die einer vordringlichen Klärung bedürfen, wie z.B. Herstellervielfalt im Hochschulbereich im Zusammenhang mit der Notwendigkeit oder Zweckmäßigkeit eines Rechnerverbundes, Kompatibilitätsprobleme und Entscheidungen, wie sie zu lösen sind.

Mir scheint, daß diese grundsätzlichen Probleme des Landes einer Lösung bedurften, bevor überhaupt in größerem Maße die EDV im Hochschulbereich zum Einsatz kam. Sie unterblieben, weil beide Seiten, die meines Erachtens auf eine Lösung drängen mußten, die Notwendigkeit nicht erkannt haben. Ich meine damit einerseits die Ministerialinstanz, die diese Entwicklung zugelassen hat, andererseits aber auch die einzelnen Hochschulen, die nicht ausreichend auf eine Gesamtkonzeption gedrungen haben, vielleicht weil sie sich zunächst mit ihren eigenen Einzelproblemen zu sehr und ausschließlich beschäftigt haben.

So finden wir in Niedersachsen im Hochschulbereich unkoordinierte Einzellösungen.

Es wird schwer sein, daraus künftig ein wirtschaftlich vernünftiges Gesamtkonzept zu entwickeln. Der Niedersächsische Landesrechnungshof versucht zur Zeit über Prüfungsfeststellungen, Unterrichtung des Landtags und Anregungen an den MWK ein landeseinheitliches Verfahren noch so weit zu beeinflussen, wie es möglich ist. Ich persönlich hoffe, daß die einzelnen Hochschulen, wenn sie die Notwendigkeit eines Rechnerverbundes - auch über Ländergrenzen hinweg - als notwendig erkennen, mitwirken werden, das fehlende Gesamtkonzept noch nachträglich zu verwirklichen. Dies wird insofern nicht einfach sein, da Einzelne derzeitige Privilegien werden aufgeben müssen.

Komme ich nun zum einzelnen Rechenzentrum, so muß ich Sie zunächst provozieren.

Wenn ich bei meinen Prüfungen jeweils zunächst feststelle, daß personelle und apparative Ausstattung der Rechenzentren überwiegend der Leistungsanforderung der Benutzer entsprechen, so bewundere ich die hellseherischen Fähigkeiten der Rechenzentrumsleiter. Davon bin ich besonders überzeugt, wenn ich höre, daß der Bedarf z.T. über Benutzerbefragung, Benchmarktests - auch anderer Rechenzentren -, Besichtigung und Befragung anderer Rechenzentren, Schätzungen und dergl. ermittelt wurde.

Ich möchte dem eine Behauptung entgegenstellen: Hochschulrechenzentren kennen nicht den reellen Bedarf ihrer Benutzer, und keiner weiß, ob das, was derzeit alles in den Rechenzentren gerechnet wird, notwendig, zulässig und wirtschaftlich vertretbar ist.

Nun sagen Sie bitte nicht, wir wissen das zwar, aber es fehlt eben Personal. Das ist m.E. nicht das Problem.

Ich behaupte, die Hochschulrechenzentren können exakter und damit wirtschaftlich planen und arbeiten, wenn die Zuständigkeit, Mitwirkung, Koordinierung und Beratung des Rechenzentrums bei allen EDV-Aktivitäten der Hochschule - wie sie die KMK-Empfehlungen vorsehen - verwirklicht <u>und</u> die Leiter der Rechenzentren mit den dazu notwendigen Kompetenzen ausgestattet werden.

Wie soll ein Rechenzentrum heute den Bedarf feststellen, wenn es nicht erfährt, welche sonstigen EDV-Anlagen im Hochschulbereich eingesetzt, bestellt oder beantragt sind? Es muß wissen, welche EDV-Vorhaben auf institutseigenen Anlagen und welche auf dem zentralen Rechner realisiert werden sollen. Es muß auf die Beschaffung institutseigener Geräte Einfluß ausüben können, damit sie auf notwendige Investitionen beschränkt bleibt oder z.B. ein künftiger Rechneranschluß realisiert werden kann.

Lassen Sie mich beispielhaft noch erwähnen, daß die Hochschulrechenzentren selten darüber informiert sind, ob und ggf. welche Arbeiten der Benutzer zeitkritisch sind, d.h. ob der Benutzer sofort die Rechenergebnisse benötigt, um effektiv arbeiten zu können. Dadurch wird manches heute vorrangig gerechnet, was ohne weiteres warten könnte, während verzögerte Erledigung zeitkritischer Berechnungen zu Unmutsäußerungen von betroffenen Benutzern führt und z.T. auch zu der falschen Vorstellung, eine größere Anlage müsse her.

Aus diesen Erläuterungen mögen Sie erkennen, wie wichtig die Kompetenzerweiterung der Hochschulrechenzentren ist, um überhaupt in eine exakte Planung eintreten zu können. Z.Zt. ist es leider noch so, daß Prüfungsbeamte z.B. nach Befragen einzelner Benutzerinstitute mehr über den Bedarfstrend und die Ausstattung in der gesamten Hochschule erfahren als das Hochschulrechenzentrum.

Nun zum zweiten Teil meiner Behauptung, daß die Beschränkung auf eine notwendige, zulässige und wirtschaftliche Inanspruchnahme der Hochschulrechenzentren nicht gewährleistet ist.

Sie stimmen mit mir sicherlich überein, daß es einerseits kein geeignetes Mittel gibt, eine völlige Sicherheit zu erreichen, andererseits das Hochschulrechenzentrum selbst auch diese Forderung gar nicht erfüllen kann. Weshalb gehe ich darauf ein, wenn die Organisation des Rechenzentrums davon nicht betroffen wird? Bei festgestellter unzulässiger kostenloser Nutzung des Rechner wurde ich von betroffenen Instituten gefragt, ob das Rechenzentrum denn diesen Mißbrauch nicht feststellen könnte. Was passiert beispielsweise mit den Aufstellungen über die monatliche Inanspruchnahme des Rechenzentrums bei den Instituten:

Nur der prozentuale Anteil an der Gesamtnutzung wird beobachtet, um festzustellen, ob man auch im Verhältnis zu anderen Instituten ausreichend rechnet.

Die Abrechnungen werden gesammelt, aber nicht durchgesehen.
Die Aufstellungen werden den einzelnen Mitarbeitern zur Kenntnis gegeben.

Verstehen Sie mich bitte nicht falsch, als ob ich hier behaupten wolle, so sei es grundsätzlich.

Nur scheinen mir diese Beispiele aufzuzeigen, daß die Institute einerseits über die Grenzen der Hochschulrechenzentren unzulänglich informiert sind, andererseits aber organisatorische Regelungen getroffen werden müssen, die die benutzenden Institute in die Verantwortung einbeziehen.

Nun werden Sie fragen, läßt sich das verwirklichen? Ich könnte die Landeshaushaltsordnung zitieren und antworten, die Forderung nach Wirtschaftlichkeit gebietet dies. Ich kann es aber auch positiver beantworten. Nach meinen Erkenntnissen sind bisherige Versäumnisse auf fehlende Information zurückzuführen. Wenn ich die Probleme bei einzelnen Benutzerinstituten ansprach, fand ich fast immer Kooperationsbereitschaft vor.

Lassen Sie mich noch einmal zu den sonstigen EDV-Anlagen in einer Hochschule kommen und zu allgemeinen Aussagen über Wirtschaftlichkeit. Ob bei einer Rechnerinstallation eine zentrale, dezentrale oder gemischte Lösung gewählt wird, ist sowohl nach Wirtschaftlichkeitserwägungen als auch nach Anforderungsprofilen zu entscheiden. Dies mag zunächst als Widerspruch erscheinen, da eine Ausrichtung nach Anforderungsprofilen - die allerdings bekannt und realitätsbezogen sein müssen - nicht die momentan sparsamste Lösung ergibt. Langfristig dürfte sie jedoch die wirtschaftlichste und damit wieder sparsamste sein.

Lassen Sie mich am Rande bemerken, daß man mit einer Ausstattung aufgrund überhöhter Anforderungsprognosen auch Bedarf wecken kann und dann sicherlich nicht wirtschaftlich verfährt.

Ich möchte nun noch schlagwortartig auf einzelne Aspekte wirtschaftlicher Entscheidungen eingehen. Bei der Anlagenauswahl aufgrund mehrerer Angebote darf nicht ausschließlich die Leistungsfähigkeit der Anlage entscheidend sein. Auch die sonstigen kostenlosen und kostenverursachenden Leistungen der Hersteller (wie z.B. Compiler, Aus- und Weiterbildung, Wartung, sonstige Unterstützung bei Problemlösungen und Hilfe bei Kompatibilitätsproblemen) sind mit zu beurteilen. Diese Bewertung ist auch bei einer Anlagenerweiterung oder einer völligen Umrüstung notwendig. Lassen Sie mich eine ganz persönliche Meinung äußern. Sollen EDV-Anlagen künftig im Hochschulbereich wirtschaftlich eingesetzt werden, so wird sich der Bund von der bisherigen Finanzierung, die ausschließlich auf den Kauf von Anlagen abgestellt ist, trennen müssen. Mit der Anmietung von Anlagenteilen kann u.a. erreicht werden, daß auch die Hochschulen künftig mit den technisch jeweils besten Geräten ausgestattet werden und sich auf die notwendigen peripheren Geräte beschränken. Auf den Betrieb der Anlage und ihre Optimierung möchte ich nicht eingehen, nur betonen, daß auch in diesem Bereich wirtschaftliche Aspekte zu berücksichtigen sind.

Abschließend will ich zu dem Problemkreis kommen, der die Wirtschaftlichkeit der EDV und auch des Rechenzentrums in entscheidender Weise beeinflußt. Wenn man früher von den Kosten der EDV sprach, so dachte man überwiegend an die apparativen und sonstigen Sachkosten. Daß auch in diesem Bereich Überlegungen nach Wirtschaftlichkeit notwendig sind, hoffe ich, bereits verständlich gemacht zu haben. Kostenintensiv sind jedoch insbesondere die Personalkosten, und ich möchte darauf jetzt noch besonders eingehen. Sie finden in vielen Abhandlungen heute Modelle für den Organisationsaufbau eines Rechenzentrums, differenziert nach Rechenzentrumsgröße und daraus folgende personelle Konsequenzen. Es ist richtig, daß in Abhängigkeit von der Rechenzentrumsgröße ein unterschiedlicher Aufbau notwendig ist. Nur mir persönlich gefallen keine modellhaften Lösungen. Ich meine, auch hier ist im Einzelfall zu entscheiden, wie die Aufgabe mit möglichst geringem Personal bewältigt werden kann.

Das setzt bereits ein bei der Frage, wie unter dem Rechenzentrumsleiter die organisatorische Aufteilung vorgenommen wird. Teilt man die Aufgaben z.B. in zwei Bereiche mit mehreren Untergliederungen auf oder z.B. in mehrere gleichrangige Arbeitsgruppen. Einerseits wird für die Entscheidung davon auszugehen sein, wie die Aufgaben optimal gelöst werden können, wie z.B. die Kommunikation auch untereinander am wirksamsten gewährleistet werden kann; ein Faktor, der auch auf die Wirtschaftlichkeit Einfluß hat und nicht untergehen darf. Andererseits wird aber zu berücksichtigen sein, daß ein weitgehendst hierarchischer Aufbau nur wenige Fachkräfte mit Management- und qualifiziertem Leistungsprofil erfordert und sich damit personalkostensenkend auswirkt. Lassen Sie mich ein weiteres Beispiel nennen, welche organisatorischen Zuordnungen vorzunehmen sind, um personalkostensparend zu verfahren. Ich wähle dabei bewußt ein Bespiel, das aufzeigt, daß Überlegungen, die in der Verwaltung gang und gäbe sind, in der EDV noch nicht beachtet oder vielleicht auch nicht erkannt worden sind. In der Verwaltung werden die Aufgaben in einer Arbeitsgruppe dem Einzelnen nach Schwierigkeitsgrad zugeordnet. Damit tritt eine Aufgabenteilung ein, die zu unterschiedlicher Bezahlung nach Leistungsprofil führt. Bei der EDV habe ich mehrmals vorgefunden, daß einer Arbeitsgruppe eine Aufgabe global zugewiesen und das höchste Leistungsprofil für alle Arbeitsplätze in Anspruch genommen wird. Ich meine, daß wir künftig mehr darauf achten müssen, eine Gesamtaufgabe nach Schwierigkeitsgrad aufzuteilen, um sie dann einzelnen Bearbeitern mit entsprechend unterschiedlicher Bezahlung zuzuordnen.

Meine Ausführungen werden Ihnen in vielen Teilen als Kritik mißfallen haben, und Sie werden sich vielleicht im stillen gesagt haben, aus ihm spricht der Prüfer. Den Niedersachsen unter Ihnen sei gesagt, andere haben die gleichen Probleme. Auf meine Frage nach der Wirtschaftlichkeit eines Verfahrens, erhielt ich von der Behörde eines anderen Bundeslandes die Antwort, daß das wohl ihr Rechnungshof geprüft habe.

Für alle will ich aber mit einem versöhnenden Satz aus der Zeitschrift "Niedersächsische Wirtschaft" schließen, in dem es heißt: "Die EDV ist in der Praxis häufig besser als ihr Ruf, nur sollte sie dies auch exakt nachweisen".

Diese Forderung nach einem Nachweis der Wirtschaftlichkeit wollte ich mit meinen Ausführungen vertreten.

EIN VORSCHLAG ZUR LEISTUNGSBESCHREIBUNG VON INTERAKTIVEN DV-SYSTEMEN

Heinz Mühlenbein
GMD, Postfach 1240, D-52o5 St. Augustin 1

ABSTRACT: Die Leistung von EDV-Systemen, speziell von komplexen Systemen mit Stapel-, Dialog- und Realzeitverarbeitung, wird noch so unterschiedlich beschrieben, daß eine vergleichende Betrachtung verschiedener Systeme oft sehr schwierig oder sogar unmöglich ist. Nur eine Standardisierung der Leistungsbeschreibung würde es ermöglichen, Daten über das Einzelexperiment wissenschaftlich zu verwerten. In dieser Arbeit soll anhand eines konkreten Falles, nämlich eines Vergleichs von zwei SIEMENS BS2000 Installationen, eine Leistungsbeschreibung zur Diskussion gestellt werden und zur Nachahmung bei anderen Systemen empfohlen werden.

1. Die Charakterisierung der Belastung eines DV-Systems

Grundlage einer jeden Leistungsbeschreibung eines DV-Systems muß die Angabe der Belastung sein, denn die Charakterisierung der Belastung steht in engem Zusammenhang mit den Variablen, die zur Beschreibung der Leistung dienen sollen. Die Leistungsbeschreibung Durchsatz (Jobs pro Zeiteinheit) ist aussageleer, wenn die Belastung (die Jobs) nicht ausreichend spezifiziert wird.
Von Ferrari |3| wurde als Möglichkeit angedeutet, die Belastung eines DV-Systems ausschließlich durch die Leistung zu definieren. Belastungen werden nach dieser Betrachtungsweise als gleich angesehen, wenn die interessierende Leistungsvariable (z.B. die mittlere Antwortzeit) denselben Wert hat. Wir halten diesen Ansatz für sehr fragwürdig, da er keinen Gewinn an Information bringt!

Zur Verdeutlichung der verschiedenen Möglichkeiten der Beschreibung der Belastung soll hier ein hierarchisches Modell eines DV-Systems herangezogen werden.

In einer ersten Abstraktionsstufe kann eine EDV-Installation als ein System angesehen werden, das aus den Komponenten Benutzer und DEV-System besteht (Fig. 1)

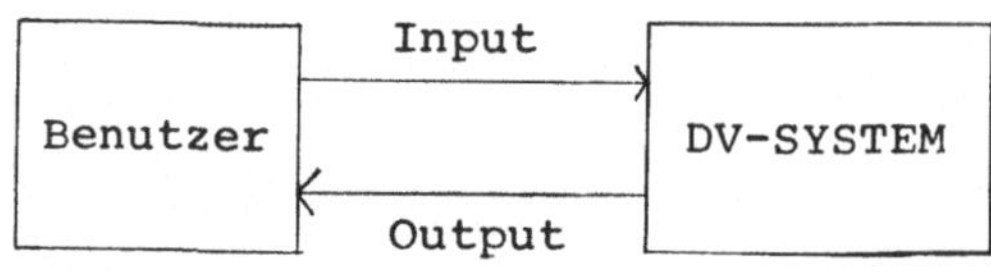

Fig. 1

Der Input ist in diesem Modell als die Belastung des DV-Systems anzusehen, der Output pro Zeiteinheit als die Leistung. Man beachte, daß das obige System symmetrisch bzgl. der Komponenten Benutzer und DV-System ist. (Man kann deshalb den Output des DV-Systems auch als Belastung der Benutzer ansehen. Leider stellt ein DV-System allzuoft eine Belastung für den Benutzer dar.)

Die Benutzer stellen dem DV-System Anforderungen in Form von Programmen, Daten und Befehlen. Die Summe dieser Anforderungen stellt daher die ursprüngliche Belastung des DV-Systems dar. (11). Diese Beschreibung der Belastung ist sehr stark abhängig von der jeweiligen DV-Installation. Man muß daher versuchen, die Benutzeraufträge in Gruppen zusammenzufassen. Man kann z.B. eine Gruppe bilden mit dem Inhalt Programmübersetzungen, eine Gruppe aller Sortieraufträge, eine Gruppe aller Dateibearbeitungen usw.
Die Belastung, die der Abstraktionsstufe des Modells in Fig. 1 angepaßt ist, kann dann dargestellt werden durch eine Menge von Zahlen $n_1,\ldots n_k$, wobei n_j die Zahl der Aufträge der Gruppe j bezeichne. Ausgehend von dieser Beschreibung der <u>Belastung</u> kann die <u>Leistung</u> eines DV-Systems in der Form $D = d_1,\ldots d_k$ angegeben werden. Hier bezeichne d_j die Zahl der bearbeiteten Aufträge der Gruppe j pro Zeiteinheit.

Andere Charakterisierungen der Belastung können durch eine hierarchische Untergliederung des DV-Systems gewonnen werden. DAs DV-System besteht bei dem Modell in Fig. 2 aus den Ebenen Anwenderprogramme (2), Systemsoftware (1) und Hardware (o).

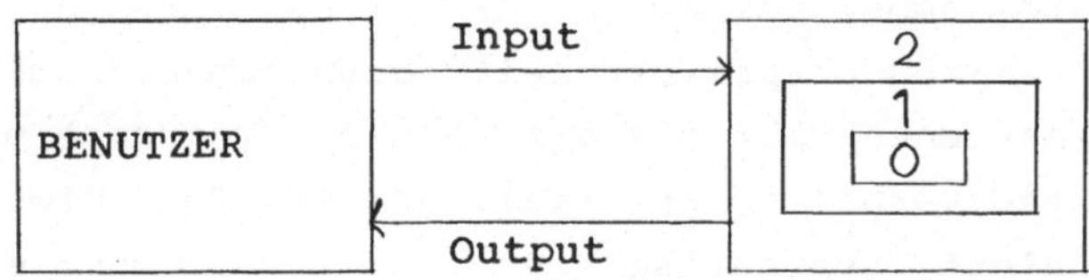

Fig. 2 Untergliederung des DV-Systems

Die ursprüngliche Form der Belastung (die Anforderungen der Benutzer) wird in der Systemsoftwareebene transformiert in Prozesse, in der Hardwareebene in Instruktionen und Ein-Ausgabeoperationen. Die Systemsoftware kennt keine Programme als Belastung mehr, sondern eine Menge von parallel ablaufenden Prozessen, die unterschiedliche Anforderungen stellen. Auf der Hardwareebene kann die Belastung als Menge von Instruktionen, Ein-Ausgabeoperationen und Speicherbelegungen beschrieben werden. Viele verschiedene Belastungen auf der Anwenderebene können zu derselben Hardwarebelastung führen.
Eine Beschreibung der Belastung nur auf der Hardwareebene berücksichtigt nicht den Overhead, der durch die Transformation der Belastung in den einzelnen Ebenen hervorgerufen wird.
Ein schlechtes Katalogverwaltungssystem der Systemsoftware kann zu einer hohen I/O-Belastung führen, schlechte Übersetzer zu einer Menge überflüssiger Instruktionen.
Die Probleme, die mit der Bestimmung des Overhead der einzelnen Transformationen zusammenhängen, können hier nicht weiter untersucht werden. Für die Beschreibung der Belastung des DV-Systems sollten folgende Richtlinien angewendet werden:

a) Die Art der Beschreibung muß sich nach der Ebene richten, in der das DV-System betrachtet wird.

b) Die Belastung sollte auch in allen Leveln, die in der Hierarchie unter dem obigen Level liegen, beschrieben werden.

2. Die Charakterisierung der Belastung auf der Benutzerebene

Die Beschreibung der Belastung auf der Benutzerebene (bzw. die Ebene der Anwenderprogramme) ist bei interaktiven Systemen noch schwieriger als bei reinen Stapelverarbeitungssystemen. Nach statistischen Informationen über die verwendeten Programme müssen Daten über das Benutzerverhalten ermittelt werden. Bei interaktiven Systemen reicht es nicht, synthetische Programme zur Generierung der Belastung zu verwenden. Synthetische Programme erzeugen nur auf der Hardwareebene dieselbe Belastung wie die reale Anwendung. Wenn aber viele Benutzer gleichzeitig aktiv sind, kann es zu Abhängigkeiten untereinander kommen, die nur durch die realen Anwendungen entstehen. Als Beispiel sei nur erwähnt, daß mehrere Benutzer auf dieselbe Datei zugreifen, Nachrichten austauschen usw.
Eine Auswertung der Programmnutzung an dem DV-System SIEMENS 4004/151 der GMD im Monat März 1977 zeigt die Tabelle 1.

Programm	Häufigkeit	CPU-Zeit	Speicher	I/O
EDOR	30%	2.5	13	100
FIDAS	14%	28.2	42	1900
TSOSLNK	5%	10.1	40	780

Tabelle 1: Programmnutzung

Das Programm EDOR ist ein Dateibearbeitungssystem, FIDAS ein formularorientiertes interaktives Datenbanksystem, TSOSLNK der Binder im BS2000. Man sieht, daß drei Programme fast 50% der Anwendungen ausmachen.

In einem zweiten Analyseschritt muß man nun versuchen, "repräsentative" Benutzungen dieser Programme zu finden. Ein Dialog Benutzer:DV-System kann durch das folgende Modell beschrieben werden:

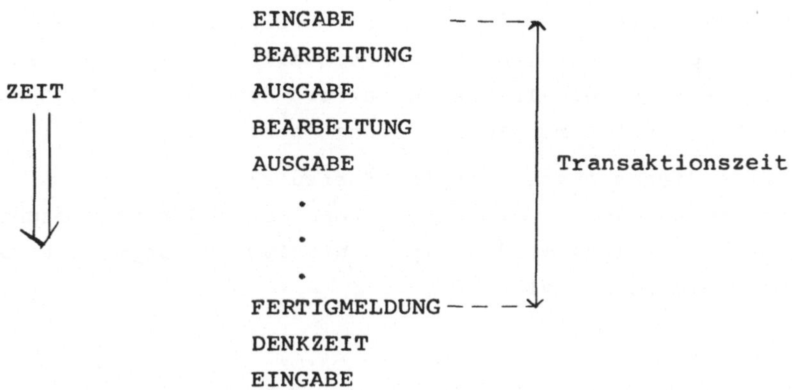

Dialogmodell

Eine Möglichkeit, repräsentative Benutzungen der Programme zu ermitteln, besteht darin, das Benutzerverhalten bei realer Nutzung aufzuzeichnen. Das Benutzerverhalten ist dann gekennzeichnet durch eine Folge von Eingaben und Denkzeiten. Auf das Problem der Reduktion der Daten um typische Nutzungsprofile zu ermitteln, möchte ich an dieser Stelle nicht weiter eingehen.
Das Endergebnis der Nutzungsanalyse interaktiver Systeme auf Benutzerebene sollten die sog. Scripts oder Szenarios sein. In einem Script wird das Benutzerverhalten durch eine alternierende Folge von Eingaben und Denkzeiten beschrieben. Trotz der notwendigen Vereinfachung müssen die Modellscripts die folgenden Eigenschaften haben:

a) die Eingaben müssen hinreichend repräsentativ sein

b) das Benutzerverhalten muß einigermaßen realistisch wiedergespiegelt werden.

Zur Simulation von interaktiver Belastung steht für das SIEMENS Betriebssystem BS2000 ein von der GMD entwickelter Treiber mit dem Namen ZWOSTEIN zur Verfügung (5).
ZWOSTEIN ist eine Weiterentwicklung des UNIVAC Treibers EINSTEIN (4). Die Eingabe für diesen Treiber besteht aus den oben definierten Scripts. Es sei hier nur auf das folgende hingewiesen: Für die Simulation dürfen die Denkzeiten in den Scripts nicht fest vorgegeben sein, sondern müssen nach Verteilungsfunktionen be-

rechnet werden. Denn kommt es bei festen Denkzeiten einmal zu einem Stau während der Simulation, so geraten alle simulierten Benutzer in Synchronisation. Der Treiber generiert dann eine Belastung, die in keiner Weise einer realen Belastung entspricht.

Als Ergebnis dieses Abschnitts ist festzuhalten:
Die Belastung auf der Benutzerebene kann durch Scripts beschrieben werden. In den Scripts werden repräsentative Nutzungen interaktiver Programmsysteme dargestellt.

3. Leistungsbeschreibung auf der Benutzerebene

Bei der interaktiven Nutzung ist die Belastung in Form von Benutzereingaben gegeben. Diese Eingaben generieren im DV-System Transaktionen. In einer sehr groben Verallgemeinerung kann man alle Transaktionen als unabhängig und gleichberechtigt ansehen. Als Variable, die auf dieser Ebene die Leistung des DV-Systems beschreibt, kann nun der Durchsatz definiert werden, und zwar in der Form beendete Transa ktionen pro Zeiteinheit. Diese Definition entspricht der Vorstellung der Benutzer, nach jeder Eingabe das DV-System jeweils für sich zur Verfügung zu haben. (Man beachte, daß der Durchsatz TR zeitabhängig ist).
In einer weiteren Detaillierung ist essinnvoll, Transaktionen zu Gruppen zusammenzufassen, z.B. alle Transaktionen, die das Programm X betreffen. Die Belastung wird dann beschrieben durch k Gruppen von Transaktionen, die Leistung durch TR(i), d.h. beendete Transaktionen der Gruppe i pro Zeiteinheit.
Es ist weiter durchaus denkbar, Transaktionen zu größeren Einheiten zusammenzufassen, z.B. alle Transaktionen zwischen LOGON und LOGOFF eines Benutzers zu einer SESSION. Die entsprechende Leistungsbeschreibung - beendete Session pro Zeiteinheit - erscheint für einen größeren Zeitraum betrachtet ebenfalls als sinnvoll. Diese Leistungsbeschreibung ist äquivalent der Leistungsbeschreibung für Stapelsysteme - beendete Jobs pro Zeiteinheit. Eine Maximierung der Leistung nach den verschiedenen Definitionen kann von dem DV-System nur mit völlig verschiedenen Strategien versucht werden. In den ersten beiden Fällen sollten vom DV-System kurze Transaktionen bevorzugt bearbeitet werden, im letzten Fall kurze Sessions.
Für die weiteren Ausführungen benutzen wir die Leistungsbeschreibung beendete Transaktionen pro Zeiteinheit.

Sehr häufig wird das Transaktionszeitverhalten eines DV-Systems zur Leistungsbeschreibung verwendet. In der Literatur sind verschiedene Definitionen der Transaktionszeit zu finden.
Wir verwenden die folgenden Definitionen: (vgl. Dialogmodell)

Transaktionszeit: Zeit zwischen Eingabe des Benutzers und Fertigmeldung des DV-Systems

Antwortzeit: Zeit einer Bearbeitung des DV-Systems

Innerhalb einer Transaktion kann nach diesen Definitionen das DV-System mehrere Antworten geben mit unterschiedlichen Antwortzeiten. Bei physikalischer Interpretation der Leistung kann die mittlere Transaktionszeit nicht als eine Leistung des DV-Systems angesehen werden, da sie nicht pro Zeiteinheit definiert ist. Die folgende Gleichung zeigt, daß ein einfacher Zusammenhang zwischen der Transaktionsrate und der Transaktionszeit besteht. Die Transaktionsrate reicht deshalb zur Beschreibung der Leistung aus.

Den Zusammenhang zwischen der Transaktionszeit TT_j und der Transaktionsrate TR_j einer beliebigen Gruppe von N_j Benutzern eines DV-Systems beschreibt das Antwortzeitgesetz (vgl. Anhang A)

(1) $$(TH_j + TT_j)\, TR_j = N_j$$

TH_j bezeichnet hier die durchschnittliche Denkzeit aller N_j Benutzer. Man kann z.B. alle Benutzer einer Anwendung A_j zu einer Gruppe zusammenfassen. Die Gleichung (1) gilt dann für jede Gruppe individuell. Wenn keine Gruppenunterteilung gemacht wird, gilt die Gleichung (1) für alle Benutzer gemeinsam. Man beachte, daß die Systemantwortzeit TT_j und die Benutzerantwortzeit TH_j symmetrisch in der obigen Gleichung vorkommen; dies entspricht dem symmetrischen Charakter des Modells in Fig. 1.
Bei den folgenden Gleichungen verzichten wir auf den Index j.o.B.d.A. Es sei $0 \leq U \leq 1$ der Auslastungsgrad eines beliebigen Betriebsmittels des DV-Systems durch die N Benutzer und ST sei die durchschnittliche Abfertigungszeit (service time) pro Transaktion. Dann gilt:

(2) $$TR = \frac{U}{ST}$$

Der Auslastungsgrad U ist von der Abfertigungszeit ST und der Zahl der Benutzer abhängig. Oft wird U aber auch vom Betriebssystem direkt gesteuert und innerhalb installationsspezifischer Grenzen gehalten. So kann bei vielen Betriebssystemen definiert werden, daß der Stapelbetrieb einen Nutzungsgrad von 0.5 der CPU erhalten soll. Für den Dialogbetrieb kann deshalb U bei starker Stapelbelastung höchstens 0.5 werden.

Aussagekräftiger als die Transaktionszeit ist die normalisierte Transaktionszeit TTSF, nämlich das Verhältnis von Transaktionszeit zur Abfertigungszeit.

(3) $$TTSF = \frac{TT}{ST}$$

(TTSF: Transaction Time Stretch Factor)

Man erhält aus (1)

(4) $$TTSF = \frac{N}{U} - \frac{TH}{ST}$$

Die Größe THF = TH/ST kann als Denkzeitfaktor (Think Time Factor) bezeichnet werden. Die reziproke Größe

(5) $$UI = \frac{ST}{TH}$$

kann als <u>Benutzungsintensität</u> des DV-Systems durch die N Benutzer angesehen werden. Die Bedeutung dieses Faktors ist in der Nachrichtentechnik schon lange erkannt worden (traffic intensity), bei interaktiven DV-Systemen wurde dieser Faktor bis jetzt nur in (12) näherungsweise gemessen.
Als optimaler Wert ist TTSF = 1 zu erreichen. Aus (4) kann man die Zahl N^x der Benutzer ermitteln, bei der dies möglich ist. Man erhält

(6) $$N^* = (1 + THF)U$$

Diese Formel ist für U = 1 schon von Kleinrock (6) ermittelt worden. Kleinrock verwendet allerdings Ergebnisse der Warteschlangentheorie. Er muß deshalb sehr einschränkende Voraussetzungen über die Verteilung der Abfertigungszeiten machen.

Die Bedeutung von N^* als Saturationswert ersieht man aus den folgenden Überlegungen. Bei einer Benutzerzahl $N = N^*+n$ erhält man bei konstanter Benutzungsintensität und konstantem Benutzungsgrad

$$(7) \qquad TTSF = 1 + n/U$$

Diese Gleichung besagt, daß jeder zusätzliche Benutzer den Dehnungsfaktor um mindestens 1/U erhöht.

In vielen Fällen wird man das Betriebsmittel Zentralprozessor betrachten. ST bedeutet dann die durchschnittlich benötigte CPU-Zeit pro Transaktion.

Die Größe TTSF kann unmittelbar zum Vergleich unterschiedlicher Systemsoftware herangezogen werden. Bei gleicher Belastung, charakterisiert durch N und THF, kann ein höherer Wert von TTSF nur durch einen schlechteren Benutzungsgrad U hervorgerufen werden. Dies bedeutet, daß die Systemsoftware die Betriebsmittel schlechter verwaltet.
Zur Leistungsbeschreibung auf der Ebene des allgemeinsten Transaktionsmodells sind deshalb die folgenden Variablen geeignet

N, THF, TR, TT, TTSF, U

Die Größen sollten unabhängig voneinander gemessen werden, damit mit den hier abgeleiteten Formeln die Meßdaten auf ihre Richtigkeit überprüft werden können.

4. Leistungsbeschreibung auf der Ebene der Systemsoftware

Die Systemsoftware besteht aus verschiedenen, parallel ablaufenden Komponenten. Für jede der Komponenten ist eine getrennte Leistungsbeschreibung notwendig. Eine der Hauptkomponenten der Systemsoftware ist die Verwaltung von Prozessen. Ein Prozeß kann als Transformation eines Benutzerauftrags in die Systemsoftwareebene angesehen werden. Die Beschreibung eines Prozesses geschieht durch einen Prozeßkontrollblock (1) . Die Zuteilung von Prozessen zu den Betriebsmitteln des DV-Systems wird durch den Scheduler der Systemsoftware vollzogen. Diesen Vorgang kann man am besten durch Warte-

schlangenmodelle beschreiben. Das Betriebssystem BS2000 verwendet das Warteschlangenmodell in Fig. 3 (vgl. Anhang B).
In diesem Modell bedeuten

- Q1: Prozessorwarteschlange
- Q3: Pagingwarteschlange
- Q4: Warteschlange für Platten E/A
- Q5: Hauptspeicherwarteschlange für interaktive Prozesse
- Q6: Hauptspeicherwarteschlange für Stapelprozesse
- Q13: Warteschlange der Prozesse, die auf Betriebsmittel warten oder sich freiwillig in den Wartezustand begeben haben
- Q12: Warteschlange der Prozesse, die auf Eingabe von Datenendgeräten warten

Die möglichen Warteschlangentransitionen sind in der Figur durch Pfeile dargestellt. Man erkennt, daß man dieses Modell als Verfeinerung des Modells in Fig. 1 ansehen kann.
Die Prozesse in den Warteschlangen Q1 - Q4 werden <u>aktiv</u> genannt, sie belegen Hauptspeicherplatz. Die Prozesse in den Warteschlangen Q5 und Q6 werden als nicht aktiv, aber bereit bezeichnet, sie warten auf Zulassung in den Hauptspeicher. Die Prozesse in den Warteschlangen Q12 und Q13 sind blockiert. Eine genauere Beschreibung der Warteschlangen im BS2000 ist in (9) zu finden.

Als die diesem Modell angemessene Beschreibung der Belastung kann man die Warteschlangentransfers der Prozesse ansehen. Zur Leistungsbeschreibung ist dann die <u>Transferrate</u> $\underline{QTR_{ij}}$ geeignet. QTR_{ij} bedeutet die Zahl der Transfers von Warteschlange i nach Warteschlange j.
Zur Verbesserung der mittleren Transaktionszeit wurde an der DVA 4004/151 der Unterschied interaktiver Prozeß-Stapelprozeß aufgehoben. Alle Prozesse, die mehr als 2 Zeitscheiben (1.2 Sekunden) innerhalb einer Transaktion verbraucht haben, werden in die Warteschlange Q6 eingereiht. Man erhält damit einen sog. FB1-Scheduler (Foreground/Background Scheduler).
Bei einer Messung der realen Belastung ergaben sich die Werte der Tabelle 7 (vgl. Anhang c).
Die angegebenen Werte sind die Transfers pro Sekunde sowie die Standardabweichungen. Man beachte, daß das System sich im Gleichgewichtszustand befindet, d.h. daß genau so viele Prozesse die Warteschlange i verlassen wie in die Warteschlange i eingereiht

werden.
In Formeln bedeutet dies

$$\sum_{i=1}^{n} QTR_{ij} = \sum_{j=1}^{n} QTR_{ij}$$

Die kleinen Abweichungen sind dadurch zu erklären, daß in dem obigen Modell nicht alle Warteschlangen des BS2000 aufgeführt sind. Die Größe QL in der Tabelle 7 bezeichnet die Länge der Warteschlangen. Wir entnehmen der Tabelle, daß 45.3 Transfers von Q1 nach Q3 pro Sekunde stattfanden. Dies bedeutet, daß 45.3 mal pro Sekunde ein Prozeß eine neue Seite vom Hintergrundspeicher angefordert hat. Von den 1.26 Transaktionen, die von Q12 gestartet werden, benötigen nur 0.21 mehr als eine Zeitscheibe (0.6 Sekunden). Dies bedeutet, daß 82% aller Transaktionen weniger als eine Zeitscheibe benötigen. Dies ist typisch für interaktive Systeme.

Zur Interpretation der Warteschlangenaktivitäten ist auch die Zeit, die die einzelnen Prozesse in den jeweiligen Warteschlangen verbringen, wichtig. Nach der Formel von Little 10 kann dies berechnet werden aus

$$(8) \qquad QT_j = QL_j \ / \sum_{i=1}^{n} QTR_{ij}$$

Aus der Tabelle 7 ergibt sich der Vektor

$$QT = (0.027,\ 0.061,\ 0.050,\ 0.39,\ 4.11,\ 32.9)$$

Man erhält so z.B., daß die durchschnittliche Denkzeit der Benutzer (Aufenthaltsdauer in Q12) während der Messung 32.9 Sekunden betragen hat.

Die Interpretation von Warteschlangenaktivitäten ist sehr vielschichtig. In einem Bottom Up Vorgehen kann man aus dem Modell in Fig. 3 sukzessive auch "gröbere" Modelle konstruieren. Man kann z.B. die Warteschlangen Q1, Q3 und Q4 zu einer Warteschlange $\overline{Q}1$ zusammenfassen. Dies ist möglich, da die Warteschlangen Q3 und Q4 nur Transfers zur Warteschlange Q1 zulassen. Fäßt man mit Ausnahme der

Warteschlange Q12 <u>alle</u> anderen Warteschlangen zusammen, so erhält man ein Modell, das dem Modell in Fig. 1 entspricht.
Die Wartezeit in $\overline{Q1}$ kann man interpretieren als die Zeit, die eine Transaktion benötigt, um <u>maximal</u> eine Zeitscheibe zugeteilt zu bekommen. Aus der Formal von Little erhält man mit

$$\overline{Q}L1 = 2.45 + 2.80 + 2.75 = 8$$

als Wartezeit

$$\overline{Q}T1 = 8/1.85 = 4.3$$

Dies bedeutet, daß die durchschnittliche Systemantwortzeit für eine Zeitscheibe 4.3 Sekunden beträgt.
Zur Bestimmung der mittleren Transaktionszeit für interaktive Prozesse müssen die Stapelprozesse und die Systemprozesse aus dem Warteschlangenmodell entfernt werden.

Aus Messungen anderer Systemgrößen kann ermittelt werden, daß insgesamt 8.55 interaktive Prozesse in den Warteschlangen Q1 - Q6 und Q13 vorhanden sind. Aus der Formel von Little kann deshalb die mittlere Transaktionszeit berechnet werden mit

$$TT = 8.55/1.2 = 7.1$$

Diese Beispiele verdeutlichen, daß Messungen der Warteschlangenaktivitäten der Prozesse sehr genaue Informationen über die Leistung der Systemsoftware liefern. In vielen Betriebssystemen wird eine solche Messung nicht so einfach zu implementieren sein wie in dem SIEMENS Betriebssystem BS2000. Zur Unterstützung der Warteschlangentheorie ist es notwendig, die Warteschlangenaktivitäten vieler Betriebssysteme zu messen. Es werden heute sehr viele neue Warteschlangenmodelle theoretisch untersucht, die kaum einen Bezug zu konkreten Anwendungen haben.
Leistungsbeschreibungen für andere zentrale Komponenten der Systemsoftware wie z.B. das Unterbrechungssystem oder das Hauptspeicherverwaltungssystem sollen hier nicht vorgestellt werden. Diese Beschreibungen sind zum Teil schon sehr betriebssystemabhängig.
Es sei nur noch erwähnt, daß für das Betriebssystem BS2000 ein Software Monitor STATSAM (8) entwickelt wurde, der es gestattet, Messungen der zentralen Komponenten der Systemsoftware durchzu-

führen.

5. Leistungsbeschreibung verschiedener DV-Systeme

Zur Leistungsbeschreibung der SIEMENS DV-Anlage der GMD wurde ein Benchmark entwickelt. Dieser Benchmark besteht aus Dialogscripts und synthetischen Stapelprogrammen. Eine genaue Beschreibung ist in (8) zu finden.
Mit Hilfe dieses Benchmarks ist es möglich, die Leistung verschiedener DV-Systeme bei gleicher Belastung zu ermitteln. Dieser Benchmark wurde deshalb benutzt, um die Leistungen der zwei SIEMENS DV-Anlagen 4004/151-1 und 7.748 zu vergleichen.

Die DVA 7.748 hat 2MB Hauptspeicher und ist ca. um den Faktor 1.4 schneller als die 4004/151. Die DVA 4004/151 hat 1MB Hauptspeicher sowie zwei Trommeln zur Unterstützung der virtuellen Adreßtechnik. Auf der 4004/151 läuft das Betriebssystem BS2000 Vers. 2.0 mit erheblichen GMD-Änderungen, auf der 7.748 läuft BS2000 Version 3.0 ohne GMD-Änderungen.
Für reinen Dialogbetrieb wurden die Werte in Tabelle 2 ermittelt.

DVA	N	RTSF	THF	U	TR	RR	RT
151	35	17.85	36.19	0.59	1.97	2.47	4.25
748	35	18.20	48.06	0.49	2.10	2.56	3.38
151	45	23.53	46.32	0.56	2.27	2.81	4.61
748	45	33.24	60.39	0.43	2.44	2.98	4.73
151	60	38.83	58.73	0.54	2.42	3.11	6.71
748	60	56.02	77.78	0.41	2.53	2.98	7.62

Tabelle 2

In der Tabelle bedeuten:

RTSF: Antwortzeitdehnungsfaktor
RR: Antworten pro Sekunde
RT: durchschnittliche Antwortzeit

Für den gemischten Stapel- und Dialogbetrieb ergaben sich die folgenden Werte:

DVA	N	RTSF	THF	U	TR	RR	RT	BE
151	35	22.77	38.70	0.49	1.76	2.15	5.02	68
748	35	28.34	53.21	0.39	1.88	2.27	4.76	39
151	45	34.95	48.01	0.46	1.85	2.34	6.72	70
748	45	48.71	66.67	0.36	2.07	2.45	6.98	57

Tabelle 3

BE bedeutet hier die Laufzeit der Stapelprogramme in Minuten. Den beiden Tabellen kann folgendes entnommen werden:

1. Bezüglich des Durchsatzes TR liefern beide DV-Systeme die gleichen Werte.
2. Bei steigender Dialogbelastung werden die Antwortzeiten an der 4004/151 besser als an der 7.748.

Eine genauere Feinanalyse, z.B. die Streuung der Antwortzeiten der verschiedenen Scripts soll hier nicht erfolgen. Betrachten wir den von der CPU-Geschwindigkeit unabhängigen Leistungsfaktor der Systemsoftware RTSF, so ergibt sich das folgende Bild (vgl. Fig. 4)

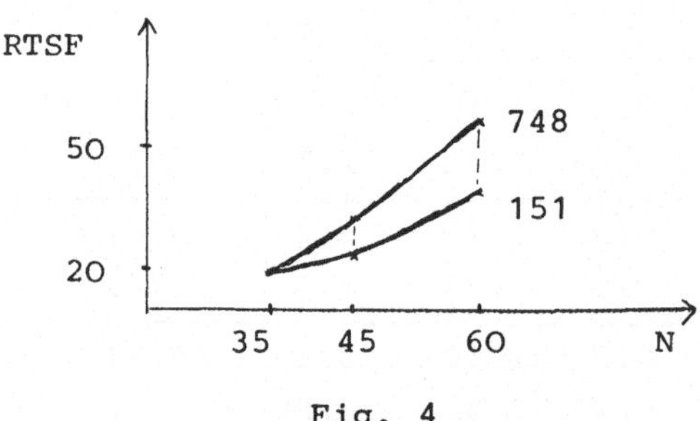

Fig. 4

Man ersieht an der Figur, daß an der 4004/151 die erheblich leistungsfähigere Systemsoftware bei starker Dialogbelastung vorhanden ist. Der Vorteil der schnelleren CPU-Geschwindigkeit der 7.748 wirkt sich nur bei geringer Dialoglast für den Benutzer aus.

Es sind mir leider nur sehr wenige Leistungsbeschreibungen interaktiver DV-Systeme zugänglich, bei denen die in dieser Arbeit als sinnvoll erkannten Leistungsvariablen gemessen oder berechnet werden können. Als ein Beispiel sei hier der Benchmark der KFA Jülich (7) angeführt. Der Benchmark wurde im November 1975 auf einer IBM 370/168 mit 4MB Hauptspeicher durchgeführt.

Aus den Figuren 7 und 9 von (7) kann die folgende Tabelle aufgebaut werden. (Wir machen die Annahme, daß U = 2x Problem State für TSS, U = 3x Problem State für MVS)

KFA Benchmark 370/168

	N	TR	TH	RT*	U	RTSF*
TSS	80	2.6	20	8.36	0.24	90.57
MVS	80	1.8	20	24.1	0.15	289.3

Tabelle 4

In beiden Fällen war die CPU zu 50% im Wartezustand. Es ist darauf hinzuweisen, daß bei dem Jülicher Benchmark eine etwas andere Definition der Antwortzeit RT* als in dieser Arbeit verwendet wurde. Ich möchte an dieser Stelle keine weitreichenden Folgerungen aus dem Benchmarkergebnis von Jülich ziehen. Eine Schwäche des Benchmarks scheint mir darin zu liegen, daß nur <u>ein</u> Dialogscript mit deterministischen Denkzeiten für alle 80 Benutzer verwendet wurde. Es fällt das folgende auf

a) mit TSS wird dieselbe Transationsrate erzielt wie mit BS2000

b) MVS erscheint für einen starken Timesharing Betrieb ungeeignet.

Zur Kontrolle der Meßergebnisse seien zwei Messungen an IBM Systemen angeführt unter realer Belastung:

IBM 370/168-1 MVS 3.7; RMF

N	TR	TT	TH	U	TTSF	THF
40	0.74	3.43	50	0.10	25.4	375.5
38	0.84	3.95	41	0.13	25.5	266.2
	0.97	5.54		0.15	35.7	

Tabelle 5

Als ein weiteres Beispiel seien Messungen an der IBM 370/158 der GMD mit GTF angeführt. Die Dehnungsfaktoren konnten hier nicht mehr ermittelt werden.

IBM 370/158; MVS 3.0; GTF

	N	TR	TT	TH
3MB	24.7	0.53	4.15	42.4
3MB	28.8	0.62	4.43	42.0
4MB	24.3	0.64	1.75	36.2
4MB	23.5	0.73	2.64	29.4

Tabelle 6

LITERATURVERZEICHNIS:

(1) ATKINSON et al.: Modern Central Processor Architecture
Proc. IEEE 63, pp. 863-879 (1975)

(2) BUZEN, J.P.: Fundamental Operational Laws of Computer System Performance
Acta Informatica 7, pp. 167-182 (1976)

(3) FERRARI, D.: Workload Characterization and Selection in Computer Performance Measurement
Computer, July 1972, pp. 18-24

(4) FOGEL, M.; WINOGRAD, J.: EINSTEIN: An Internal Driver in a Time-Sharing Environment
ACM SIGOPS October 1972, pp. 6-14

(5) JIRKA, F.A.: ZWOSTEIN: Ein Programm zur Messung und Simulation von Dialoglast
Int. Bericht der GMD - RZ.BI

(6) KLEINROCK, L.: Queuing Systems Vol. II, Chapter 4
Wiley, New York (1976)

(7) MERTENS, B.; ALEXANDER, R.: Performance Comparisons
Between the Operating Systems MVS and TSS
Bericht der KFA Jülich Nr. 1397 (1977)

(8) MÜHLENBEIN, H.: Ein Timesharing Benchmark auf einer
SIEMENS 4004/151 und 7.748
Int. Bericht der GMD - RZ.BI

(9) PARUPUDI, M; WINOGRAD, J.: Interactive Task Behaviour
in a Timesharing Environment
Proc. ACM Nat. Conf. 1972, pp.680-692

(10) RODRIGUEZ-ROSELL, J. et al.: The Design, Implementation
and Evaluation of a Working Set Dispatcher
Comm. ACM 16, pp. 247-253 (1973)

(11) SCREENIVASON, K.; KLEINMANN, A.J.: Construction of a
Representative Synthetic Workload
Comm. ACM 17, pp. 127-133 (1974)

(12) SHEMER, J.E.; ROBERTSON, J.B.: Instrumentation of Time-
Shared Systems
Computer, July 1972, pp. 39-48

(13) SVOBODOVA, L.: Computer Performance Measurement and
Evaluation Methods: Analysis and Applications
Elsevier, New York (1976)

Anhang A

Ableitung des Antwortzeitgesetzes (2)

Es sei eine beliebige Gruppe von N_j Benutzern betrachtet, die während des Beobachtungsintervalls T mit dem DV-System interaktiv gearbeitet haben. Wir definieren die folgenden Größen:

n(k): Zahl der beendeten Transaktionen von Benutzer k in der Zeit T

tt(k,i): Transaktionszeit der i-ten Transaktion von Benutzer k

th(k,i): Denkzeit von Benutzer k nach der Transaktion i

Dann gilt für alle k

(1) $$\sum_{i=1}^{n(k)} tt(k,i) + th(k,i) = T$$

Summation über alle N_j Benutzer und Division durch die Gesamtzahl der beendeten Transaktionen liefert

(2) $$TT_j + TH_j = N_j/TR_j$$

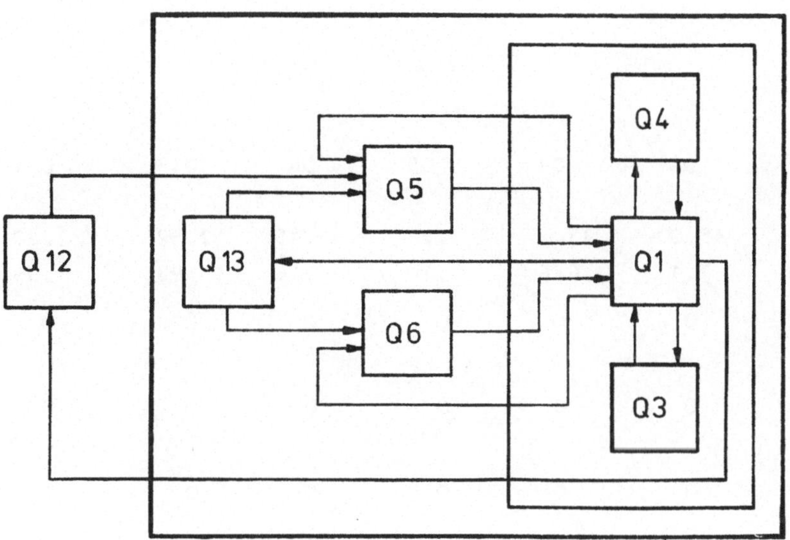

Fig. 3

Q1: Prozessorwarteschlange

Q3: Pagingwarteschlange

Q4: Warteschlange für Platten E/A

Q5: Hauptspeicherwarteschlange für interaktive Prozesse

Q6: Hauptspeicherwarteschlange für Stapelprozesse

Q13: Warteschlange der Prozesse, die auf Betriebsmittel warten oder sich freiwillig in den Wartezustand begeben haben

Q12: Warteschlange der Prozesse, die auf Eingabe von Datenendgeräten warten

Anhang C

	Q1	Q3	Q4	Q5	Q6	Q13	Q12
Q1	.59 .41	45.3 7.1	33.0 6.6	.21 .10	.45 .16	2.52 .98	1.20 .39
Q3	45.3 7.1	0	0	0	0	0	0
Q4	33.0 6.6	0	0	0	0	0	0
Q5	4.1 1.0	0	0	0	0	0	0
Q6	0.62 0.26	0	0	0	0	0	0
Q13	0	0	0	2.30 .94	.11 .10	0	0
Q12	0	0	0	1.26 .35	0	0	0
QL	2.45	2.80	2.75	1.60	2.55	5.40	41.45

Tabelle 7: Warteschlangentransfer

Konfigurierung von DV-Anlagen mit Hilfe des Einsatzes von Hard- und Software-Monitoren

Dr. R. Martin, Dr. B. Lortz, Prof. Dr. A. Schreiner
Rechenzentrum Universität Karlsruhe

Einleitung

Von Gary Carlson [6] stammt die Frage:
How to Save Money with Computer Monitoring?
Unser Rechenzentrum hat sich dieser Forderung gestellt: Das Ergebnis der Leistungsanalyse der 3-Prozessoranlage des Typs UNIVAC 11o8 MP mit den daraus folgenden Überlegungen und Maßnahmen wird im folgenden dargestellt.

DV-Anlage und Belastung

Die Kapazitätsplanung hat die "optimale" Ausnutzung aller Systemressourcen zum Ziel.
Die Frage, ob ein System "optimal" genutzt wird, stellt sich meist erst dann, wenn das bestehende EDV-System an die "Leistungsgrenze" stößt.

Das in Karlsruhe stehende DV-System UNIVAC 11o8 mit 3 Prozessoren und 2 Ein/Ausgabe-Prozessoren besteht hier in seiner größten Ausbaustufe. Die Abbildung 1 zeigt das System. Die Aufgabe des Systems besteht während der Öffnungszeiten (Montag - Freitag / Samstag von 7.oo - 24.oo Uhr / 22.oo Uhr) in der Bedienung von max. 25 Bildschirmgeräten im Dialog und in der Bearbeitung der Batch-Hintergrundlast. Die Abbildung 2 zeigt ein typisches CPU-Auslastungs-Profil (- Linie) und den Durchsatz (--- Linie) im über eine Woche gemittelten Zeitraum von 24 Stunden [1]. Dazu ergänzend sei der unterschiedliche Benutzerstatus-Anteil der 3 Prozessoren und der über die drei Prozessoren gemittelte Wartezustand dargestellt [2] (Abbildung 3). Nachts und am Sonntag ist das System nur durch Batch-Jobs ausgelastet.

Überlegungen zur Umkonfigurierung

Der Denkanstoß, dieses System umzukonfigurieren, kam aus zwei Richtungen:

1. Die Betrachtung des Systemverhaltens läßt folgendes erkennen: Ältere Systemteile, vor allem die Großraumtrommeln Fastrand, zeigen häufig eine über den Durchschnitt geringe Verfügbarkeit:

   Von 1284 Betriebsstunden im Januar und Februar 1977 betrug die Ausfallrate 14 %. Sieht man die Auslastung der Kanäle zu den beiden Großraumtrommeln an (s. Abbildung 4), dann zeigt sich, daß beide Trommeln etwa gleichmäßig belastet sind. Die Spitzenbelastung liegt bei 85 % und die Mittelwerte ergeben sich zu 28.1 und 29.9 % Kanalbelastung. Eine weitere Analyse zeigt, daß der Kanalauslastungsgrad am Tag bei über 4o % lag. Weitere Untersuchungen der Gleichzeitigkeit von Prozessorwartezustand <u>und</u> Kanalaktivität zu den Fastrands zeigten einen hohen Überlappungsgrad. Dies läßt den Schluß zu, daß der relativ hohe Wartezustand (s. Abbildung 3a) durch schnellere Speichermedien bzw. eine gleichmäßigere Verteilung der Last herabgesetzt werden kann.

2. Der Hauptgrund für unsere Überlegungen bestand jedoch darin, daß die Mehrprozessoranlage mit 256 KWorten den maximalen Kernspeicherausbau hat. Die Messung der CPU-Auslastung bzw. des Durchsatzes in Abhängigkeit vom Multiprogrammingfaktor (Abbildung 5) mag diesen Sachverhalt belegen [3]. Für eine Kernspeichergröße mündet diese Kurve in eine Asymptote ein. Ältere Messungen der Informatik Rechnerabteilung [4] in Karlsruhe zeigen, daß an dem damaligen System BURROUGHS 67oo eine Hauptspeicherzunahme in Modulen von 16 K, bei gleicher Anzahl aktiver Prozesse, zu einer Zunahme der CPU-Auslastung führten. Bei voller Auslastung des Hauptspeichers war es damit unmöglich, an das alte System weitere Terminals des Rechnernetzes [5] anzuschließen.

   Die folgenden Ausführungen, das 3-Prozessorsystem neu zu konfigurieren, wurden unter einer wesentlichen Randbedingung angestellt:
   Es durften keine zusätzlichen Kosten entstehen. So wurden die Kosten für die Miete neuer Speichereinheiten gegen Einsparungen bei den Wartungskosten verrechnet. Dies war allerdings nur möglich, da zusätzlich in der Wartung kleine Remotestationen durch Terminal-Pools (s. Heim), die selbst gewartet werden sollen, ersetzt

werden.

Teilung der 3-Prozessor-Anlage

Die Lösung bestand nun darin, das 3-Prozessorsystem in zwei Systeme mit getrennter Last aufzuspalten. Anfänglich sei jedoch der Umstand erwähnt, daß wir mit dem schnellsten Hintergrundspeichermedium in einer glücklichen Lage sind: Dieser sog. Block-Kernspeicher der Größe 256 KWorte und mit 1,5 µsec für einen Lese-/Schreibzyklus wird in einer UNIVAC 11o6 als Hauptspeicher (mit 1,2 µsec) verwendet. Auf diesem Speichermedium lagen die transidienten Teile des Betriebssystems. Die Kanalaktivität zu diesem Speicher war relativ gering. Die durchschnittliche Belastung betrug in der Woche vom 28.3.1977:3,3 %, als Spitzenwert wurde 8 % gemessen (Abbildung 6). So entstanden zunächst auf dem Papier folgende Systeme:

- Ein System UNIVAC 11o6 mit 256 KWorte Hauptspeicher als Dialog-Anlage.
- Eine 2-Prozessoranlage UNIVAC 11o8 mit einem schnelleren Kernspeicher von 256 KWorte (Zykluszeit o.75 µsec) für die Stapelverarbeitung.

Beide Systeme wurden ohne Ein/Ausgabe-Leiteinheit konfiguriert. Um ein Arbeiten mit Dateien an beiden Systemen zu ermöglichen und eine doppelte Dateihaltung zu vermeiden, wird zwischen beiden Systemen eine Kanalkopplung geschaffen. Ein Benutzer, der an dem System UNIVAC 11o6 im Dialog arbeiten möchte und eigene permanente Dateien benutzt, muß diese Dateien durch ein Hol-Kommando von der UNIVAC 11o8 auf seinen UNIVAC 11o6-Arbeitsspeicher kopieren lassen. Die bearbeitete Datei muß dann wieder zurückkopiert werden.

Wenden wir uns kurz den Aufgaben des Prozessors zu. Die Tätigkeit spiegelt sich im Befehlssatz wieder. Dies zeigt die Abbildung 7. Der Tagesbetrieb ist durch den hohen Dialog-Anteil und durch kurze Batch-Testprogramme geprägt. Im Nachtbetrieb entfällt der Dialoganteil, hier ist das System durch rechenintensive Programme ausgelastet. Im Tagesbetrieb sind z. B. die Sprungbefehle prozentual sehr hoch. Im Nachtbetrieb geht dieser Befehlsanteil auf den reinen Batch-Anteil zurück.
Wesentlich deutlicher werden diese Unterschiede durch die Berechnung des System-Overheads. Der Overhead wird dabei aus dem Quotienten:

$$\frac{\text{Betriebssystem-Statuszeit}}{\text{Prozessoraktivzeit}} \cdot 100 \; (\%)$$

gebildet. In der Abbildung 8 wurde der System-Overhead als Funktion der Zeit aufgetragen. Zwischen 7 und 24 Uhr wird ein sehr hoher Anteil festgestellt, der im Nachtbetrieb auf den durchschnittlichen Wert um 15 % absinkt.

Testkonfigurierung

Nachdem diese Vorüberlegungen abgeschlossen waren, bestand nun die Hauptaufgabe darin, nachzuweisen, daß diese Systeme die an sie gestellten Anforderungen erfüllen:

- Verbesserung des Durchsatzes für das Batch-System, bzw. Verbesserung der Maschinenbearbeitungszeit;
- Verbesserung der Antwortzeiten für das Dialog-System.

Um diesen Nachweis zu führen, mußten Tests mit realer Last gefahren werden. Die Aufgabe bestand also darin, in zwei Versuchen entsprechende Teilsysteme zu konfigurieren:

- ein System UNIVAC 1108 (2x2) mit entsprechendem Massenspeicher mit ausschließlicher Batch-Belastung und
- ein System "UNIVAC 1106 (1x1)" mit ausschließlicher Dialog-Last.

Das System UNIVAC 1106 wurde durch ein Echtzeit-Programm auf der UNIVAC 1108 (1x1)-Anlage simuliert, um ein System mit einem langsameren Taktgeber "nachzubilden".

Die Tatsache, daß diese Testsysteme Ein/Ausgabe-Prozessoren besitzen, wurde nicht in den Simulationsversuch einbezogen.

Die Ergebnisse des Tests wurden im Logfile aufgezeichnet und ausgewertet. Die Abbildung 9 zeigt die Ergebnisse für eine Testanlage.

- Für das Batch-System erhielten wir um ca. 79 % größeren Durchsatz und damit kleinere Bearbeitungszeit.
- Für das Dialog-System ergaben sich bessere Antwortzeiten.

Benutzerbezogen werden wir also 2 DV-Systeme erhalten, die bessere Antwortzeit für je ein Batch- und ein Dialog-System aufweisen.

Ausblick

Fassen wir also zusammen:
Aus der Sicht des Systemanalytikers und des Benutzers wird sich nach dem bisher gesagten eine Verbesserung ergeben:
Einmal werden sich ausgewogenere Systeme einstellen und zum anderen wird die Antwortzeit verbessert. Erste Messungen nach der eingeleiteten Teilung des Systems bestätigen dies. Im Vergleich zu Abbildung 1o sinkt z. B. die Prozessorwartezeit auf einen geringeren Anteil, wenn der Dialogbetrieb eingestellt wird.
Das 3-Prozessorsystem war in fast allen Systemteilen ausfallsicher. Die Situation wird nach einer Teilung nicht mehr gegeben sein:

- Fällt an der 2-Prozessor-Anlage UNIVAC 11o8 eine Untereinheit aus, dann ist noch bis zu einem gewissen Grad eine Ausfallsicherheit gegeben.
- Anders beim Demand-System: Im Fehlerfall des Prozessors und einer zentralen Einheit wird das gesamte System ausfallen.

Zusammenfassung

Die Analyse der verschiedenen Ebenen:
Prozessorzustände, Kanalzustände und der nicht wiedergegebenen Massenspeicher-Ebene führte zum Erkennen von Systemengpässen. Die angestellten radikalen Überlegungen und die genaue Analyse der Ergebnisse der Testkonfiguration mittels der Meßverfahren lassen erkennen, daß man sich mit solchen Instrumenten ein System "maßschneidern" kann. Damit schließt sich der Kreis: man erhält Systeme mit höherem Durchsatz und besserem Antwortzeitverhalten, spart also in dem Sinne Geld, um eine Antwort auf die Frage von G. Carlson zu geben.

Literatur

1. Deecke, G., Lortz, B.: Leistungsmessung mit Hilfe von Accounting-Daten, GI-Workshop, Karlsruhe, September 1975

2. Hahnau, V.: Vermessung eines Großrechners mit einem Hardware-Monitor, Diplomarbeit, Karlsruhe, Oktober 1977

3. Czeskleba, A.: Anpassung eines synthetischen Benchmarks an eine reale Belastungssituation, Diplomarbeit, Karlsruhe, April 1975

4. Zorn, W.: Einfluß von Kernspeichervergrößerung auf die Rechenleistung der BURROUGHS 67oo, internes Arbeitspapier, Fakultät Informatik, Universität Karlsruhe 1974

5. Heim, K.: Dezentraler Zugriff für Dialog- und Stapelverarbeitung eines Universitäts-Rechenzentrums mittels eines Kleinrechnernetzes, GI-Workshop, Göttingen, Oktober 1977

6. Carlson, G.: How to save Money with Computer Monitoring, Proc. of the ACM Vol. 2, 1o18 (1972)

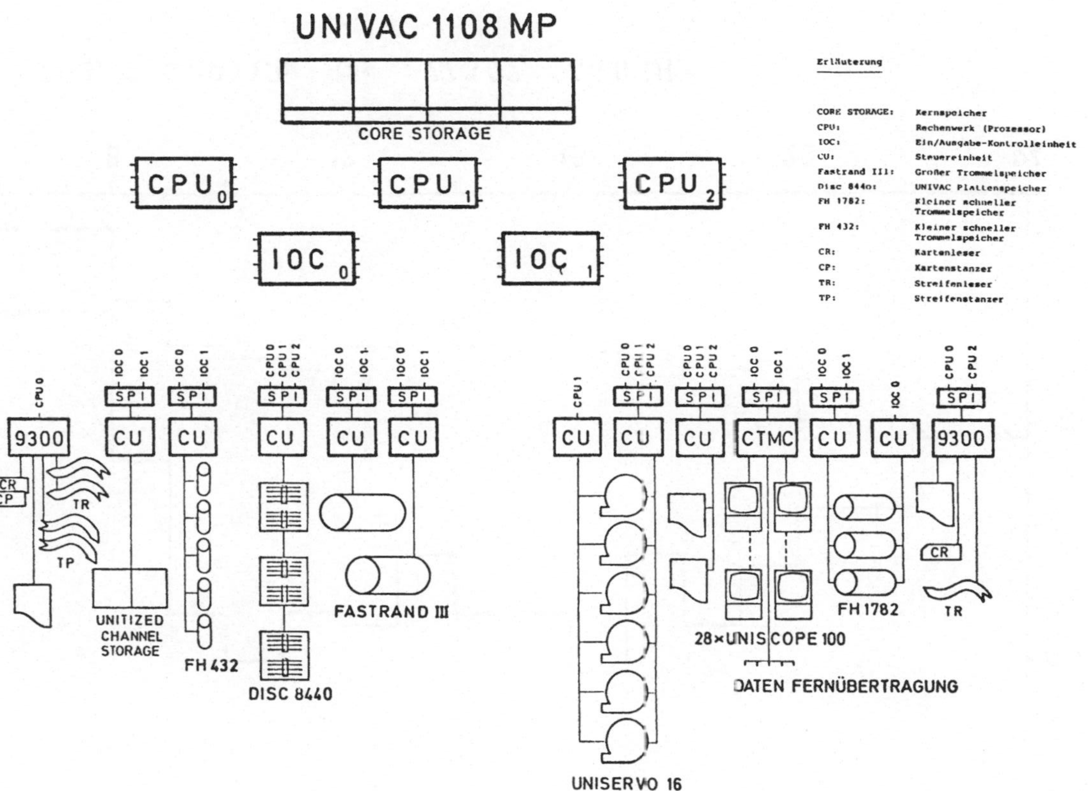

Abb. 1: Konfiguration der 3-Prozessor-Anlage

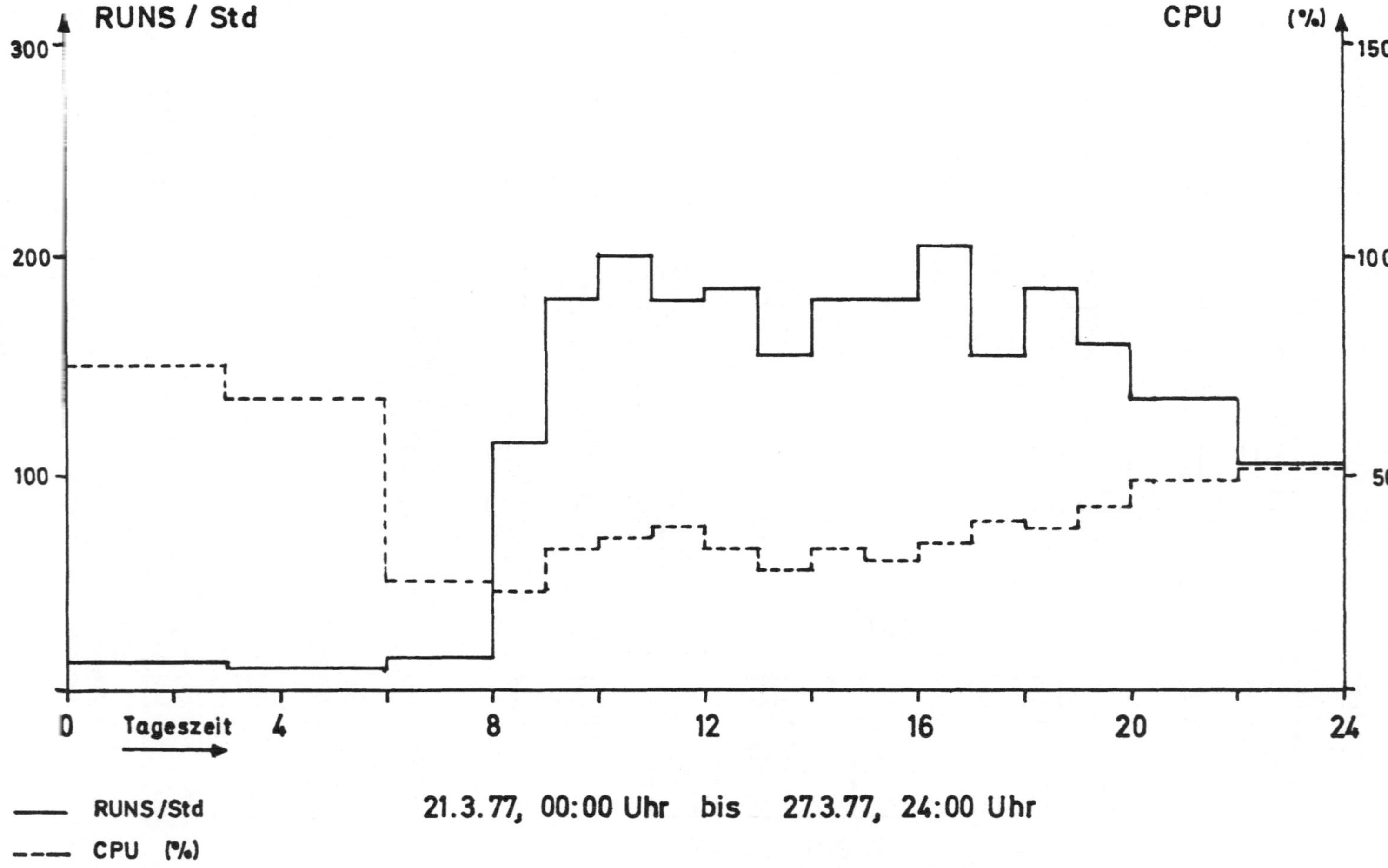

Abb. 2: CPU-Auslastung und Durchsatz als Funktion der Tageszeit aufgetragen

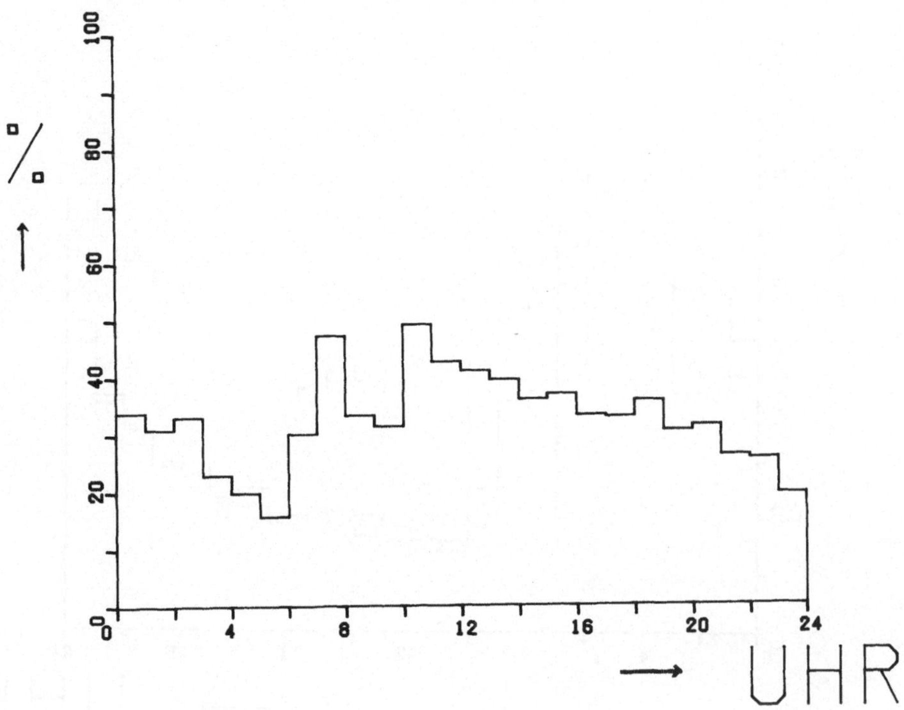

Abb. 3a: gemittelter Prozessor-Wartezustand als Funktion der Zeit (24 Stunden über eine Woche gemittelt)

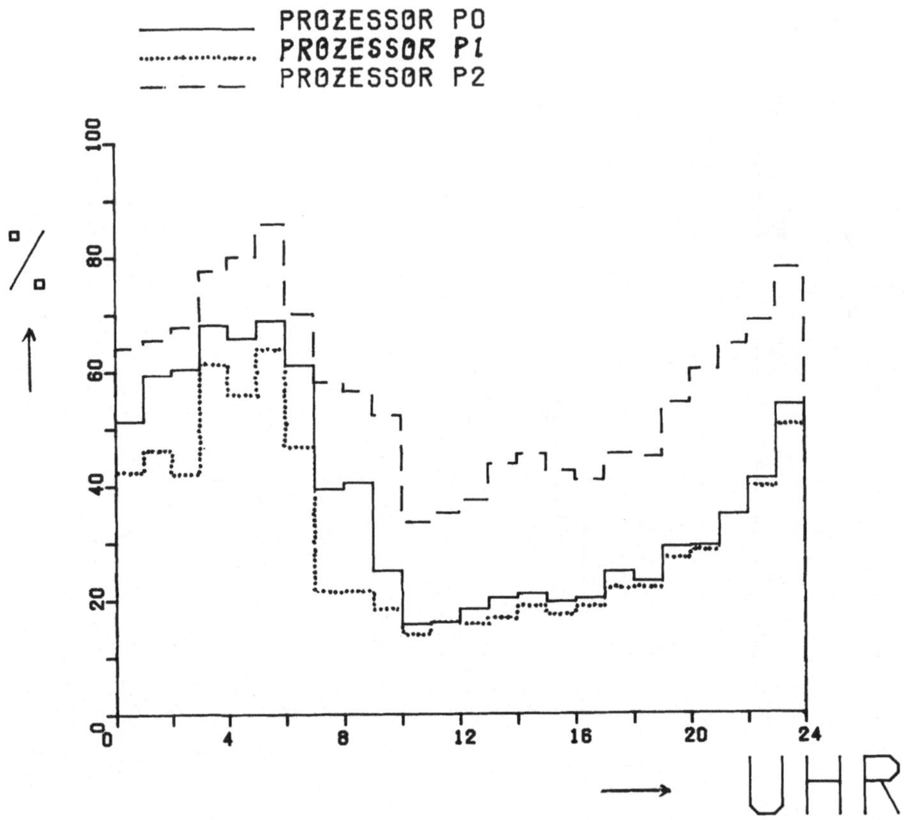

Abb. 3b: Problemstatus-Anteil der 3 Prozessoren über 24 Stunden aufgetragen

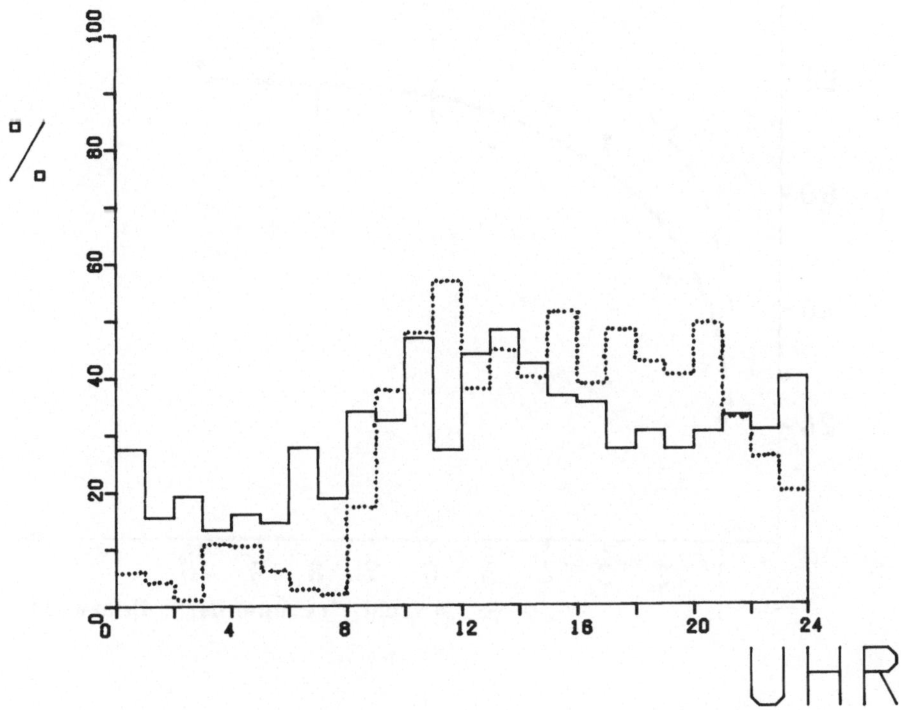

Abb. 4: Kanalauslastungsgrad zu den zwei Großraumtrommeln

(IOC : INPUT-/OUTPUT-CONTROLLER)

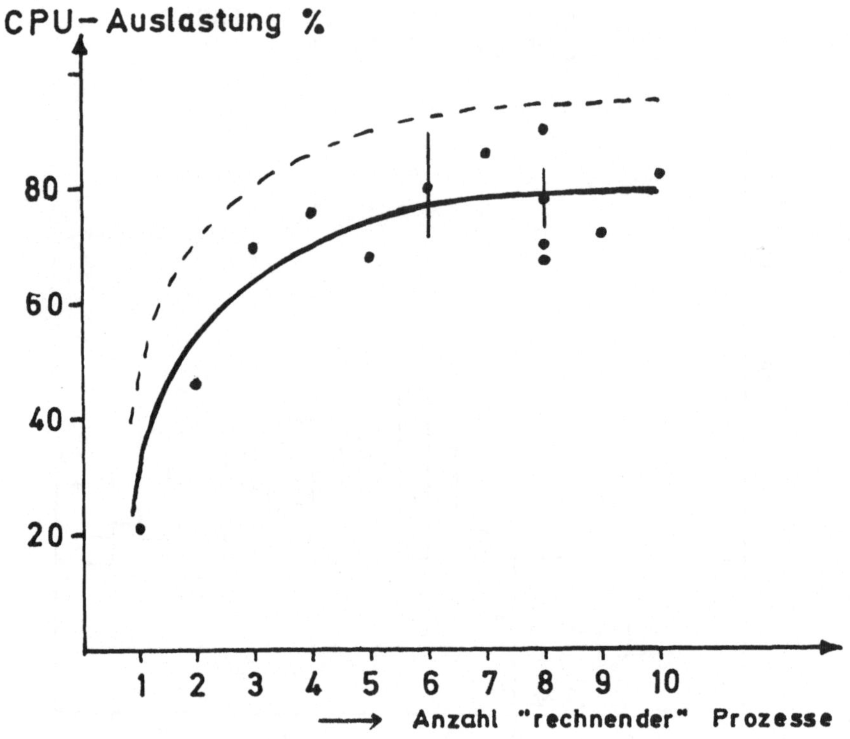

Abb. 5: CPU-Auslastung als Funktion der Anzahl "rechnender Prozesse"

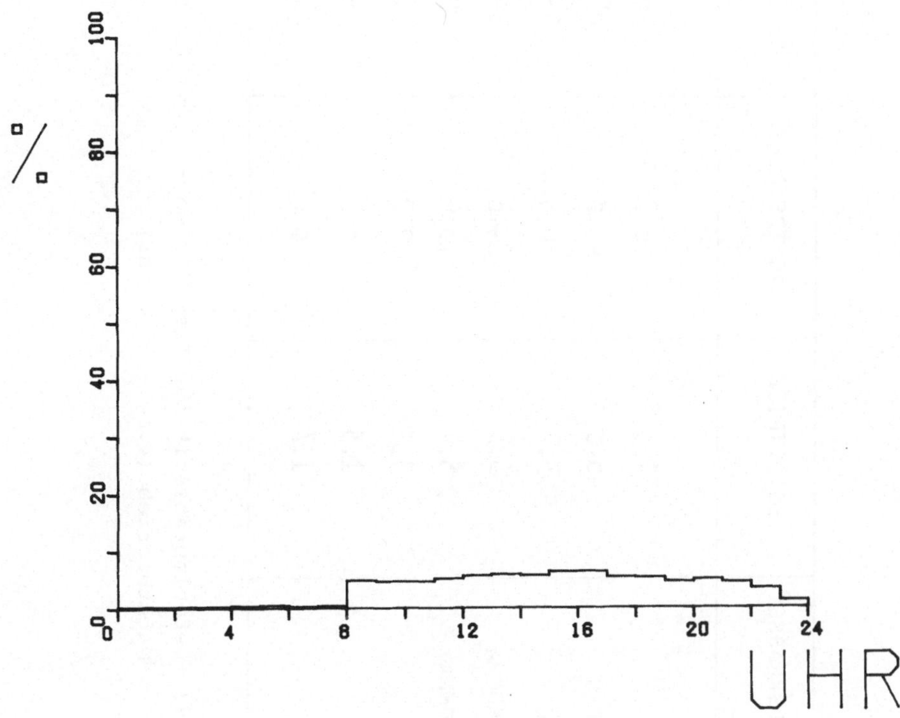

Abb. 6: Kanalauslastungsgrad des Blockkernspeichers (Sekundärkernspeicher)

Befehlsklasse	Testbetrieb	Nachtbetrieb	Mittelwert
Such	1.ø	ø.2	ø.6
Transfer	46.8	45.ø	45.9
Sprung	33.7	16.3	25.ø
Gleitkomma	3.5	24.6	14.1
Festkomma	8.4	1ø.4	9.4
Shift	3.5	2.2	2.9
Boole	1.3	ø.3	ø.8
EXEC	1.7	ø.6	1.2

Abb. 7: Befehlsstatistik für Test (13.oo - 14.oo Uhr und Nachtbetrieb (4.oo - 5.oo Uhr)

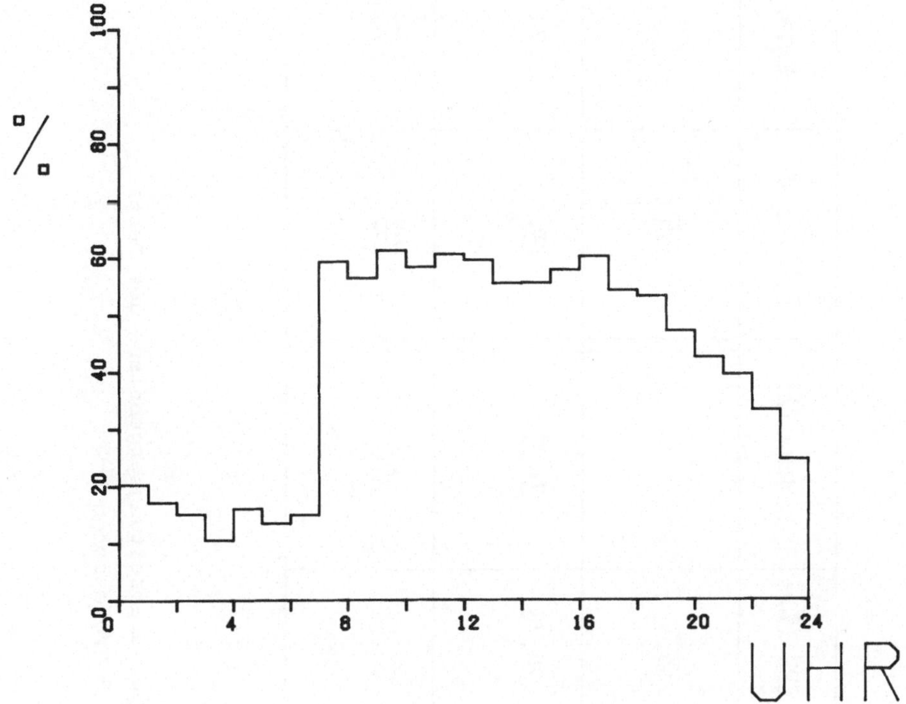

Abb. 8: System-Overhead gemittelt über die 3 Prozessoren

	CPU (%)	Gewinn (%)	RUN / Std.	Gewinn (%)
Test (am 19.4.1977)	33.3		235	
1. Vergleichswoche (28.2.-6.3.1977)	24.76	34.5	132	78.8
2. Vergleichswoche (7.2.-13.2.1977)	23.4	42	135	73.5

Abb. 9: Stapelverarbeitungsergebnisse des Tests mit 2 Prozessoren

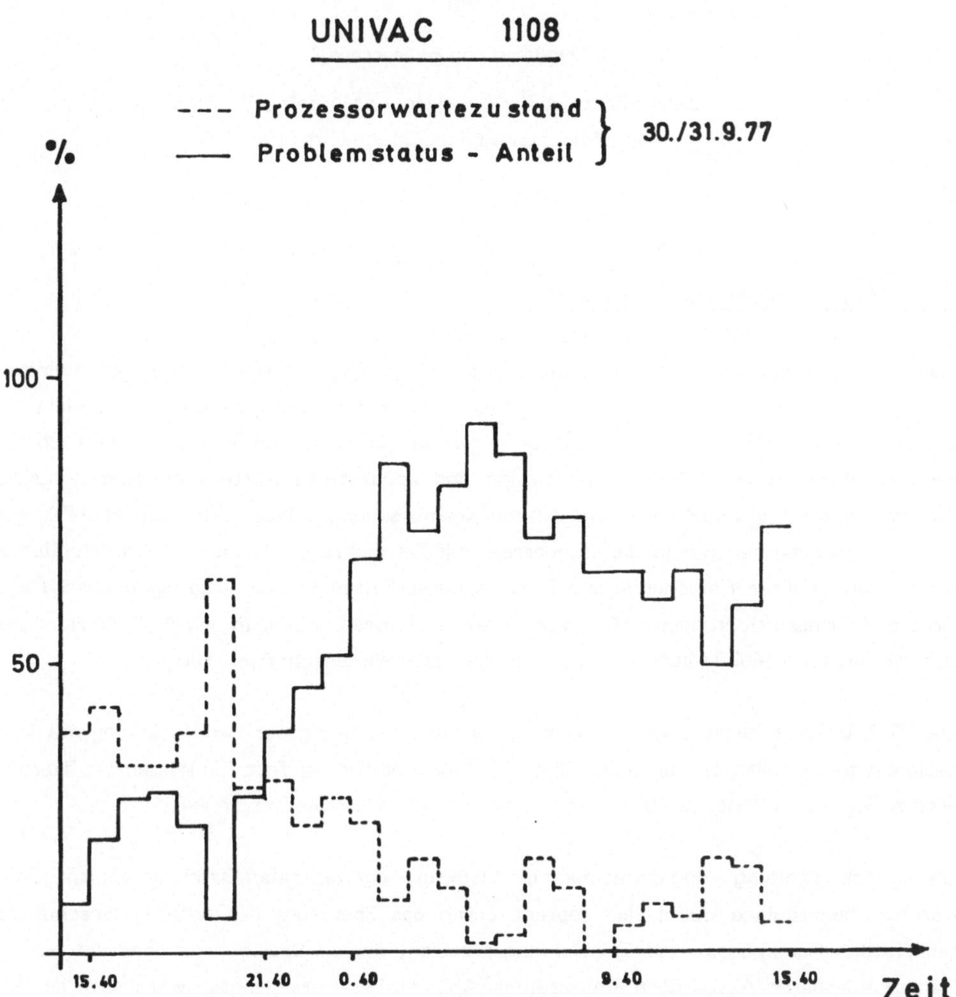

Abb. 1o: Prozessorwartezustand und Problemstatus-Anteil gemittelt über 2 Prozessoren als Funktion der Tageszeit aufgetragen

Computing in der Großforschung
Ziele und Struktur des Jülicher Systems

von

F. Hoßfeld und B. Mertens

Zentralinstitut für Angewandte Mathematik
Kernforschungsanlage Jülich GmbH

1 Das Aufgabenspektrum der KFA

Obwohl Großforschung nicht primär als eine besondere Organisationsform, sondern vielmehr als diejenige Kategorie naturwissenschaftlich-technischer Forschung und Entwicklung verstanden werden soll, die einen besonders großen Aufwand und in der Regel auch hohe Konzentration an personellen, finanziellen und apparativen Mitteln erfordert, muß zur Einordnung vorausgeschickt werden, daß die Kernforschungsanlage Jülich GmbH (KFA) eines der 12 Forschungszentren in der Bundesrepublik Deutschland ist, die sich vornehmlich zur Koordinierung ihrer Forschung- und Entwicklungsarbeiten in der Arbeitsgemeinschaft der Großforschungseinrichtungen (AGF) zusammengeschlossen haben. In den AGF-Einrichtungen sind derzeit rund 16000 Mitarbeiter, davon über 4000 Wissenschaftler, tätig.

Die KFA ist eine bedeutende und repräsentative Einrichtung der Großforschung mit internationalem Zuschnitt; sie hat heute über 3500 Mitarbeiter mit fast 700 Wissenschaftlern und wird zu 90 % vom Bund, zu 10 % vom Land Nordrhein-Westfalen getragen.

Die Aufgabenstellung - und damit auch die Struktur - der zentralen Datenverarbeitung in der Kernforschungsanlage Jülich ist geprägt durch das Spektrum der naturwissenschaftlich-technischen Forschungs- und Entwicklungsarbeiten, dessen Breite weit über die aus dem Namen ablesbaren Aktivitäten hinausreicht (Abb. 1). Die Forschungsschwerpunkte der KFA sind an den Forschungszielen in der Bundesrepublik Deutschland orientiert. Die daraus definierten Projekte, Programme und Fachgebiete reichen von Hochtemperatur-Reaktorentwicklung und -Brennelementtechnologie, Festkörperforschung sowie Plasmaphysik und Fusionstechnologie über die Gebiete Kernphysik, Chemie und Umweltforschung zu den Lebenswissenschaften Medizin, Neurobiologie und Agronomie sowie zu den Gebieten Systemanalyse, Datenverarbeitung und Informatik, Mathematik und Elektronik.

Die zugehörigen Forschungs- und Entwicklungsprogramme umfassen nicht nur umfangreiche theoretische Untersuchungen - vor allem auf den Gebieten Hochtemperaturreaktor, Phasenumwandlungen und Gitterdefekte im Festkörper, Supraleitung, Atomkernmodelle, Plasmainstabilitäten und Wandwechselwirkungen sowie Sicherheitsforschung, Systemanalyse und mathematische Methoden -, sondern in noch größerem Maße experimentelle Vorhaben und Großprojekte, die durch leistungsfähige, dem Stand der Wissenschaft und Technik entsprechende Apparaturen und Versuchsanlagen wie Forschungs- und Prototypreaktoren, Zyklotrone, Tokamak, Massenseparatoren, Neutronenspektrometer u.a. unterstützt werden.

Die aus den Forschungs- und Entwicklungsarbeiten bestimmten Anforderungen an die Datenverarbeitung in der KFA sind charakterisiert durch qualitativ und quantitativ ausgeprägte Heterogenität; sie verlangen dementsprechend die gesamte Spannweite der Hardware- und Softwaremöglichkeiten vom "Number Crunching" über "Personal Computing" zur Prozeß- und Experimentsteuerung. Über die Forschungs- und Entwicklungsprogramme hinaus wird die Datenverarbeitung in Aufgabenstellung und Struktur beeinflußt von den Zielsetzungen des Management von Großprojekten und Projektträgerschaften sowie von den Aufgaben der zentralen Literaturversorgung, der wissenschaftlich-technischen Infrastruktur und der Verwaltung. Dabei nehmen in wachsendem Maße auch Fragen der Kooperation mit anderen Forschungszentren, Universitäten und der Industrie sowie der Internationalisierung der Forschung an Bedeutung zu. Daher gewinnen Informationssysteme, Daten- und Methodenbanken wie auch Probleme der Verfügbarkeit, der Kompatibilität und Portabilität an Gewicht.

Das Zentralinstitut für Angewandte Mathematik betreibt mit den zentralen Großrechnern in der KFA eines der leistungsfähigsten Computerzentren in der internationalen Großforschung; neben Forschung, Entwicklung und wissenschaftlich-technischer Dienstleistung auf den Gebieten Datenverarbeitung und Mathematik ist es in der KFA u.a. für den Entwurf und die Realisierung zukünftiger Computersystemkonzeptionen und für den Aufbau und Ausbau des Online-Kopplungssystems zum Anschluß von Experiment- und Prozeßrechnern an die Großrechenanlage zuständig. Die Einbettung des Rechenzentrums in die Aufgabenstellung, Kompetenz und Zuordnung eines Zentralinstitutes hat sich dabei als eine der Großforschungsstruktur der KFA angemessene, leistungsfähige Konzeption erwiesen.

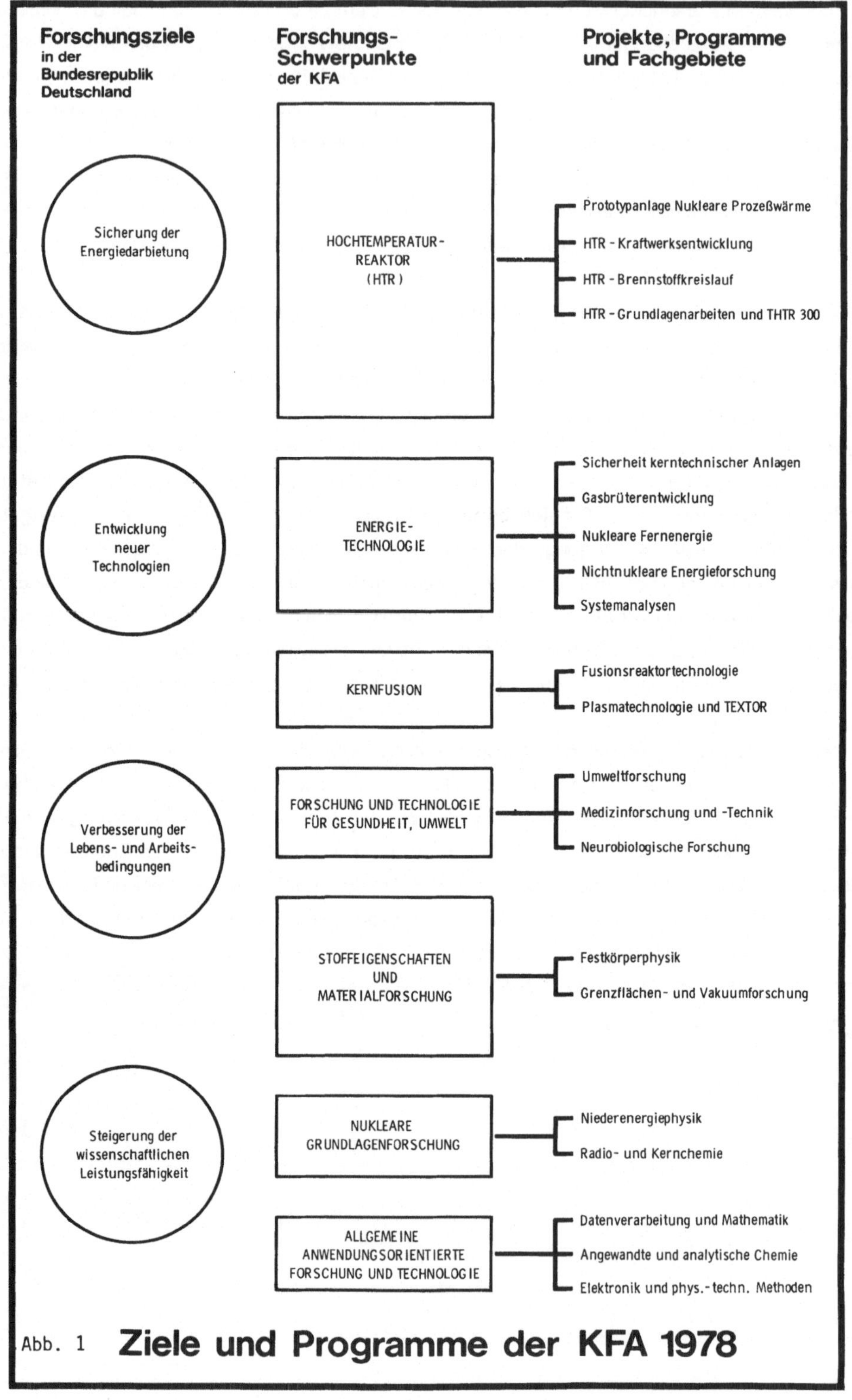

Abb. 1 **Ziele und Programme der KFA 1978**

2 Heterogenität und Struktur

Die Entwicklung der Datenverarbeitungsstrukturen ist heute infolge der ständig zunehmenden Heterogenität der Computeranwendungen, ihrer qualitativen und quantitativen Anforderungen sowie aufgrund des durch neue Technologien begünstigten Preis/Leistungsverhältnisses der Hardware durch eine um Größenordnungen ansteigende Komplexität der Systeme gekennzeichnet. Daraus erwachsen neuartige Kategorien von Aufgaben des Computing-Managements, die nicht ausschließlich technische Qualifikation erfordern. Dabei werden Modellvorstellungen über die Struktur und die Dynamik von Datenverarbeitungssystemen für die Beurteilung der Leistungsfähigkeit von Computerzentren wesentlich sein.

Legt man globalen Modellvorstellungen über die Funktion von Rechenzentren die Prinzipien der Warteschlangen-Theorie und der Server-Strukturen zugrunde /1/, so ergibt sich für die Turnaround-Zeit in batch-orientierten Systemen bzw. für die Response-Zeit von Timesharing-Systemen, T_s, in Abhängigkeit von der Systembelastung (Anzahl der Jobs, Anzahl aktiver Timesharing-Benutzer) qualitativ stets ein dramatischer Anstieg, wie er quantitativ für das M/M/1-System eines 'Single-Server' /1/ in Abb. 2 dargestellt ist. Interpretiert man den Verlauf von T_s aus dem Selbstverständnis des Rechenzentrums als Serviceeinrichtung heraus, so bedeutet die Maximierung der Systemauslastung zwecks Minimierung der Systemkosten als Optimalitätskriterium, daß einer wachsenden Zahl von Benutzern ein zunehmend dürftiger werdender Service angeboten wird. Die Zielsetzung einer Service-Einrichtung kehrt sich dadurch um; die Konsequenzen sind hinlänglich bekannt.

Die Beurteilung der Leistungsfähigkeit von Computersystemen darf sich nicht auf die Optimierung von Betriebsgrößen der Ressourcenbelastung beschränken, sondern muß die Existenz der Benutzer, ihre Ziele und ihre Verhaltensweisen berücksichtigen. Deshalb darf die von Streeter /2,3/ diskutierte Nutzenfunktion als ein gerade für die Großforschungsumgebung geeignetes strategisches Instrument angesehen werden, um den optimalen Betriebspunkt von Computersystemen zu bestimmen (vgl. /2/, Fig. 1 und Fig. 2).

Abgesehen von den Schwierigkeiten der empirischen Bestimmung solcher Nutzenfunktionen in der Benutzergemeinschaft eines Rechenzentrums, wofür im Prinzip die Entscheidungstheorie /4/ das Instrumentarium heute liefert, liegen die Grenzen der Anwendung des Streeterschen Konzeptes für das 'Single-Server'-System in dem Konflikt, bei stark heterogenen Anforderungen die extremen Benutzererwartungen, wie sie z.B. in Abb. 3 halbquantitativ als Nutzenfunktionen über T_s für Timesharing, Express-Batchläufe und langlaufenden Produktions-Batch dargestellt sind, in Einklang zu bringen. Dabei sind Realzeit-Anwendungen noch keineswegs berücksichtigt.

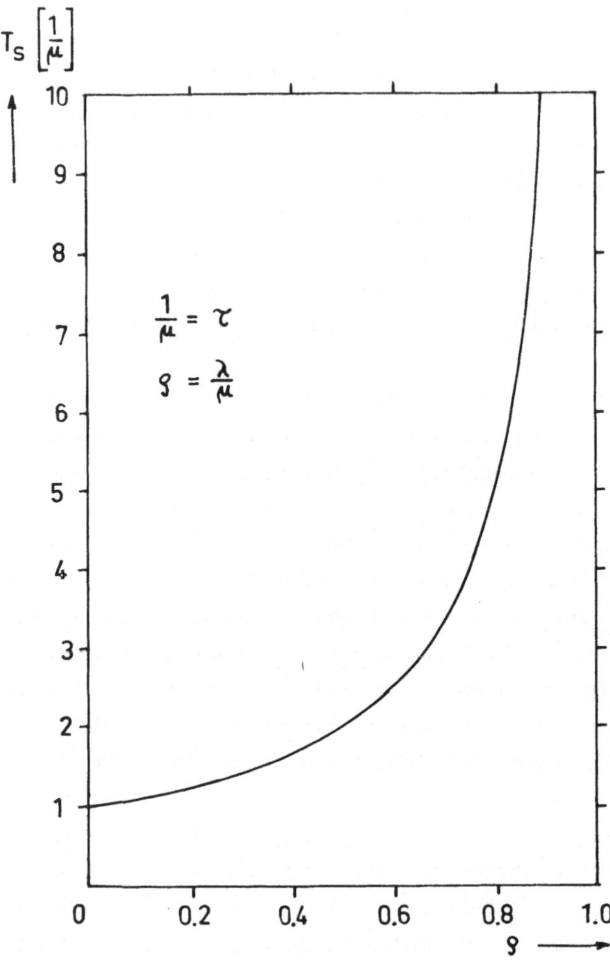

Abb. 2 Turnaround-Zeit T_s in Abhängigkeit von der Systembelastung

Die globale Modellvorstellung eines Computersystems als 'Single-Server'-Warteschlangensystem liefert über diese Überlegungen hinaus qualitative und quantitative Argumente dafür, daß angesichts der Heterogenität der Benutzeranforderungen und der Form und Breite des Serviceprofils (Abb. 4) Optimalität in der Datenverarbeitung der KFA-Großforschung nicht mit einer 'Single-Server'-Struktur erreicht werden kann.

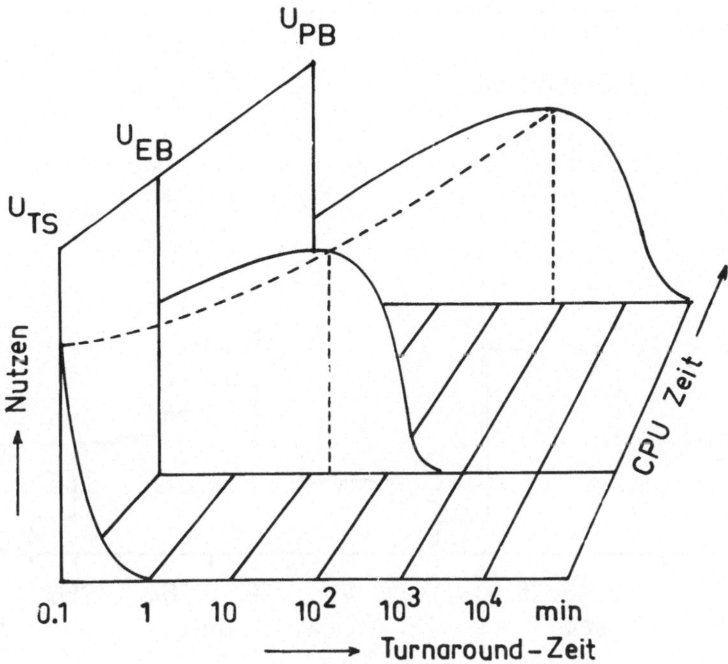

Abb. 3 Nutzenfunktion eines Rechnerservice in Abhängigkeit von der erzielten Turnaroundzeit für Timesharing (U_{TS}), Express-Batch (U_{EB}) und Produktions-Batch (U_{PB}).

Geht man von der Pollaczek-Khinchine-Formel (für die Turnaround-Zeit bzw. Response-Zeit T_s des Single-Server-Modells mit M/G/1-Struktur /1/) aus:

$$T_s = \tau \left[1 + (1+c^2)\,\frac{\rho}{2(1-\rho)}\right]$$

mit $c^2 = \sigma^2/\tau^2$

τ = mittlere Servicezeit,

σ^2 = Varianz der Servicezeit-Verteilung,

$\rho = \lambda\tau$,

λ = mittlere Ankunftsrate der Anforderungen

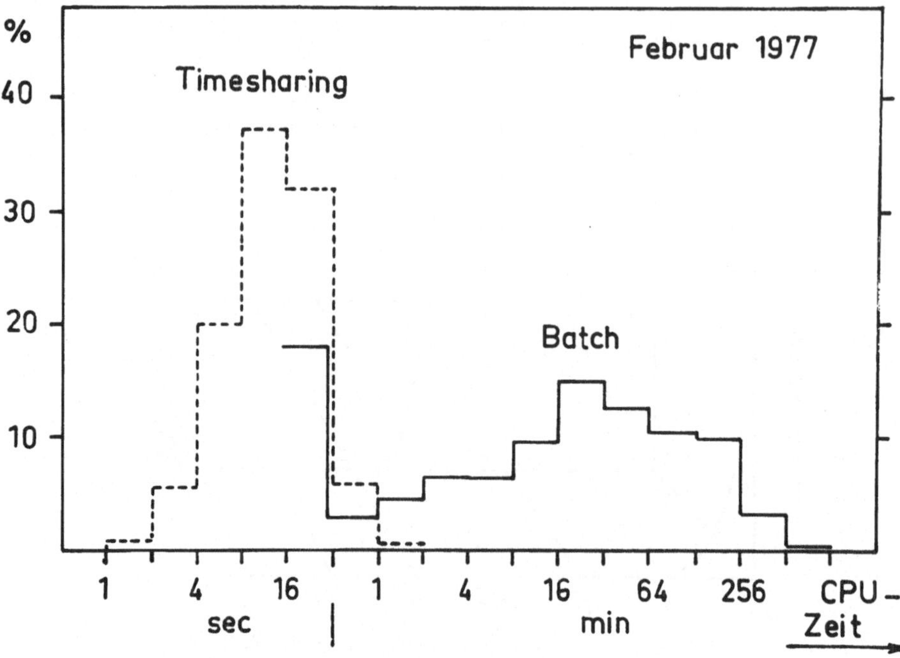

Abb. 4 Profil der Serviceverteilung auf Timesharing-Tasks und Batch-Jobs mit unterschiedlichen CPU-Zeit Anforderungen. (100 % ist die gesamte "verbrauchte" CPU-Zeit jeweils für Timesharing und Batch).

so liegt aufgrund der Abhängigkeit von σ als einem Maß für die Heterogenität die Lösung - selbst bei Berücksichtigung der durch die Wirklichkeit der Betriebssysteme bestimmten Einschränkungen und einer möglichen Gültigkeit von "Grosch's Law" - in der grundsätzlichen Separation heterogener Anforderungen durch die Ausgewogenheit verteilter Rechnersysteme. In der Pollaczek-Khinchine-Formel liegt wesentlich die Erklärung für das Grundübel schlechter Leistungsfähigkeit des 'Single-Server' für die gleichzeitige Erfüllung von Batch- und Timesharing-Aufgaben.

3 Benutzerproduktivität als Strukturkriterium

Analysen und Prognosen der Leistungs- und Kostenentwicklung in der Datenverarbeitung /5,6/ haben in den letzten Jahren mit immer größerem Nachdruck auf das wachsende Ungleichgewicht zwischen der Hardware-Preisleistung einerseits und der Software-Performance und der Produktivität in der Datenverarbeitung andererseits hingewiesen. Angesichts des ständig steigenden Software- und damit Personalkostenanteils an den Aufwendungen für die komplexer werdenden Computersysteme (und die Forschung und Entwicklung insgesamt) muß deshalb den Konzepten, Strukturen und Maßnahmen zur Steigerung der Produktivität des Einzelnen ganz entscheidende Bedeutung beigemessen werden.

Produktivität und Produktivitätssteigerung als Strukturkriterium für die Datenverarbeitung in der Großforschung führt - trotz oft historisch begründeten sachlichen Vorbehalten und entgegen nicht selten durch Verhaltensweisen von Benutzern ("compulsive programmer" /7/) motivierten Vorurteilen - uneingeschränkt zum Prinzip der Interaktivität mit der Ausgewogenheit zwischen der Leistungsfähigkeit von Stapelverarbeitungs- und Timesharing-Funktionen auf verteilten Rechnersystemen. Denn Interaktivität muß nachgerade als ein Grundprinzip wissenschaftlichen Forschens angesehen werden, da ja die Suche nach Problemlösungen, das Erproben, Verwerfen, Neusuchen und Weiterentwickeln von Methoden in der intensiven Wechselwirkung des Wissenschaftlers mit seiner Forschungsmaterie Charakteristika wissenschaftlichen Arbeitens sind.

Geht man von dem Wechselspiel zwischen Rechenzentrum und Benutzerumgebung aus, wie es modellmäßig von Streeter /8/ diskutiert wird, so ist die bei der Computernutzung erzielbare individuelle Produktivität über die (Personal-)Kosten pro Job bestimmt durch die job- und rechnerabhängige Turnaround-Zeit T_s und durch die Beziehung von T_s zu der Zeit T_r, die der Benutzer benötigt, um außerhalb des Computers Anwendungen aufzubereiten, Jobs vorzubereiten und Computerergebnisse zu verarbeiten. Dabei ist wesentlich, in welchem Ausmaße ein Benutzer in der Lage ist, sich in den Wartezeiten (T_s) anderen Teilbereichen seiner Aufgaben in Parallelarbeit zuzuwenden (vgl. /8/, Fig. 6 u. Fig. 7). Bezeichnet man diesen "Multiprogramming-Grad" des Benutzers mit $N_u \geq 1$, so ist die Produktivität solange maximal, wie $T_s \leq (N_u-1)T_r$. Ist die Turnaround-Zeit größer als diese Grenze, so sinkt die Produktivität wegen der ungenutzten Wartezeit, d.h. die Kosten pro Job steigen linear mit T_s an.

Beim Entwurf und bei der praktischen Realisierung von Datenverarbeitungssystemen, die den Arbeitsmethoden in Forschung und Entwicklung angemessen sind und deren Serviceanforderungen genügen können, stellt sich deshalb auch die Frage, inwieweit der Computer-

Anwender mehrere wissenschaftlich-technische Aufgabenstellungen gleichzeitig zu behandeln in der Lage ist. Man kann hier vermuten, daß aufgrund der Methodik naturwissenschaftlicher Forschung und der Art der Forschungs- und Entwicklungsvorhaben sowie auch der fachlichen Ausbildung und Qualifikation eines erheblichen Teiles der Benutzer der "Multiprogramming-Grad" oder die Parallelität /8/ als a priori relativ hoch angesetzt werden darf. Man muß jedoch - nicht nur in der Großforschung - davon ausgehen, daß diese Fähigkeit zur Parallelität durch Aus- und Weiterbildung in Datenverarbeitung erst dann verbessert werden kann, wenn mit den Computersystemen selbst diejenigen Hilfsmittel bereitgestellt werden, welche die individuelle Flexibilität in der Arbeit mit dem Computer quantitativ und qualitativ unterstützen. Zu dieser Kategorie muß wesentlich der interaktive Zugriff zum Rechner und seinen Ressourcen gezählt werden. Leistungsfähige Timesharing-Systeme mit komfortablen Kommandosprachen, Editoren und interaktiven Compilern sowie große Massenspeicher für die kurz-, mittel- und langfristige Dateilagerung mit angemessenem Zugriffsaufwand sind zusammen mit der gleichzeitigen Verfügbarkeit großer Rechnerleistung für die Stapelverarbeitung über Rechnerkopplungen die notwendigen Voraussetzungen für Wachstum in der Produktivität der Benutzer in der Großforschung /9/.

Bezogen auf das Streetersche Modell /8/ kann eine entscheidende Produktivitätssteigerung dann erzielt werden, wenn nicht nur durch quantitative Erweiterung der Computerleistung die Turnaround-Zeit T_s für die Stapelverarbeitung reduziert wird, sondern in einer qualitativen Erweiterung der Datenverarbeitungsstruktur die Zeitspanne T_r für die bis dahin außerhalb des Rechners anfallenden Arbeiten herabgesetzt werden kann, wobei die mögliche Anhebung des "Multiprogramming-Grades" des Benutzers sich zusätzlich positiv auswirkt.

Auf der Grundlage dieser Überlegungen muß ein gekoppeltes System aus leistungsstarker Stapelverarbeitung und komfortablem Timesharing-System auf verteilten Rechnern als die für die Datenverarbeitung in der Großforschung optimale Struktur bewertet werden.

4 Großrechner-Konfiguration und JOKER-Netz

Um den in Kap. 1 dargelegten heterogenen Anforderungen aus Forschung und Entwicklung an die zentrale Datenverarbeitung in der Kernforschungsanlage Jülich mit einer angemessenen leistungsfähigen und hinsichtlich auch kurzfristiger Entwicklungssprünge reaktionsfähigen Struktur entsprechen zu können, wurde eine Konzeption verwirklicht, die den in Kap. 2 und 3 erläuterten Kriterien und Entwürfen Rechnung trägt und in wirtschaftlicher Hinsicht den Randbedingungen genügt.

Die Grundstruktur ist die Kopplung einer leistungsfähigen Großrechenanlage für die Batch-Datenverarbeitung mit einem Großrechner für Timesharing- und Online-Aufgaben. Diese Struktur ergibt sich in der Folge der Überlegungen zur Steigerung der individuellen Produktivität in der Datenverarbeitung der Großforschung durch die Erweiterung des von Streeter behandelten Systems aus Batch-Rechner und Benutzerumgebung (vgl. /8/, Fig. 1) auf ein Warteschlangennetzwerk aus Batch-System, Timesharing-Rechner und Benutzern, denen jetzt die Wechselwirkung mit der Batch-Anlage vom Timesharing-Rechner aus ohne eigentliche Unterbrechung ihrer interaktiven Arbeit im Timesharing-System möglich ist. Dieses Konzept ist in Abb. 5 schematisch dargestellt.

Über die Ausgewogenheit von Batch- und Timesharing-Funktionen hinaus wurde mit dem Entwurf und der Realisierung des Online-Kopplungssystems JOKER /10/, das den Anschluß von Prozeß- und Experimentrechnern über schnelle und langsame Übertragungsleitungen an den zentralen Timesharing-Rechner erlaubt, der Komplex der Realzeitanforderungen in die logischen Ebenen der zentralen Datenverarbeitungsstruktur integriert. Dem Experimentator steht über seinen Prozeßrechner einerseits und über die Terminalperipherie andererseits der gesamte Komfort des Timesharing-Systems für interaktive Programmentwicklung und Datenauswertung und über die Großrechnerkopplung die Leistungsfähigkeit der Batch-Anlage zur Verfügung. Dadurch wird die neue Qualität interaktiven Experimentierens Wirklichkeit /11/.

Über das JOKER-Netz sind derzeit 30 der insgesamt mehr als 130 Experiment- und Prozeßrechner der KFA mit den Großrechenanlagen verbunden. Das JOKER-System wurde 1972 realisiert; es hat damit im Vergleich zu ähnlich motivierten Prozeßrechnernetzen in der Forschung neben der leistungsfähigen Konzeption noch den Vorteil des zeitlichen Vorsprungs.

Die Baumstruktur des Systems gestattet die flexible Anpassung des JOKER-Netzes an neue und wachsende Anforderungen aus den geographisch über die Kernforschungsanlage Jülich verteilten Bereichen experimenteller Forschung.

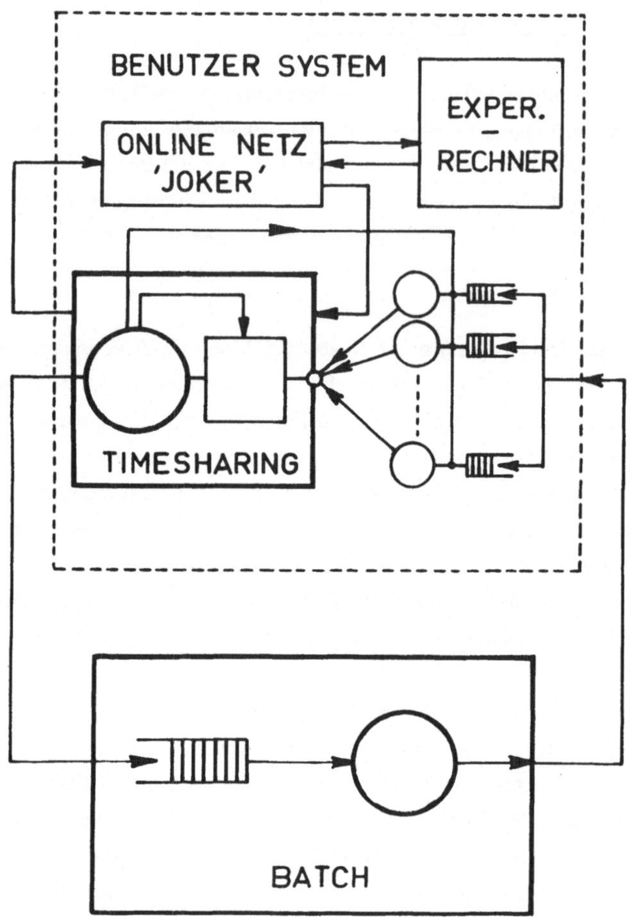

Abb. 5 Schema der Systemstruktur

Das Zentralinstitut für Angewandte Mathematik der KFA betreibt derzeit in seinem Rechenzentrum zwei Anlagen IBM/370-168, die über eine CTC-Kopplung miteinander wechselwirken. Die Großrechnerkonfiguration mit ihrer leistungsfähigen Peripherie von Trommeln, Platten, Bändern, Terminals, Mikrofilm-Plotter (Calcomp), usw. ist in Abb. 6 dargestellt.

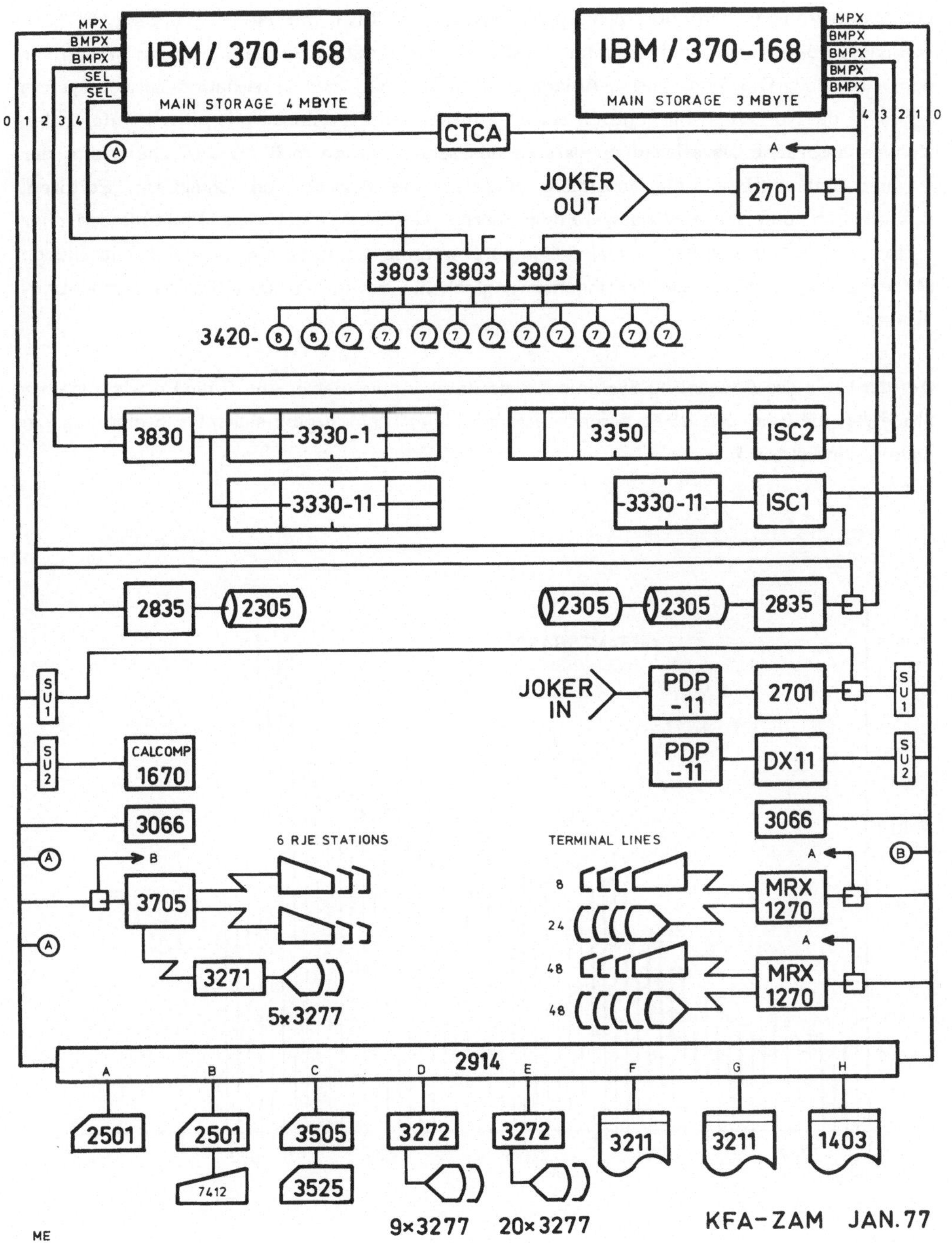

Abb. 6 Hardware-Konfiguration des Großrechnersystems der KFA

Die Batch-Anlage wird unter dem Betriebssystem OS/MVT mit HASP gefahren; die Umstellungsvorbereitungen auf das Mainline-System MVS mit JES2 als Subsystem stehen vor dem Abschluß. Die Timesharing-Anlage läuft unter dem IBM-Timesharing-Betriebssystem TSS/370, das vor allem hinsichtlich seiner interaktiven Funktionen mit einer komfortablen Kommandosprache als sehr leistungsfähig angesehen werden muß /12-14/. Die Breite der Anwendungen verlangt ein sorgfältig abgestimmtes Angebot an Compilern, Editoren, Bibliotheken und Anwendungssystemen, deren Auflistung sich aus Platzgründen hier verbietet. Die Nutzung der zentralen Computersysteme regeln ein im Rahmen der jährlichen Mittelplanung ansetzendes Kontingentierungsschema sowie ein detailliertes Accounting-System.

Auf der Basis des Accounting-Systems für die Batch-Anlage ist in Abb. 7 die Entwicklung der Stapelverarbeitung seit 1973 dargestellt; gegenüber 1973 ergibt sich eine Steigerung um nahezu den Faktor 3.

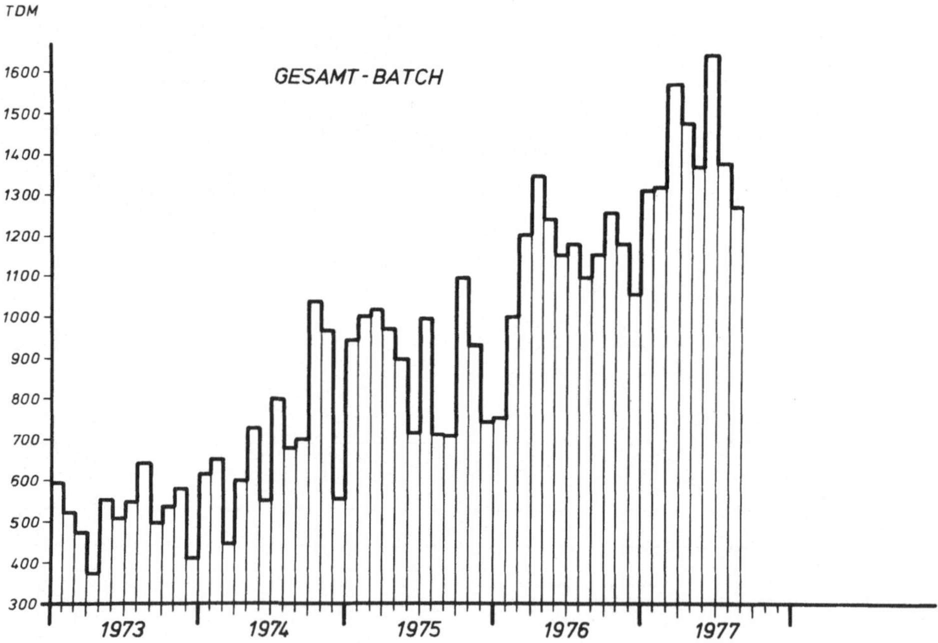

Abb. 7 Entwicklung der Batch-Gesamtnutzung seit 1973

Zur Illustration der Nutzung interaktiver Funktionen seien statistische Daten der letzten Jahre für die beiden Institutionen der Kernforschungsanlage Jülich angeführt, die mit jeweils ca. 20 % den Hauptanteil an der Rechnernutzung (vgl. Tabelle) haben. Dabei ist das Institut für Reaktorentwicklung (IRE; 2 Teilinstitute) mit dem Hochtemperatur-Programm dem technologischen Bereich, das Institut für Festkörperforschung (IFF; Department mit 10 Teilinstituten und Infrastruktur) mehr der Grundlagenforschung zuzurechnen.

Tabelle:

Nutzung der Großrechenanlagen in 1976

Hochtemperaturreaktor u. Energietechnologie (IRE, u.a.)	21 %
Festkörperforschung (IFF)	20 %
Kernphysik (IKP)	13 %
Fusionstechnologie u. Plasmaphysik	7 %
Übrige Forschungsgebiete	22 %
DV-Systeme, Informatik und Mathematik (ZAM)	8 %
Planung u. Verwaltung	3 %
Externe	6 %

Abb. 8 enthält für das Institut für Reaktorentwicklung (IRE) und für das Institut für Festkörperforschung (IFF) die Anzahl der Jobs (Batch) bzw. der Logons (Timesharing) pro Monat. Während für die Festkörperforschung eine sehr früh einsetzende Parallelentwicklung zwischen den Batch- und den Timesharing-Arbeiten festzustellen ist, sind im Bereich der Reaktorentwicklung erst mit Beginn des Jahres 1976 die Nutzung der Batch-Anlage und des Timesharing-Systems stark korreliert. Dabei ist der überdurchschnittlich steile Anstieg der interaktiven Arbeiten bei IRE insbesondere im Hinblick auf die traditionell batch-orientierte Rechnernutzung dieses Bereiches mehr als bemerkenswert. Diese Daten zeigen, daß Interaktivität als wesentliches Prinzip wissenschaftlicher Datenverarbeitung von den Benutzern in der Großforschung der KFA akzeptiert ist und in die Arbeitsmethodik integriert wurde.

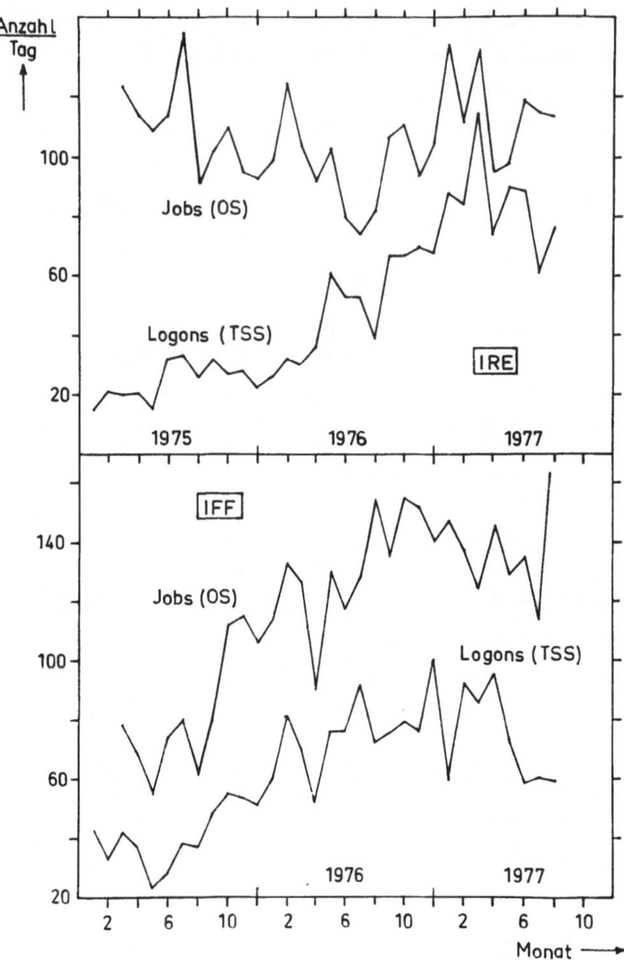

Abb. 8 Entwicklung der Stapelverarbeitung (Jobs/Tag) und der Timesharing-Benutzung (Logons/Tag) für die Institute Reaktorentwicklung (IRE) und Festkörperforschung (IFF)

Abb. 9 schließlich gibt mit den von der Timesharing-Seite aus in das Batch-System submittierten Jobs und mit den von der Batch-Anlage zum Timesharing-System zurückgeschickten Output-Daten Aufschluß über den positiven Effekt der in der Systemstruktur realisierten Wechselwirkung zwischen Timesharing-System und Stapelverarbeitungsanlage.

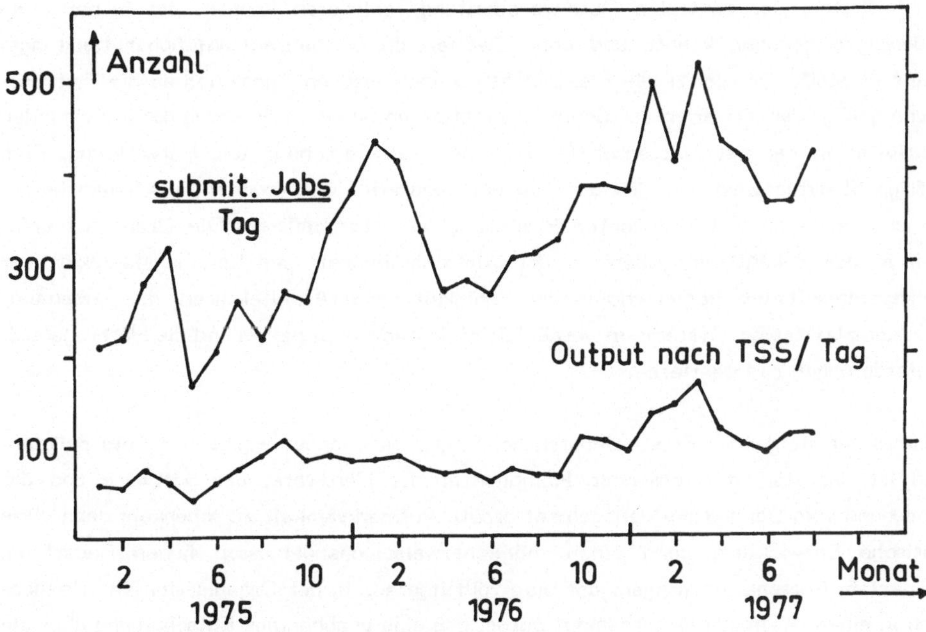

Abb. 9 Entwicklung der Anzahl der Jobs, die vom Timesharing- zum Batch-System submittiert wurden, sowie der Anzahl der zum TSS zurückgeschickten Job-Ausgaben.

5 Schlußbemerkungen

Mit der hier vorgelegten Struktur hat das Zentralinstitut für Angewandte Mathematik in der KFA ein System der zentralen Datenverarbeitung realisieren können, das bisher allen Anforderungen genügen konnte und ohne Zweifel ein Rechenzentrum hoher Leistungsfähigkeit darstellt. Es besitzt die Flexibilität der dynamischen Anpassung an die Erfordernisse und genügt den Kriterien der Benutzerorientierung und der Förderung der individuellen Produktivität in der naturwissenschaftlich-technischen Forschung und Entwicklung. Eine zukünftige Struktur wird das Grundprinzip der Separation heterogener Funktionen beibehalten und im Sinne von 'Distributed Processing' ausbauen müssen. Die Grenzen hierfür dürften in der Zukunft vor allem in der Wirtschaftlichkeit und Leistungsfähigkeit der Betriebssystemsoftware liegen und in der Fähigkeit neuer Architekturen, die personalintensive Komplexität der Systeme in vernünftigen Schranken zu halten und die Heterogenität der Anforderungen zu integrieren.

Angesichts der steigenden Personalkosten bei insgesamt knapper werdenden Personalkapazitäten ist der ständig wachsenden Komplexität der Hardware, der Software und der Anwendungen vom Computing-Management größte Aufmerksamkeit zu schenken; denn diese dramatische Entwicklung kann einen möglicherweise unangemessen hohen Bedarf an qualifiziertem Personal erzwingen, der die Freiheitsgrade in der Organisation von Rechenzentren in einem Ausmaße einschränken würde, daß eine unabhängige Entscheidung über die den Anforderungen angepaßte optimale Struktur und Kapazität auf der Grundlage objektiver Leistungskriterien nicht länger möglich wäre.

Literatur:

/1/ Kleinrock, L., Queueing Systems, Vol. I/II,
J. Wiley & Sons, New York, 1975/76

/2/ Streeter, D.N., Informationstagung Datenverarbeitung in der Forschung, KFA Jülich, Jül-Conf-7 (1972), 181; IBM Syst. J. 11 (1972), No. 3, 219

/3/ Streeter, D.N., The Scientific Process and the Computer,
J. Wiley & Sons, New York, 1974

/4/ Gottinger, H.W., Grundlagen der Entscheidungstheorie,
UTB 370, G. Fischer Verlag, Stuttgart, 1974

/5/ Obelode, G., Angewandte Informatik 1/1975, 1

/6/ Dolotta, T.A. et al., Data Processing in 1980-1985 - A Study of Potential Limitations to Progress,
J. Wiley & Sons, New York, 1976; SILT Report, SSD No. 249, Oct. 1974, SHARE Inc., New York

/7/ Weizenbaum, J., Computer Power and Human Reason,
W.H. Freeman & Co., San Francisco, 1976

/8/ Streeter, D.N., Proc. SEAS Anniversary Meeting 1975, Sept. 8-12, Dublin;
IBM Syst. J. 14 (1975), No. 3, 292

/9/ Doherty, W.J., Proc. SEAS Anniversary Meeting 1977, Sept. 19-23, Cambridge/England

/10/ Conrads, D., Moritz, H.E. und Mühlstroh, R., JOKER - Ein System zur Kopplung von Experimentrechnern verschiedener Fabrikate mit einem zentralen Timesharingrechner, Kernforschungsanlage Jülich, Jül-1004-MA, Oktober 1973

/11/ Hoßfeld, F., Entscheidungstheoretische Aspekte physikalischen Experimentierens, Kernforschungsanlage Jülich, Jül-930-FF, März 1973

/12/ Erwin, D., A Functional Comparison of IBM Timesharing Systems,
Kernforschungsanlage Jülich, Jül-1364, Dezember 1976

/13/ Alexander, R., Mertens, B., and Rumler, R.D., A Timesharing Benchmark on an IBM/370-168,
Kernforschungsanlage Jülich, Jül-1280, März 1976

/14/ Mertens, B., and Alexander, R., Performance Comparisons Between the Operating Systems MVS and TSS,
Kernforschungsanlage Jülich, Jül-1397, Februar 1973

AUFGABEN UND ORGANISATION DES RECHENZENTRUMS IN DER INDUSTRIELLEN FORSCHUNG

K. Pasedach
Philips GmbH Forschungslaboratorium Hamburg, 2000 Hamburg 54

1 Einführung

Am Beispiel des Forschungslaboratoriums Hamburg der Philips GmbH werden Aufgaben und Organisation eines Rechenzentrums in der industriellen Forschung dargestellt.

Allgemeine Aufgabenstellung des Rechenzentrums in einem industriellen Forschungslaboratorium ist es, für die Forschungsvorhaben Rechnerkapazität in der erforderlichen Qualität und Quantität zur Verfügung zu stellen, und zwar sowohl in Form von Hardware als auch in Form von Software. Daneben muß das Rechenzentrum durch sein EDV-Know-How die Forschungsvorhaben bei ihren Rechneranwendungen intensiv unterstützen.

2 Profil der Computer-Benutzung

Wichtig ist es, sich die unterschiedlichen Arten des Computereinsatzes in der industriellen Forschung zu vergegenwärtigen: zum ersten die Informatik-Forschung, wo der Computer selbst Gegenstand der Forschung ist, dann die Software-Pakete, wo umfangreiche Programme von EDV-Experten geschrieben und hinterher von ganz anderen Leuten verwendet werden, als drittes die Echtzeit-Anwendungen für Meß- und Steuerungsprobleme, bei denen es entscheidend auf die schnelle Interaktion ankommt, und schließlich den gelegentlichen Computereinsatz.

Diese letzte Art prägt in besonderer Weise die Arbeit des Rechenzentrums in der industriellen Forschung. Hier ist der Rechner ein Werkzeug unter anderen, um das Projektziel zu erreichen. Physiker, Ingenieure, Chemiker usw. setzen dabei den Rechner für manchmal sehr kurzlebige Programme ein, mit denen beispielsweise Hilfsrechnungen durchgeführt oder theoretische Ansätze rechnerisch untermauert werden.

Dieses Nutzungsprofil der Rechner in der industriellen Forschung hat eine sehr bedeutsame Konsequenz. Von den drei Hauptphasen: Entwicklung, Einsatz, Änderung, die man im Leben eines Computer-Programms unterscheidet, kommt der ersten und letzten die weitaus größte Bedeutung zu. Die Effizienz dieser Phasen wird wesentlich durch die erforderliche Manpower und ihre Zeitdauer bestimmt. In den meisten Bereichen außerhalb der Forschung, z.B. im kommerziellen Bereich, ist die Einsatz-Phase des Computerprogramms die entscheidende und ihre Effizienz wird durch ganz andere Größen bestimmt, vor allem die Rechenzeit und den Speicherbedarf.

Der Anwendungsbereich der Benutzer-Software ist sehr weit gespannt. Er umfaßt große Gebiete der Physik, der Ingenieurwissenschaften und der Chemie. Im einzelnen befassen sich dabei die Benutzerprogramme mit Meßwertverarbeitung, optischen Systemen, Magnetfeldern, kontinuierlicher und diskreter Simulation, mit Mechanik, Signalanalyse, Röntgensystemen, Problemen der parallelen Datenverarbeitung und vielen anderen Gebieten.

Um dieses breite Anwendungsspektrum zu unterstützen, muß auch das Rechenzentrum über ein umfangreiches Angebot an Standard-Software verfügen. Dazu gehört einerseits die anwendungsunabhängige Software, z.B. ein gutes Text-Editing-System für die Programmentwicklung, Program-Checkout zum Run-Time-Testen, ein Makroprozessor, die Compiler für Fortran, Algol und Cobol sowie zahlreiche Dienstprogramme. Andererseits ist eine komfortable Programmbibliothek von anwendungsorientierter Software nötig, die von vielen Benutzern eingesetzt werden kann: hierzu zählt die mathematische Programmbibliothek, graphische Software für Plotter und Displays und Software-Tools zur Unterstützung der Programmentwicklung.

3 Rechnersysteme und ihre Auslastung

Im folgenden soll nun erläutert werden, welche Rechnersysteme für die genannten Anwendungen eingesetzt werden. Als General-Purpose-Computer werden zwei 32-bit Rechner Philips P1400 mit 128 bzw. 256 K bytes Kernspeicher und je 2M bytes Masscore im Time-sharing-System MDS betrieben. Ihre Peripherie enthält ein Terminal-Netzwerk mit 24 alphanumerischen Displays, 3 Terminaldruckern und z.Z. 1 Minicomputer P855 als Satellit. Diese General-Purpose-Computer werden im Closed-Shop-Betrieb eingesetzt.

Außerdem stehen für bestimmte Projekte, die eine spezialisierte Peripherie benötigen, kleinere Special-Purpose-Computer zur Verfügung, die im Open-Shop-Mode betrieben werden: 2 Rechner Philips P880 mit je 64 K 16-bit-Wörtern Kernspeicher, einer davon mit Bildverarbeitungsperipherie, der andere mit interaktivem graphischem Display und Peripherie zur Verarbeitung akustischer Signale; außerdem eine CD 1700 mit 32K 16-bit-Wörtern Kernspeicher und einem interaktiven graphischen Display, das für computer aided mechanics eingesetzt wird. Schließlich gibt es noch mehrere Minicomputer in verschiedenen Projekten.

Wesentliches Hilfsmittel für das Rechenzentrum ist ein komfortables System von Auswertungsprogrammen. Mit ihnen werden z.B. CPU-Stunden, Kilobyte-Stunden und belegte Zylinder auf den ständig montierten Public-Platten projektweise erfaßt; außerdem wird die Gesamtauslastung hinsichtlich dieser Größen festgestellt, Anzahl und Dauer der verschiedenen Job-Arten, Benutzungshäufigkeit der Standard-Software sowie Belegungs- und Antwortzeiten der Terminals.

Diese Auswertungsprogramme erlauben den ständigen Überblick über die Nutzung der Computer. Bei den beiden General-Purpose-Computern P1400 war die Situation für das Jahr 1976 folgende: Für die 150 Benutzer wurden 65 000 Jobs abgearbeitet, davon 58% im Foreground. Dabei waren in den normalen Arbeitsstunden durchschnittlich 8 Terminals (also ein Drittel von allen) aktiv und die Antwortzeit bei trivialen Aktionen betrug zu 85% weniger als 1 Sekunde und zu 98% weniger als 10 Sekunden. Als Programmiersprachen wurden zu 67% Fortran, zu 27% Algol, zu 5% Cobol und zu 1% Assembler verwendet.

Da sich die Rechnerauslastung mit den Auswertungsprogrammen gut überwachen läßt, kann sehr schnell auf Bedarfsveränderungen reagiert werden, z.B. durch Verlegung ganzer Projekte von der einen auf die andere P1400 oder durch Umschalten einer Platteneinheit von der einen zur anderen P1400 oder durch veränderte Verteilung der Terminals auf die verschiedenen Projekte. Auch für die Bedarfsplanung der Forschungsprojekte bieten die Auswertungsprogramme die notwendige Rückkopplung und haben zu einer größeren Genauigkeit der jährlich stattfindenden Kapazitätsplanung der Forschungsprojekte geführt, auf der die Planung des Rechenzentrums dann aufbaut. Dennoch ist nicht zu verkennen, daß bei der Rechnerkapazität auch das Angebot den Bedarf beeinflußt, und zwar sowohl in positiver als auch negativer Weise.

4 Aufgaben des Rechenzentrums

Die Organisation des Rechenzentrums ist seiner Aufgabenstellung im Forschungslaboratorium angepaßt; die neunzehn Mitarbeiter verteilen sich auf drei Bereiche. Der erste von ihnen ist der Bereich "Rechnerbetrieb" mit 7 Mitarbeitern, der das Operating, die Arbeitsvorbereitung und das Erstellen bzw. die Verteilung der Benutzer-Manuals umfaßt. Der zweite Bereich heißt "Hardware und Betriebssoftware" und hat 5 Mitarbeiter; er ist zuständig für einen Teil der Wartung und sonstige Hardwarearbeiten, für Anpassung, Erweiterung und Pflege der Betriebssoftware (also Betriebssysteme, Compiler und Dienstprogramme). Der dritte Bereich mit 6 Mitarbeitern heißt "Rechneranwendungen"; seine Arbeitsbereiche sind die Anwendungssoftware und die Mathematik und er ist verantwortlich für die Benutzer-Unterstützung, für die Benutzer-Schulung, die Programmbibliothek und die EDV-Standards.

Angesichts der Situation, daß es in den Forschungsprojekten viele Gelegenheitsprogrammierer gibt und EDV-Profis weitgehend im Rechenzentrum konzentriert sind, kommt der Benutzer-Unterstützung eine sehr wichtige Rolle zu; sie reicht von der ad-hoc-Beratung bei den täglichen Problemen bis zur längerfristigen intensiven Unterstützung bestimmter Projekte. Dabei umfaßt sie die Gebiete der Programmiersprachen, Nutzung der Möglichkeiten der Betriebssysteme, Einsatz der Standard-Software, Software-Technologie und Mathematik.

Eng mit der Beratung verknüpft ist die Benutzer-Schulung, zu der einerseits länger geplante Kurse, andererseits auch kleinere, kurzfristig angesetzte ad-hoc-Kurse gehören. Alle Schulungsmaßnahmen umfassen einen intensiven Praktikumsteil, der mindestens 50% ausmacht. Themen der Kurse sind die Programmiersprachen (insbesondere Fortran), die optimale Nutzung der Betriebssysteme, das Filehandling, das Arbeiten am Terminal und die Programmbibliothek.

Auch hinsichtlich der Erprobung und Einführung von Standards in den Software-Aktivitäten hat das Rechenzentrum in der industriellen Forschung eine Schlüsselrolle zu übernehmen: Dabei geht es hauptsächlich um die Standards bei den Programmiersprachen, um eine Standardisierung der Programmierung selbst, um eine Normung der Programmdokumentation und um den Einsatz einer konzernweit standardisierten mathematischen Programmbibliothek (im Falle von Philips ist das die NAG-Bibliothek der Numerical Algorithm Group aus Großbritannien).

5 Ausblick

Zum Abschluß soll noch kurz auf zwei Punkte eingegangen werden. Der eine ist die spezielle Situation bei der Software-Verantwortung in der industriellen Forschung. Das Rechenzentrum trägt nur die Verantwortung für diejenige Software, die für den allgemeinen Gebrauch interessant ist und daher auch allgemein zur Verfügung gestellt wird. Trotz intensiver Unterstützung durch das Rechenzentrum muß dagegen der einzelne Benutzer stets selbst für seine Programme verantwortlich bleiben, weil nur so die notwendigerweise enge Beziehung zwischen dem Forschungsprojekt und seinen Computer-Programmen vernünftig realisiert werden kann.

Schließlich soll noch der sich für die Zukunft abzeichnende Trend der Dezentralisierung angesprochen werden; schon jetzt beginnen einzelne Projekte für spezielle Probleme mit spezieller Hardware Minicomputer einzusetzen, von denen viele eine Satelliten-Verbindung zum Großrechner benötigen. Aufgabe des Rechenzentrums wird es daher in Zukunft auch sein, zum einen sinnvolle Netze solcher Minicomputer am Großrechner aufzubauen, zum anderen für eine gute Aufgabenteilung zwischen Groß- und Minicomputer zu sorgen und schließlich, auch für diese Minicomputer die erforderliche Standardsoftware und die Projektunterstützung hinsichtlich EDV zu liefern.

RECHENZENTRUMSORGANISATION UND ANWENDER

Teilnehmerbetrieb in drei Schichten

E. Grund, Siemens AG

1 Das Auslastungsproblem

Teilnehmerrechensysteme sind seit ca. 10 Jahren auf dem Markt. Dieser Zeitraum ist für den deutschen Markt etwas kleiner, trotzdem ist auch hier das Zauberwort "Time-Sharing" längst entzaubert. Der Teilnehmerbetrieb ist für die Rechenzentren zur Routine geworden. Einige Rechenzentren haben jedoch die Einführung des Teilnehmerbetriebes nicht überstanden. Es stellte sich bald heraus, daß mit dieser neuen Betriebsart Auslastungsprobleme auftreten können. Mit den kleineren Systemen war häufig nur ein eingeschränkter Stapelbetrieb möglich. Es gab jedoch auch bald leistungsfähigere Systeme, die alle Möglichkeiten der Verarbeitung boten. Hier waren es vielleicht die Benutzer, die es noch nicht gelernt hatten, Dialog- und Stapelverarbeitung miteinander zu kombinieren. So lag der Schwerpunkt eindeutig beim Dialogverkehr, der Wettbewerb mit "rund um die Uhr" arbeitenden Rechenzentren fiel schwer.

Diese Probleme sind weitgehend überwunden. Viele Benutzer haben sich jedoch, durch die Erschließung neuer Arbeitsmethoden, so stark auf den Dialogbetrieb eingestellt, daß von der Stapelverarbeitung wenig Gebrauch gemacht wird. Das trifft besonders für den größer werdenden Kreis der "Dateibearbeiter" zu. Das Auslastungsproblem kann also heute, in Abhängigkeit von den abzuwickelnden Aufgaben, (wieder) sehr stark in Erscheinung treten.

Dieser Vortrag zeigt eine Möglichkeit zur Nutzung der nicht ausgelasteten Nachtschicht an im Teilnehmerbetrieb eingesetzten Anlagen auf. Die Problematik eines Testrechenzentrums steht hier im Vordergrund, jedoch lassen sich die hier auftretenden Probleme, mit eventuell zu verändernder Gewichtung, ohne weiteres auf andere Rechenzentren übertragen.

2. Das Lastprofil im Teilnehmerbetrieb

2.1 Teilnehmerbetrieb

Der Teilnehmerbetrieb ist, infolge des Schwerpunktes beim Dialogverkehr, stark durch das Benutzerverhalten geprägt. Über der Tageszeit dargestellt, ergibt sich ein durch zwei Spitzen gekennzeichneter Verlauf (s. Bild).
Ähnliche, durch Benutzerverhalten gekennzeichnete Kurven ermittelt die Bundespost bei der Messung der Auslastung der Telefonvermittlungsnetze.

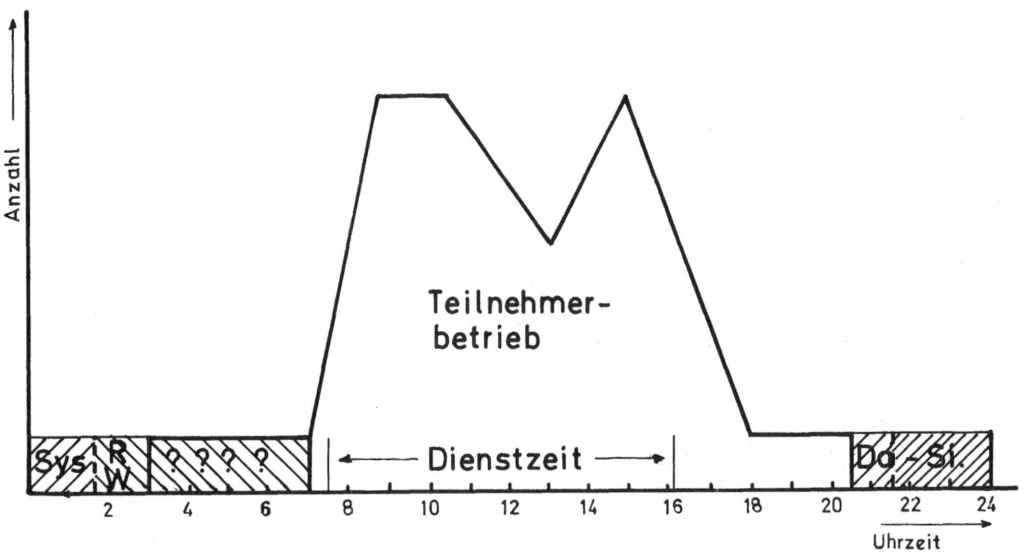

Teilnehmerbetrieb in 3 Schichten

Die Darstellung im Bild läßt folgendes erkennen:
Die reguläre Arbeitszeit der Benutzer beginnt um 7.30 Uhr und endet um 16.05 Uhr. Die starke Belastung des Systems in diesem Zeitraum läßt sich durch eine gleitende Arbeitszeit günstiger verteilen, sicher jedoch nicht über den Beginn der "Tagesschau" hinaus.
Die letzten vier Stunden sind durch eine deutlich geringere Auslastung gekennzeichnet. Während dieses Zeitraumes können die vorhandenen

Stapelaufträge abgearbeitet werden, so daß der produktive Einsatz der Anlage ca. um 20.30 Uhr endet. Das Ende der produktiven Zeit muß, abhängig von den besonderen Bedingungen eines Rechenzentrums, festgelegt werden. Es gibt eine untere Grenze bei der Anzahl der Dialogprozesse, die den Betrieb wirtschaftlich werden läßt. Dieser Wert wird, in Abhängigkeit vom Kalkulationsschema, für jede Installation gesondert ermittelt werden müssen.

2.2 Übrige Betriebsarten

Legt man einen 24-Stunden-Betrieb zugrunde, so kann zwischen folgenden Betriebsarten unterschieden werden:

7.00 - 20.30 Uhr	Teilnehmerbetrieb (13,5 h)
20.30 - 21.30 Uhr	tägliche Datensicherung
21.30 - 24.00 Uhr	wöchentliche und monatliche Sicherungen
24.00 - 1.30 Uhr	Systempflege und Test
1.30 - 2.30 Uhr	Wartung und Reinigung
2.30 - 7.00 Uhr	Zur Verfügung (4,5 h)

Da ein Betrieb mit 2,5 Schichten nur schwer zu realisieren ist (Personalprobleme), muß versucht werden, die verbleibende freie Zeit von 4,5 h zu nutzen.
Erstes Ziel bleibt dabei die effektive Abwicklung der produktiven Zeit, die nicht verlängert werden kann.
Innerhalb dieser Zeit muß folgendes erreicht werden:
. Hohe Auslastung
. Stabiler Betrieb

und daraus folgend
. Ausweitung des Teilnehmerbetriebes

Der stabile Betrieb ist der Schlüssel zu allen anderen Problemen. Nur durch eine hohe Stabilität lassen sich alle anderen Ziele erreichen. Bei Anwendungen im eigenen Haus ist die Ausweitung des Teilnehmerbetriebes besonders anzustreben, da sich dieses Werkzeug als sehr leistungsfähig für die Softwareentwicklung erwiesen hat.
Es muß ein Weg gefunden werden, um die freie Nachtzeit zur Erhöhung der Systemstabilität am Tage zu nutzen.

Bevor dieser Weg gegangen wird, sollte man jedoch das Problem der

Stabilität näher betrachten.
Dazu kann folgendes Modell herangezogen werden:

3. Erhöhung der Systemzuverlässigkeit durch vorbeugende Maßnahmen

3.1 Anzahl und Art der Systemstörungen

Aus der Annahme, daß sich alle zwei Tage ein Systemzusammenbruch ereignet, ergeben sich folgende Konsequenzen, wenn eine mittlere Anzahl von 20 Benutzern betroffen ist:
20 Benutzer verlieren an 10 Tagen je 0,5 h, was einer Summe von 100 Benutzerstunden im Monat entspricht:

20 B x 10 T x 0,5 h = 100 h

Die Ausfallzeit des Systems beträgt im Mittel 30 min. Ereignet sich darüber hinaus einmal im Monat ein Totalausfall, der eine völlige Regenerierung des Systems erforderlich macht, kann ein weiterer Rechenzeitverlust von:

20 B x 3 h = 60 h

auftreten.

3.2 Auswirkungen auf den Benutzer

Unsere Benutzer erklären, mit einem System, das mehr als einmal pro Tag ausfällt, nicht arbeiten zu können. Sie haben damit im Prinzip recht, jedoch kann durch entsprechende Arbeitsmethodik die negative Auswirkung in Grenzen gehalten werden. Bei einer mittleren Dauer der Benutzerprozesse von 60 min treten bei jedem Benutzer 15 min Nachrüstzeiten auf, d.h. bei 11 Ausfällen gehen weitere 55 Stunden im Monat verloren:

20 B x 0,25 h x 11 = 55 h

Durch Wiederholungsläufe, die mit je 30 min pro Benutzer und Systemausfall angesetzt werden, können weitere 110 h Rechenzeit in Form von Stornierungen verloren gehen:

20 B x 0,5 h x 11 = 110 h

Bei ungenügender Information der Benutzer über den Systemstatus tritt nach einem Systemstart eine Verzögerung auf, die hier unberücksichtigt bleibt.
Somit fallen insgesamt

$$100 + 60 + 55 + 110 = 325$$

Benutzerstunden im Monat aus, das sind 16 h pro Tag.
Es sei nochmals auf den Modellcharakter dieser Zahlen hingewiesen, die sich zum Teil aus den besonderen Bedingungen eines Entwicklungs- und Testrechenzentrums heraus ergeben.

Je nach Kalkulation des Rechenzentrums kann man diese Anzahl in Maschinenstunden umrechnen.

3.3 Maßnahmen

Stellen wir nun diese fiktive, gewonnene Maschinenstundenzahl den freien Nachtstunden gegenüber, so stellen wir fest, daß die Größenordnung gleich ist.
Die Stunden, die am Tag verloren gehen, stehen nachts zur Verfügung. Diese Zeit kann nicht zum Abwickeln dieser Rechenzeiten, wohl aber für vorbeugende Maßnahmen verwendet werden.
Wir wollen nach Möglichkeit eventuelle Hard- oder Softwarefehler innerhalb dieser Zeit entdecken, um damit die Störungen während des Teilnehmerbetriebes zu reduzieren. Dieses Ziel kann erreicht werden, wenn das System in diesen 4,5 Stunden mit einer Last betrieben wird, die besonders hohe Anforderungen an alle Systemkomponenten stellt. Die außerordentlich hohen Anforderungen, die am Tag während der Belastungsspitzen auftreten, müssen noch übertroffen werden.

Bei der Dimensionierung dieser Last sollte folgendes erreicht werden:

. Eine hohe Auslastung mit Belastungsschwerpunkten bei einzelnen Systemkomponenten. Z. B. CPU, Ein/Ausgabe, Datenverwaltung, Warteschlangenmechanismus usw.
  Dieses Ziel wird durch sogenannte Benchmark-Programme erreicht, die nach den verschiedenen Anforderungen zusammengestellt werden. Die Steuerung, bzw. die Koordination erfolgt über möglichst einfache Anweisungen. Auf die Einfachheit der Bedienung muß besonderer Wert gelegt werden, um einen erfolgreichen Ablauf während der Nachtstunden zu gewährleisten. Als Entwicklungsrechenzentrum ver-

fügen wir über eine reichhaltige Bibliothek von Benchmark-Programmen.

. Dialogbelastung
Da der Schwerpunkt des Betriebes am Tag beim Dialogverkehr liegt, sollte diese Betriebsart bei der künstlichen Belastung ebenfalls berücksichtigt werden.
Obwohl hier Simulationen üblich sind, bevorzugen wir einen echten Dialog. Dazu verwenden wir Benutzerstationen, die über einen Endloslochstreifen gesteuert werden. Die Dialogprozesse laufen asynchron zueinander, es werden häufig benutzte Kombinationen von Programmaufrufen und Systemkommandos gegeben. Das Entstehen von Protokollen an den Stationen kann unterdrückt werden, die Datenübertragung findet jedoch tatsächlich statt.

. Hardware Prüfprogramme (on line) sind ein weiterer Bestandteil dieser Last. Dabei werden vor allem die am Tag wenig benutzten Geräte getestet. Sogenannte Reservegeräte versagen häufig dann, wenn sie dringend benötigt werden, weil, besonders bei mechanischen Geräten, eine nur gelegentliche Benutzung nicht immer das Beste ist. Bei Plattenlaufwerken empfiehlt sich auch im Kundenbetrieb ein zyklischer Wechsel der Laufwerke, da zu System- und Benutzerdateien mit sehr unterschiedlicher Häufigkeit zugegriffen wird.

3.4 Ergebnis

Durch Anwendung dieses Verfahrens konnten wir tatsächlich die Systemstabilität verbessern. Es kommt häufig vor, daß in unserer monatlichen Berichterstattung der störungsfreie Lauf eines Systems über 21 Tage festgehalten wird.
Da Systemstörungen jedoch generell nicht vermeidbar sind, wird es sich vielleicht für das eine oder das andere Rechenzentrum lohnen, einige im Vortrag gegebene Anregungen aufzugreifen. Das gilt besonders für die Fälle, bei denen die Gesamtauslastung etwas kleiner als n Schichten ist.

DIE FUNKTION DES DATENBANK-ADMINISTRATORS IM EDV-BETRIEB

Z. Sokolovsky, Bad Nauheim

1. Einleitung

Die ersten systematischen Modellansätze im Rahmen der modernen Datenbank-Philosophie (GUIDE/SHARE, CODASYL-DBTG u.a.) führten unmittelbar zum Begriff des s.g. Datenbankverwalters (-administrators/ DBA). Darunter wurde am Anfang der siebziger Jahre eine Person bzw. eine Zentralstelle verstanden, die sich zuerst im CODASYL-Sinne mit der Festlegung und Pflege des Schemas und der Subschemen einer Datenbank befassen sollte. Da jedoch dieses Aufgabengebiet auch die Fragen der Integrität, Zuverlässigkeit, Redundanz, Sicherheit etc. umfaßt, wurde der DBA zusätzlich mit der Koordination mit anderen Benutzergruppen, mit der Steuerung des Datenbankablaufes, mit der Verantwortung für den logischen und physischen Datenbankzustand u.a. Aufgaben beauftragt. Das führte zu einer Veränderung der organisatorischen Struktur des EDV-Bereiches. Die DBA-Abteilung wurde auf die gleiche Ebene wie Programmierung, Systemanalyse, Betrieb etc. eingestuft.

Ausgehend von der historischen Entwicklung des DBA soll hier zuerst auf den Aufgabenbereich und die interne funktionale Aufteilung der DBA-Abteilung und auf die externe Eingliederung der Abteilung in die Organisationsstruktur der EDV-Abteilung eingegangen werden. Im weiteren wird sich das Interesse auf die Funktion des s.g. "Data Base Operations Supervisor" richten, d.h. auf das Teilaufgabengebiet der DBA-Abteilung, das überwiegend durch den täglichen DBS-Verarbeitungsprozeß determiniert ist.

2. Die Abteilung des Datenbankadministrators

Die Integration der Datenverarbeitungsaufgaben, begleitet durch die Entwicklung der Hardware und Software, führte zur Entstehung der Datenbanken (DB) und den Datenbanksystemen (DBS). Dabei soll hier die Datenbank als eine Menge formatierter Datenobjekte verstanden werden, die in ihrer Gesamtheit als eine interpretierte Repräsentation der formalen Beschreibung der abstrakten Informationsstrukturen eines problemorientierten Realitätsausschnittes

(s. Abb. 1) allen datenverarbeitungstechnischen Anforderungen genügt. Als Datenbanksystem soll hier das computergestützte, problembezogene, datenbankorientierte Subsystem eines betrieblichen, formal strukturierten Informationssystems postuliert werden, das sich formal mit dem Mengenpaar

$$DBS_F = (\{ H, S, DB_F, B \} , R), \text{ für}$$

$$\begin{aligned} &\text{Hardware } H &&= \{ h_1, \ldots, h_r \} , \\ &\text{Software } S &&= \{ s_1, \ldots, s_q \} , \\ &\text{Datenbank } DB_F &&= \{ DO_1, \ldots, DO_m \} , \\ &\text{Benutzer } B && \{ b_1, \ldots, b_p \} \qquad \text{und} \\ &R \subseteq H \times S \times DB_F \times B, && \end{aligned}$$

identifizieren läßt. Die Integration der datenverarbeitungstechnischen Aufgaben führte letzten Endes zur folgenden Systemarchitektur des DBS,

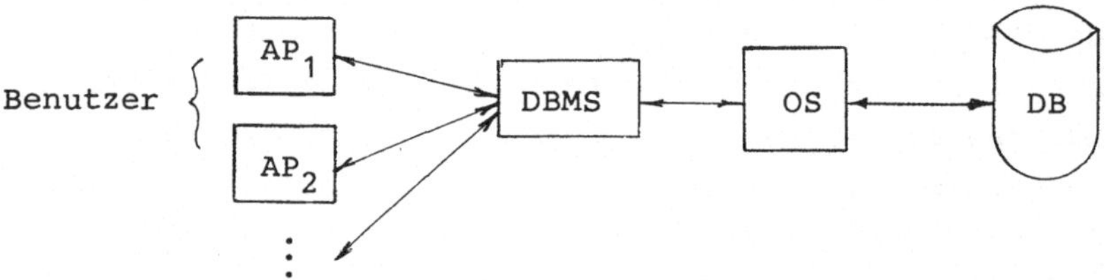

d.h.

- zur Gestaltung von DBMS (DB-Management-Systemen),
- zum zentralen Verwalten großer Datenbestände und
- zu neu formulierten Anforderungen an ein solches System.

Ein konkretes, spezielles DBS_F wird aus der allgemeinen Notierung in einem "Zuschneidungsprozeß" (Konfigurierungsprozeß) erreicht, d.h. in einem Prozeß, in welchem in Abhängigkeit von dem Aufgabensubsystem den Elementen allen vier Komponenten H, S, DB_F und B des DBS_F ganz bestimmte Relationen der Menge R zugeordnet werden, formal

$$DBS_F \Longrightarrow K(DBS_F), \text{ für}$$

Datenbanksystem-Konfiguration

$$(DBS_F) = \left[HK(DBS_F),\ SK(DBS_F), DB_F K(DBS_F),\ BK(DBS_F) \right] .$$

Zu den durch die Systemdefinition determinierten Funktionen des DBA sind

- die Kontrolle der Konfiguration und
- die Kontrolle der durch das Aufgabensubsystem bedingten Zielfunktion

zu rechnen.

Die Realisierung der Anforderungen an ein DBS, wie Integrität, Redundanzfreiheit, Zuverlässigkeit, Sicherheit, Effektivität etc. führte dann unmittelbar zum Aufgabenbereich des Datenbankadministrators (DBA), d.h. zu einem bzw. mehreren Aufgabenträgern, die sich ausschließlich mit dem neuen komplexen Objekt 'Datenbank' zu befassen haben. Durch die verwirklichten Anforderungen determinierte Funktionen des DBA lassen sich wie folgt zusammenfassen:

. Integration der DB (welchen Integrationsgrad wählen, neue Datenstrukturen (logische Verknüpfungen), andere Speicherungsstrukturen (physische Verknüpfungen), andere Datenmodelle, Überleitungsbestände etc.);
. Integrität der DB (Daten- und Regelbeschreibung für die Konsistenz und Benutzung von Datenelementen einer DB);
. Sicherheit der DB im weitesten Sinne (d.h. Zuverlässigkeit, Korrektheit (des DBMS), Sicherheitsmaßnahmen im Rahmen der Hardware, Software und Orgware, Maßnahmen des Datenschutzes (Autorisationsproblem (Identifikation, Authentifikation, Autorisation), Transformationsproblem u.a.), Rekonstruktionsmethoden, Restart und Recovery, Notmaßnahmen für alle möglichen Situationen, Vorbeugungsmaßnahmen der operationalen Integrität (parallele Prozesse, Deadlocks u.a.) usw.);
. Benutzeradäquanz (d.h.Interaktivität, Benutzerfreundlichkeit, Transparenz, Dokumentation usw.);
. Effizienz (d.h. die "sinvolle Anwendung" und wirtschaftliche Leistungsfähigkeit des DBS (Zugriffszeiten, Speicherplatzbelegung, Redundanz, Kompatibilität (nach außen, zur Vergangenheit bzw. Zukunft) Datenkomprimierung, Tuning, Daten-Migration, Simulationsmodelle, Restrukturierungsüberlegungen, Methoden der ständigen Effizienzkontrolle und -aufzeichnung etc.)).

2.1 DBA im Spiegel der DBS-Entwicklung

Die Notwendigkeit einer solchen Funktion wie der des DBA, wurde, unter verschiedener Interpretation des Begriffes DBA, als Folge immer größer werdender Daten-Verwaltungssysteme bereits anfangs der 70-iger Jahre erkannt.

CODASYL-DBTG Report (CODASYL-DBTG, 71, 22 f) verwendet den Term DBA, um zu betonen, daß es sich bei der Verwirklichung der folgenden drei Funktionen im Rahmen des DBS um menschliche Aktivitäten handelt:

. Organisationsfunktion:
  - Formulierung der Datenstrukturen im Schema unter Verwendung der Termen der DDL, wie areas, records, sets, dataitems, data-aggregations etc.,
  - Festlegung von 'select search'-Strategien für verschiedene DB-Benutzer,

- Formulierung der PRIVACY LOCKS und deren Korrespondenz zu PRIVACY KEYS,
- Gleiche Maßnahme an der Sub-Schema Ebene in Zusammenarbeit mit den AP-Programmierern;

. Monitoring Funktion:
- Verantwortlichkeit für richtige Zeitpunkte des Einsatzes, der Benutzung, der Reorganisation der DB,
- Logging,
- statistische Auswertungen;

. Reorganisationsfunktion (ausgehend aus Logging und den statistischen Auswertungen):
- andere Speichermedien;
- Austausch von Elementen bzw. Elementattributen;
- Restrukturierung (Umbau des Schemas);
- Löschung der "toten Sätze".

Der Technische Report "Feature Analysis" der CODASYL (CODASYL-Feature Analysis, 71, 441 ff) hebt vor allem die Funktionen des DBA im Bereich der DB-Benutzung hervor, die sich auf die Integrität und Sicherheit beziehen, wie z.B. Zuordnung der Schlüsselworte, Spezifizierung der Forderungen für Logging, Speicherung permanenter Programme, Speicherung und Einsatz generierter Programme, Prioritäten der Applikationen, Kontrolltechniken u.a.

Ähnlich stellt *Lyon* (*Lyon*, 76, 124 ff) fest, daß sich die Funktionen des DBA zusammenfassen lassen als

. Definition der DB,

. Formulierung und Überwachung der Funktionen, die durch die physische Existenz einer DB bedingt sind (initial load, protection, restart and recovery etc.) und

. Effektivierung der Funktionen einer DB (durch die Auswertung von Zugriffshäufigkeiten, Restartzeiten etc.).

Der Technische Report "Selection and Acquisition" der CODASYL (CODASYL-Selection and Acquisition, 76, 9 ff) betont, daß eine effektive Kontrolle einer DB nur über die Management-Funktion des DBA möglich wird. Dabei werden die Aufgaben in neun folgenden Punkten zusammengefaßt:

. Suche nach geeigneten Instrumenten für ein Benutzerproblem;

. Definition der Daten (Datenmodell, Datenstrukturen, Data Dictionary, DBMS, DDL-Formulierung, DB-Teilung für mehrere Benutzer etc.);

. Redefinition, d.h. die Modifikation der Datenstrukturen;

. Kreation der DB für künftige Anwendungen (On-line Zugriff, verteilte DB etc.);

. Datenmigrationsprobelm;

. Kontrolle der DB-Integrität (Kontrolle der Datendefinition und -beschreibung, Kontrolle der Autorisation, Zugriffsmechanismen in bezug auf Privacy und Security, operationale Integrität, konkurrente Prozesse, Deadlocks etc.);

. Qualitätskontrolle der DB;

. Aufzeichnung des DB-Tagesablaufes (Logging, statistische und wirtschaftliche Auswertungen, Sammlung von Angaben für Reorganisation, Redundanz, Zugriffshäufigkeiten etc.);

. Training des Personals (Benutzer, eigenes Personal).

Schließlich soll hier noch auf die Arbeit von *Kroenke* (*Kroenke*, 77, 362 ff) hingewiesen werden, der die Aufgaben des DBA wie folgt aufteilt:

. Management der Datenaktivitäten (Standardisierung der AP-Programme für die DB, Teilung der DB in Subschemen, Autorisationsproblem, Zugriffsprozesse, Recovery-Techniken, Informierung der Benutzer über die Fehler der Änderung, Ermittlung der richtigen Politik der Datenaktivität, Dokumentation etc.);

. Management der DB-Strukturen (Kreation und Aufrechterhaltung)/(Kontrolle der Redundanz, der Konfiguration und Dokumentation);

. Management des Datenbanksystems (Analyse und Kontrolle der Zugriffszeiten für alle DB-Funktionen und alle Funktionskombinationen, Häufigkeiten der Anwendung von DB-Funktionen);

. Kontrolle der Effizienz der DB (Tuning der DB, des DBMS, des OS in bezug auf das DBMS, Dokumentation der Leistungsfähigkeit, Wirtschaftlichkeit der Daten- bzw. Informationsgewinnung).

Auf einige andere Arbeiten soll hier verwiesen werden (*Mlynar*, 74, 293 ff; *Date*, 75, 4 ff; *Martin*, 76, 260 ff), vor allem auf die von *Katzan* durchgeführte Zusammenfassung der Funktionen eines DBA des GUIDE/SHARE-Reports (*Katzan*, 75, 13 bzw. 273) und auf die Begriffe "Enterprise-, Application- und Data-Base-Administrator" im Rahmen des ANSI/SPARC DBMS Modells (*Yormark*, 77, 3 ff; *Mairet*, 77, 35 ff).

2.2 Aufgabenbereich des DBA im DBS

Für die Formulierung der Aufgaben einer DBA-Abteilung im Rahmen eines DBS könnte man eine der folgenden Strategien zugrunde legen:

. Aufgabenformulierung aus der historischen Entwicklung des Datenmanagements (Datenverarbeitung, integrierte DV, DBS-DV);

Abb. 1 Abstraktionsprozeß der Datenmodellbildung

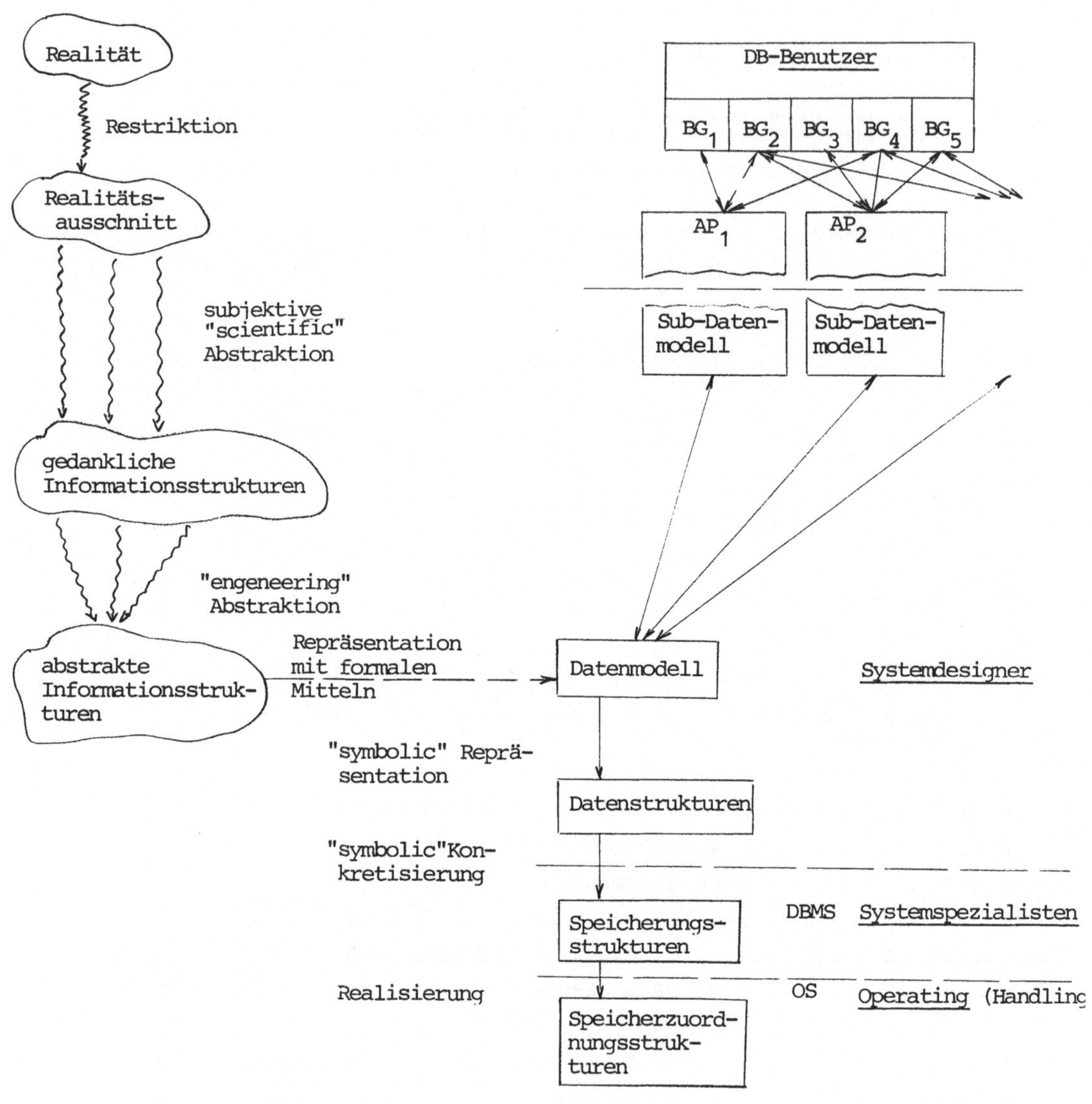

- Aufgabenformulierung aus den einzelnen Schritten der DBS-Gestaltung;
- Aufgabenformulierung aus dem Abstraktionsprozeß der DB-Gestaltung und der Realisierung der DB-Anforderungen.

Um der "modernen Datenbank-Philosophie" gerecht zu werden, soll hier die letzte Strategie verfolgt werden. Dabei wird vom folgenden Abstraktionsprozeß der DB-Bildung ausgegangen (s. Abb. 1).

Erster Schritt des Abstraktionsprozesses ist die Restriktion, die einen problemorientierten Ausschnitt der Realität definiert, der für die Entscheidungsträger von Interesse ist. Die anschließende subjektive "scientific Abstraktion" stellt einen unmittelbaren primitiven Vorstellungsprozeß dar, der die Abbildung des Realitätsausschnittes im menschlichen Gedächtnispotential charakterisiert. Der nächste Schritt, die "engeneering Abstraktion", selektiert, eliminiert, typisiert etc. die subjektbezogenen Abbildungen und überführt sie unter Reduzierung von Anfangsinformationen und unter Einführung von gewissen struturellen Formalismen in ein "objektives" abstraktes Modell des Realitätsausschnittes. Die somit gewonnenen abstrakten Informationsstrukturen lassen sich unter Anwendung formaler Mittel in Form eines Datenmodells repräsentieren. Die Formalbeschreibung der abstrakten Informationsstrukturen wird durch die "symbolic Repräsentation" in ein konkretes Gebilde überführt, das hier Datenstrukturen genannt wird. Während es sich bei der "symbolic Abstraktion" vor allem um die Spezifizierung der abstrakten Informationsobjekte, Objekttypen, Attribute, Attributtypen etc. handelt, d.h. um grundlegende Entscheidungen, was ein Objekt, eine Beziehung oder ein Attribut ist, oder ob z.B. die Beziehungen zwischen den Informationsobjekten im *Senko*'schen Sinne als "entities" (*Senko*, 73, 45 ff), im *Codd*'schen Sinne als "relations" (*Codd*, 70, 377 ff) oder anders dargestellt werden sollen, geht es bei der "symbolic" Repräsentation um weitere Formalisierung der Elemente. Es müssen u.a. in den Datenobjekten eindeutige Identifizierungs- und Spezifizierungsmerkmale definiert werden, semantische Integritätsbedingungen spezifiziert werden usw. Die "symbolic" Konkretisierung realisiert eine Speicherungsstruktur, die die physische Repräsentation der logischen Datenstruktur in einem unbegrenzten, benannten, linearen Adressraum (*Senko*, 73, 81 ff) definiert, in welchem jedes logische Datenobjekt durch die physische Darstellung seines aktuellen Inhalts repräsentiert wird. Die Realisierung bildet die Speicherungsstrukturen auf realen Speicherungsmedien als eine Speicherzuordnungsstruktur ab.

Aus dem Abstraktionsprozeß der Abb. 1 lassen sich nun einige durch den Abstraktionsprozeß determinierte Funktionen des DBA stichwortartig wie folgt formulieren:

- Mitarbeit an der Definition des Datenmodells, d.h. eine aktive Beteiligung an dem Abstraktionsprozeß, vor allem an dem Schritt "Repräsentation mit formalen Mitteln";
- Formulierung der Submodelle für AP-Programme;

- Festlegung der Datenstrukturen (Benamung der Datenelemente und -Aggregationen, Aufstellung eines Data Dictionary, Führung entsprechender Cross-Reference-Listen);
- Formulierung der Datensprache;
- Definition der DB-Funktionen;
- Definition der DB-Benutzer und der Zuordnung der DB-Funktionen zu den DB-Benutzern;
- Mitarbeit an der DBS-Architektur;
- Definition der Komponenten des DBS;
- Formulierung der Konfigurationen des DBS;

DB-Architekt

- Formulierung der Speicherstrukturen (Format der Speicherobjekte, Zugriffsmethoden, Suchstrategien u.a.);
- Einfluß auf Speicherzordnungsstrukturen (Hardware, OS);
- Formulierung der Teststrategien.

DB-Implementierer

Die bisher erwähnten Funktionen des DBA wurden entweder durch

- die <u>Systemdefinition</u> (1) des DBS, oder durch
- die <u>realisierten Anforderungen</u> (2) an ein DBS oder durch
- den <u>Abstraktionsprozeß</u> (3) der DB-Gestaltung

determiniert. An dieser Stelle sollen noch zwei Kategorien der DBA-Funktionen aufgeführt werden, und zwar solche, die durch

- die <u>Managementaufgaben</u> (4) des DBA (Ausbildung der Benutzer und des eigenen Personals, Koordinationsfunktion zu allen Stellen, die die DB-Anwendung tangieren,d.h. Koordination in bezug auf die Systemweiterentwicklung; Prüfung und Anwendung neue Techniken und Hilfsmittel bei der DB-Verwaltung; Einleitung, Überwachung und Auswertung solcher Steuerungsfunktionen, die die inhaltliche Reinheit und strukturelle Richtigkeit in bezug auf den Einsatz der zuverlässigen Hardware und Software, die richtige Dateneingabe und die Richtigkeit des Zeitpunktes des Einsatzes einer DB garantieren etc.) und durch
- den <u>Originalbetrieb</u> (5) des DBS (Teststrategien, Tuning, Data-Migration, Quasi-Cache-Techniken, DB-Distribution, Logging, Transparenz für alle Benutzergruppen, Ablaufsteuerung, Reorganisation, Umstrukturierung etc.)

determiniert sind. Betrachtet man die fünf Funktionskategorien der DB-Gestaltung an der Zeitachse, lassen sich drei Gestaltungsphasen erkennen:

- Kreationsphase (grundsätzliche Entscheidung über die DB-Verwendung, Daten-Selektion (engeneering Abstraktion), Datenstrukturen-Design (Repräsentation in einer formalen Sprache, Format, Ordnungsbegriffe), Datengewinnung (Erhebung, Erfassung), Datenverwendung, Datenverification etc.);
- Realisationsphase (Implementierung der Ergebnisse aus der Kreationsphase, Verwirklichung der Anforderungen etc.);
- Betriebsphase (DB-Erhaltung/Kontrolle und Durchführung der Datenmodifikation (Änderung, Löschen etc. von Datenelementen) und Datenstrukturmodifikation, DB-Sicherung, DB-Konfigurationskontrolle u.a.).

Unter Anwendung von Schlagwörtern läßt sich somit ein DBA als eine integrierte Gesamtheit von DB-Designer, -Implementierer, -Koordinator, -Archivar, -Kontrolleur (Definition, Implementierung und Anwendung von Kontrollmethoden), -Expeditor (vor allem in bezug auf die automatische Generierung von Programmen), -Schützer und -Manager, aber auch in Worten wie Diplomat, Konsultant, Polizist (*Martin*, 76, 263) bzw. in Worten von *Lyon* (*Lyon*, 76, 7) als ein Daten-Zar bezeichnen.

2.3 Organisatorische Gestaltung des DBA-Aufgabenbereiches

Die hier vorgenommene differenzierte Betrachtung der Funktionen eines DBA kann in folgender Organisationsstruktur verwirklicht werden[1] (s. Abb. 2). Die Aufgaben können entweder von einer DBA-Abteilung für alle DBS, oder von mehreren DBA-Abteilungen für ihr jeweiliges DBS wahrgenommen werden. Eine solche Variabilität kann je nach Bedarf (Komplexität, Schwerpunkte etc.) genauso im Rahmen der DBA-Abteilung selbst praktiziert werden (vgl. DB-Verwalter der Abb. 5).

Abb. 2 DBA-Abteilung/Funktionsorientiert

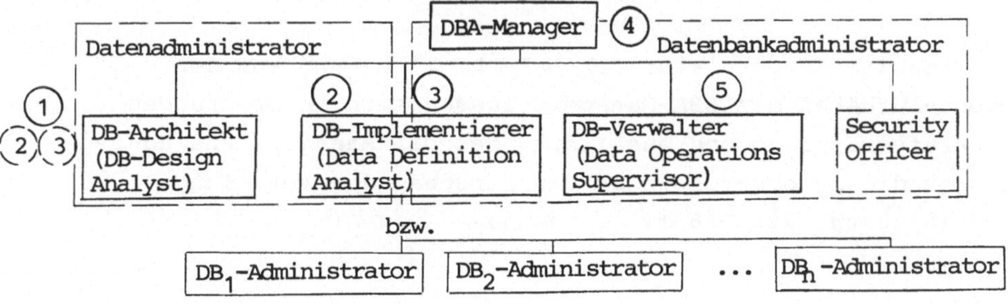

1) Die in der Abbildung angeführten englischen Begriffe stammen von *Martin* (*Martin*, 76, 265).

Dabei übernimmt der DBA-Manager die Funktionskategorie der Management-Aufgaben (4) . Der DB-Architekt konzentriert sich auf die Funktionskategorie der Systemdefinition (1) und Teile der Kategorien (2) und (3) . Dabei steht er im ständigen Kontakt mit der Systementwicklung und -Programmierung. Er muß über alle AP-Programme informiert sein. In einer Rückkoppelung steht er in Beratungsposition zu AP-Systemsplanern, -Programmierern und zu den Fachabteilungen. Er muß unrealistische Forderungen zurückweisen, Alternativvorschläge verbreiten können. Er muß bemüht sein, in bezug auf andere DBS der Unternehmung einheitliche Entwurfsmethoden, Datenstrukturen u.a. Standardisierungen erreichen. Der Systemablaufplan wie auch die Systemfunktionen müssen, von statistischen Aussagen ausgehend, unter Wirtschaftlichkeitsaspekten konzipiert werden. Der Aufgabenbereich des DB-Implementierers faßt die Funktionskategorien (2) und (3) zusammen. Die Aufgaben des DB-Verwalters sind durch den Originalbetrieb (5) des DBS determiniert. Ausgehend von der genauen Kenntnis des aktuellen Inhalts der DB steuert der DB-Verwalter die jeweiligen Abläufe, protokolliert den Betriebsablauf, überprüft durch Checkprogramme den Zustand und den Inhalt der DB, verwaltet die Testdatenbank, simuliert fehlerhafte Abläufe, druckt DB-Inhalte aus, nimmt Formatierungsläufe vor etc. Die Funktion eines Sicherheitsbeauftragten im Rahmen der DBA-Abteilung ist hier separat aufgeführt. DB-Sicherheitsbeauftragte integrieren alle Datenschutz- und Sicherungsmaßnahmen der DBA-Abteilung. Der DB-Sicherheitsbeauftragte muß alle DB-Auswertungen, incl. Statistiken, Loggprotokollen u.a. aus Sicherheitsgesichtspunkten analysieren. Er verwaltet bzw. ändert die Autorisationsvorgänge (-Routinen, -Tabellen etc.), führt periodische Sicherheitsanalysen durch u.a. Dabei ist er vor allem für die tägliche Sicherheitskontrolle des Originalablaufes zuständig.

Aus der Organisationsstruktur der DBA-Abteilung und aus den Management-Aufgaben des DBA-Managers lassen sich Anforderungen an die Berufserfahrung und Ausbildung des DBA-Managers und äquivalent dazu die Anforderungen an das Personal der Abteilung ableiten (*Uhrbach*, 72, 166 ff).

Eine andere Struktur der DBA-Abteilung könnte man bekommen, wenn man statt der Phasen der DB-Entwicklung (DB-Design, DB-Implementation und -Verwaltung) die Interaktivität der DBA-Funktionen zu grunde legen würde (s. Abb. 3). Dabei kann von der Datenbank-Konfiguration ausgegangen werden (*Kroenke*, 77, 373 ff).

Der konfigurationsorientierte wie auch der funktionsorientierte Ansatz ist auf der Abb. 4 im Zusammenhang mit den Organisationseinheiten einer bestimmten Organisationsstruktur (s. Abb. 5) dargestellt.

Bei der Eingliederung der DBA-Abteilung in die Unternehmungsorganisation wurde hier die Organisationsstruktur der DV-Abteilung, wie sie auf der Abb. 5 dargestellt ist, zugrunde gelegt. Nun kann man die DBA-Abteilung auf die Ebene der Abteilungen Systemplanung, -entwicklung, -realisierung und -abwicklung stellen (*Lyon*, 76, 127; *Kroenke*, 77, 375 f). In Anlehnung an *Kroenke* könnte man die DBA-Abteilung ebenso direkt der DV-Abteilungsleitung als Stabsstelle unterordnen. Liegt eine andere Organisationsstruktur zugrunde, z.B. die Aufteilung der DV-Abteilung in "Planung" und "Durchführung" (s. Abb. 5), könnte die DBA-Abteilung der "Durchführung" zugeordnet werden, weil es sich bei einem DBS, abgesehen von dem "einmaligen" Design und der "einmaligen" Implementierung, eher um verwaltungstechnische Aufgaben, genauer, um syntaktisch und semantisch richtige und sichere Verwaltung großer Datenmengen handelt, als um ausschließlich Gestaltungsaufgaben.

3. Verwaltungsfunktion des DBA

Zusammenfassend sollen hier die Aufgaben des DB-Verwalters in folgender Übersicht wiedergegeben werden:

. Zuständigkeit für den periodischen täglichen DB-Verarbeitungsprozeß:
  - richtige Ablauffolge von Programmen incl. der Sonderaufträge;
  - Überwachung aller Recovery;
  - Überwachung und Kontrolle aller Recovery/Restart nach auftretenden Fehlern;
  - Kontrolle und Verwaltung der Software-Komponente (entspr. Programm für entspr. Zustände und Inhalte der DB);
  - Analyse der Datenfehler; Entscheidung über Auswirkungen; Kennzeichnung fehlerhafter Datenelemente; Veranlassung der Behebung von Datenfehlern (Fachabteilungen);

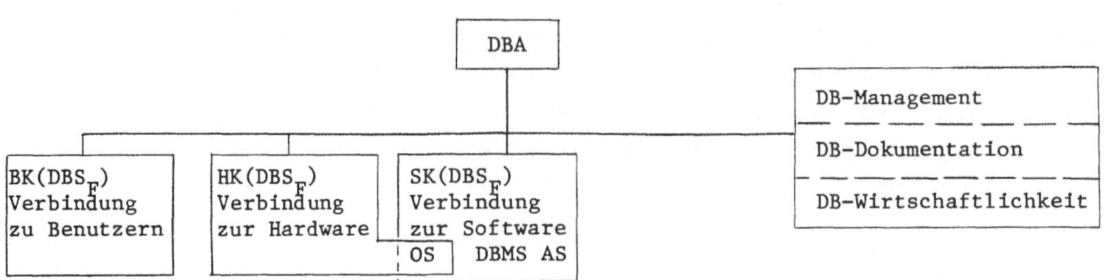

Abb. 3 DBA-Abteilung/Konfigurationsorientiert

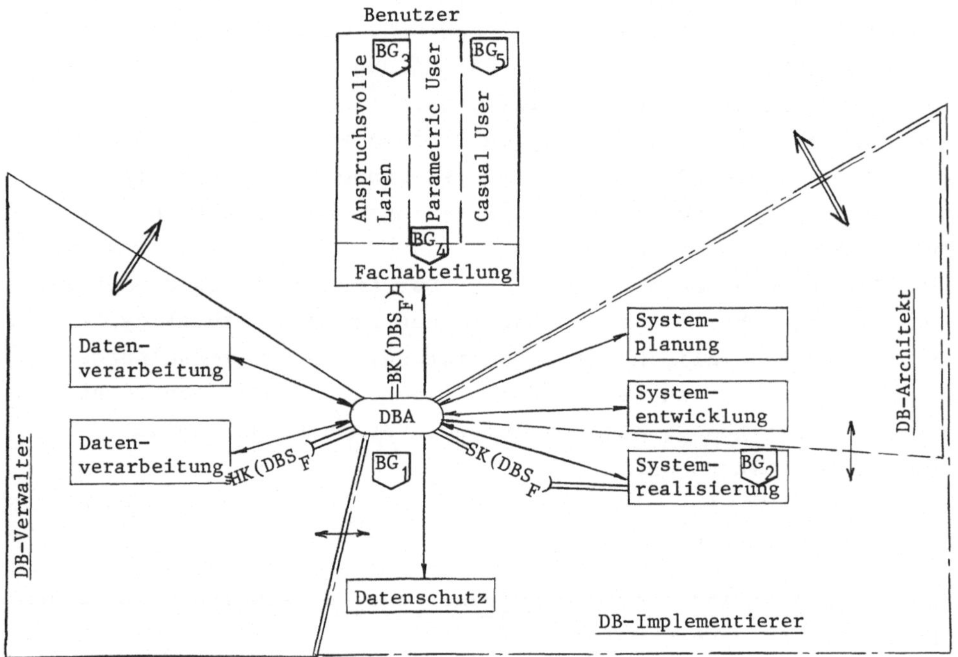

Abb. 4 Koordinationsaufgaben des DBA

- Analyse der Softwarefehler; Entscheidung über Auswirkungen; Veranlassung der Behebung (mit entsprechenden Abteilungen);

- Überwachung des Logging (Protokollierung und Kontrolle des Betriebsablaufes).

Abb. 5 Organisationsstruktur der DV-Abteilung

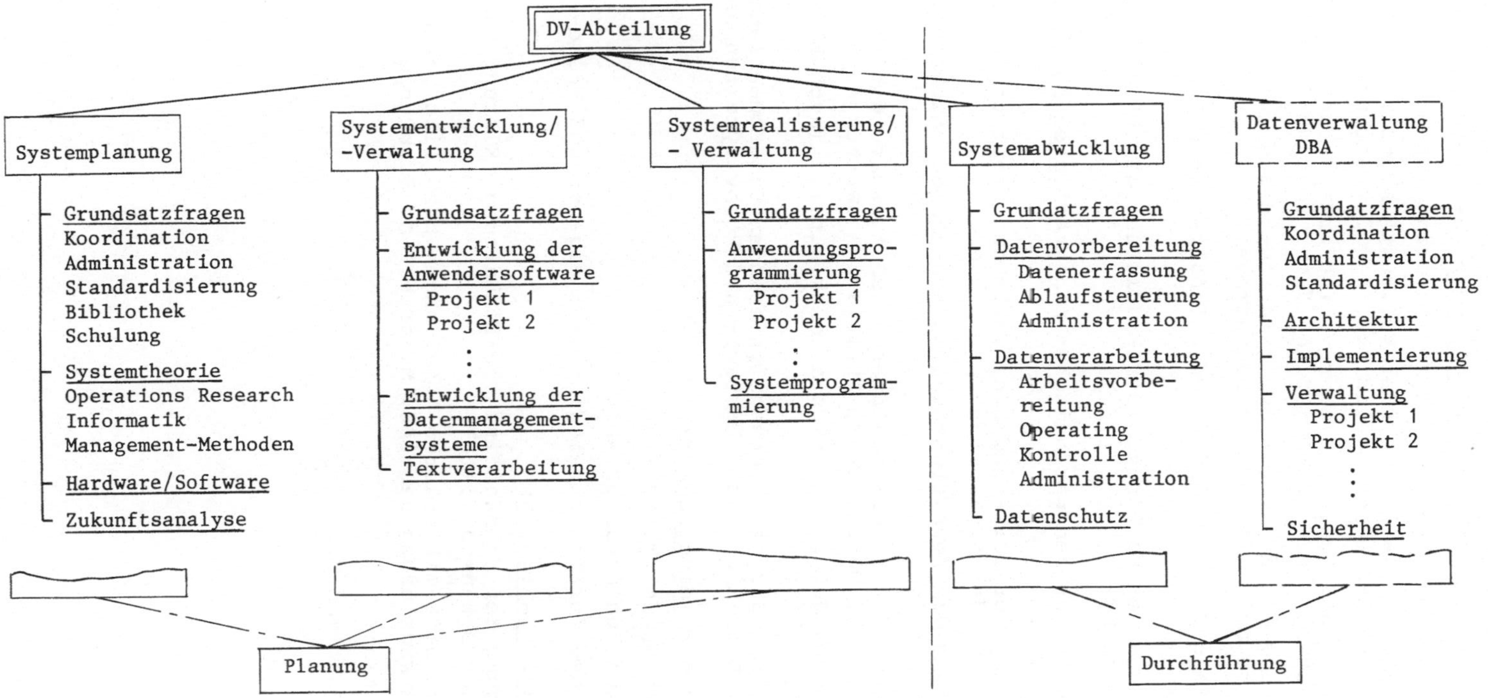

DV-Abteilung

Systemplanung
- Grundsatzfragen
  - Koordination
  - Administration
  - Standardisierung
  - Bibliothek
  - Schulung
- Systemtheorie
  - Operations Research
  - Informatik
  - Management-Methoden
- Hardware/Software
- Zukunftsanalyse

Systementwicklung/ -Verwaltung
- Grundsatzfragen
- Entwicklung der Anwendersoftware
  - Projekt 1
  - Projekt 2
  - ⋮
- Entwicklung der Datenmanagement-systeme
- Textverarbeitung

Systemrealisierung/ - Verwaltung
- Grundatzfragen
- Anwendungsprogrammierung
  - Projekt 1
  - Projekt 2
  - ⋮
- Systemprogrammierung

Systemabwicklung
- Grundatzfragen
- Datenvorbereitung
  - Datenerfassung
  - Ablaufsteuerung
  - Administration
- Datenverarbeitung
  - Arbeitsvorbereitung
  - Operating
  - Kontrolle
  - Administration
- Datenschutz

Datenverwaltung DBA
- Grundatzfragen
  - Koordination
  - Administration
  - Standardisierung
- Architektur
- Implementierung
- Verwaltung
  - Projekt 1
  - Projekt 2
  - ⋮
- Sicherheit

Planung

Durchführung

. Zuständigkeit für den nichtperiodischen DB-Verarbeitungsprozeß:
- Veranlassung und Überprüfung von Sonderaufgaben;
- Überwachung der Teil- und/oder Vollrestrukturierung der DB (Veränderung des Datenmodells bzw. der Datenstrukturen);
- Überwachung der Teil- und/oder Vollreformatierung der DB (Formatierungs- bzw. Generierungsläufe; Löschung 'toter' Sätze etc.);
- Überwachung der Hardware-Konfiguration-Veränderungen (Umstellung auf andere bzw. alternative Datenträger);
- Überprüfung des Zustands und des Inhalts der DB durch Check-Programme;
- Überwachung der Vollinitialstrukturierung der DB (Erstgenerierung der DB).

. Zuständigkeit für den periodischen nichttäglichen DB-Verarbeitungsprozeß:
- Überwachung der Teil- und/oder Vollreorganisation der DB (Veränderung der Speicherungsstrukturen);
- Überprüfung der Konsistenzbedingungen und der Sicherheits- und Schutzmaßnahmen;
- Überwachung der abteilungsinternen DB-Auswertungen bezüglich der DB-Syntax, DB-Semantik, Effizienz-Auswertungen;
- Durchführung der DBS-Konfigurationskontrolle (auch Effektivitätsgesichtspunkte);
- Durchführung der effizienzanalysierenden Programmabläufe; (Tuning, Data-Migration, Restart- und Recoveryzeiten usw.).

. Verwaltung der Testdatenbank:
- Konstruktion der Testfälle;
- Simulation fehlerhafter Abläufe;
- Beurteilung der Teststrategien (mit eigener und Fremd-Abteilungen).

. Administrative Aufgaben:
- Überwachung der Standardisation-Einhaltung (Klärung und Behebung der Datenkonflikte);
- Zusammenarbeit mit anderen Abteilungen bezüglich Verbesserungen und Weiterentwicklungen des DBS, Mitarbeit an Schulungen;
- Koordination;
- Schulungsaufgaben.

Literaturverzeichnis:

CODASYL Systems Committee (hrsg.): DBTG-Report, New York, 71

CODASYL Systems Committee (hrsg.), Technical Report: Feature Analysis of GDBMS, New York, 71

CODASYL Systems Committee (hrsg.), Technical Report: Selection and Acquisition fo DBMS, New York, 76

Codd, E.F.: A Relation Model of Data for Large Shared Data Banks, in: Communication of ACM 6/70

Date, C.J.: An Introduction to Database Systems, Reading, 75

Katzan, H.: Computer Data Management and Data Base Technology, New York, 75

Kroenke, D.: Database Processing, Chicago, 77

Lyon, J.K.: The Database Administrator, New York, 76

Mairet, Ch.E.: Data Administration: Managing an Important Resource, in: The ANSI/SPARC DBMS Model, hrsg. Jardine, D.A., Amsterdam, 77

Martin, J.: Principles of Data-Base Mangement, New Jersey, 76

Mlynar,Š.: Poslanie administrátora dát, in: Informační Systêmy 4/74

Senko, M.E. et.al.: Data Structures and Accessing in Data-Base Systems, in: IBM-System Journal 1/73

Uhrbach H.: The Role of the Data Administrator, im: Proceedings of GUIDE 35/72

Yormark, B.: The ANSI/X3/SPARC / SGDBMS Architecture, in: The ANSI/SPARC DBMS Model, hrsg. Jardine, D.A., Amsterdam, 77

Der Service des Rechenzentrums
und
der Gesamtablauf der EDV-Projekte der Benutzer

H. Luttermann
Regionales Rechenzentrum für Niedersachsen
Wunstorfer Str. 14-18, D 3000 Hannover 91

1. Ausgangssituation

Die hier angestellten Überlegungen sind nicht unbedingt auf alle Rechenzentren zu übertragen.

Es werden in erster Linie Rechenzentren betrachtet, bei denen für die zu bearbeitenden Probleme nicht die Rechenzentrumsmitarbeiter die Programme erstellen, sondern die Benutzer selbst die Programme schreiben und sie dann in Rechenzentren zur Bearbeitung abgeben; Rechenzentren also, bei denen in den meisten Fällen zunächst die Benutzer den Ablauf ihrer EDV-Projekte organisieren und damit primär bestimmen.

Weiterhin soll vorausgesetzt werden, daß die überwiegende Anzahl der Benutzer - der Hauptbenutzerkreis bezüglich der Richtlinien des Rechenzentrums - gleichberechtigt aufzufassen ist, so daß sich zunächst keine Struktur in Bezug auf eine unterschiedliche Bedienung erkennen läßt. Insbesondere soll auch davon ausgegangen werden, daß die Benutzer nicht nach ökonomischen Gesichtspunkten (z.B. gewinnbringend oder nicht) strukturiert werden können, wie das z. B. in gewerblichen Rechenzentren möglich ist, so daß auch hieraus keine Ansätze für Steuerungsmaßnahmen bzgl. der Bedienung abzuleiten sind.

Mit diesen Voraussetzungen sind die in diesem Artikel angestellten Überlegungen für einige Rechenzentren nicht mehr relevant, es ist aber die Situation zugrundegelegt, die zumindest an fast allen Rechenzentren vorliegt, die an den staatlichen, wissenschaftlichen Institutionen in der Bundesrepublik eingerichtet sind.

Diese Rechenzentren sind in erster Linie ein Dienstleistungsbetrieb für den gesamten zugeordneten Benutzerkreis. Es sollte aber gerade bei wissenschaftlichen Rechenzentren erwähnt werden, daß diese Rechenzentren - langfristig gesehen - bessere Dienstleistungen anbieten können, wenn sie selbst eigene Forschung und Entwicklung betreiben.

Innerhalb des Rechenzentrums sollten aber nicht die Rechenzentrumsprobleme und Rechenzentrumsprojekte im Vordergrund stehen, sondern der Service für die EDV-Projekte der Benutzer. Dieser Service kann vom Rechenzentrum natürlich nur im Rahmen der vorhandenen Ausstattung und der vorhandenen Finanzen erbracht werden. Es ist somit eine der wichtigsten - auch eine der schwierigsten - Aufgaben des Rechenzentrums(-leiters), eine Organisationsform zu finden und innerhalb dieser zu gewährleisten, daß möglichst maximaler Nutzen für die EDV-Projekte der Benutzer im Rahmen der zur Verfügung stehenden Mittel (nicht nur Geldmittel) erbracht wird.

In diesem Artikel soll nun der Service eines Rechenzentrums genauer untersucht werden. Dabei sollen sich die Überlegungen am jeweiligen Gesamtablauf der EDV-Projekte der Benutzer und nicht an den einzelnen Programmläufen des Projektes orientieren.

Ziel dieser Überlegungen soll es sein, Anregungen zur Verbesserung des Rechenzentrumsservices zu geben. Es wird sich zeigen, daß ein Rechenzentrum allein weniger leisten kann für die erfolgreiche Bearbeitung der EDV-Projekte der Benutzer als Benutzer und Rechenzentrum zusammen im Rahmen einer gemeinsamen konstruktiven Zusammenarbeit. Erst diese fruchtbringende Kooperation zwischen dem Benutzer, der Fachmann auf dem Gebiet des vorliegenden Problems ist (oder sein sollte) und dem Mitarbeiter des Rechenzentrums, der Fachmann auf dem Gebiet des EDV-Einsatzes ist (oder sein sollte), führt zu einer möglichst großen Anzahl erfolgreich abgeschlossener EDV-Projekte (möglichst zufriedener) Benutzer und damit zu zählbaren Rechenzentrumsserviceleistungen.

2. Betrachtung des Service eines Rechenzentrums

Aus der Sicht des Benutzers kann ein Rechenzentrum häufig weit weniger Service zur Verfügung stellen, als er sich erhofft oder fordert. Selbstverständlich gehört zur Bearbeitung von EDV-Projekten z.B. die Verfügbarkeit laufender Rechenanlagen und betriebsnaher Software und Beratung bei Syntaxfehlern. Die hierbei auftretenden Probleme möchte ich nicht ausführlich betrachten, da es sich bei diesen Leistungen um Grundfunktionen eines Rechenzentrums handelt, die heute doch zumindest in den meisten Fällen selbstverständlich erbracht werden. Allerdings sollte erwähnt werden, daß nie eine hundertprozentige Verfügbarkeit erreicht werden kann, sondern daß nur nach dem jeweiligen Stand der Technik Rechenanlagen betrieben und benutzt werden können.

Schwierigkeiten, die bei diesen Serviceleistungen auftreten (wie z.B. Hardwareausfall, Systemzusammenbrüche oder Syntaxfehler in Programmen) lassen sich in den meisten Fällen im Vergleich zur Gesamtdauer eines EDV-Projektes äußerst kurzfristig beheben.

Es ist aber falsch, wenn sich Betrachtungen zur Erhöhung der Rechenzentrumsserviceleistungen nur auf diese kurzfristigen Dinge beschränken, wie z.B. Beratung bei Syntaxfehlern, Angabe von Umgehungsmöglichkeiten bei Compilerfehlern usw.

Mir geht es hier nicht um durchzuführende Maßnahmen bei erfolgloser Bearbeitung einzelner Programmläufe, sondern um Rechenzentrumsservicefunktionen, die für den Gesamtlauf eines EDV-Projektes zur Verfügung stehen sollten. Dieses sind die Bereiche:

- Information der Benutzer
  - Dokumentation für die Benutzer
  - Ausbildung der Benutzer
  - Beratung der Benutzer
    (projektadäquate und auch zu Einzelproblemen)
- Dialog mit dem Benutzer
- Zusammenarbeit mit dem Benutzer
- Bereitstellung von Anwendersoftware.

Mangelhafter oder fehlender Service in diesen Bereichen beeinflussen den Gesamtlauf eines EDV-Projektes wesentlich grundsätzlicher. Die Folgen aus diesen Fehlern treten nicht so abrupt zutage wie z.B. bei einem Systemzusammenbruch, sie greifen aber insgesamt betrachtet wesentlich stärker in den Projektablauf ein.

Fehler innerhalb dieser Serviceleistungen lassen sich weder sofort klar erkennen noch kurzfristig korrigieren.

Um für die genannten Probleme einige Überlegungen anstellen zu können, ob der angebotene Service gut oder ausreichend ist, sollen die innerhalb eines Rechenzentrums auftretenden Situationen analysiert werden.

Dieses möchte ich aufspalten in eine Charakterisierung der EDV-Projekte und eine Charakterisierung der Benutzer.

3. Analyse der EDV-Projekte der Benutzer

Es soll hier die Verschiedenartigkeit der möglichen EDV-Projekte herausgearbeitet werden, um dann für einen Benutzerservice zu überlegen, ob für die Breite der Projekte jeweils das Richtige angeboten wird.

3.1 Charakterisierung der Projekte

Die Projekte werden u.a. charakterisiert durch

- die Projektgröße
- die zeitliche Terminierung für die Fertigstellung
- die einmaligen Arbeiten während des Ablaufs
- die eventuell (periodisch) wiederkehrenden Arbeiten während des Ablaufs
- Projektart
  - Neuerstellung von Software
  - Abruf von fertigen Hilfsmitteln aus dem Rechenzentrum (Anwenderpakete, Methodenbanken usw.)

Auf die Projektgröße soll genauer eingegangen werden, sie wird u.a. charakterisiert durch

- den Aufwand für
  - Planung
  - Spezifikation
  - Erstellung (Durchführung)
  - Kodierung
  - Test
  - Betriebsmittel (wie z.B. Rechenzeit)
- die Anzahl der Projektbeteiligten
- die verfügbare EDV-Ausstattung (Hard- und Software)
- evtl. Algorithmenprobleme
- evtl. Datenerfassungsprobleme

Es lohnt sich, sich einmal die maximale Breite der heute in einem großen wissenschaftlichen Rechenzentrum bearbeiteten Projekte vorzustellen. Man findet

- einmal auftretende Probleme, die noch völlig ohne Rechner bearbeitet oder noch mit einem Taschen- oder Tischrechner bearbeitet werden könnten (Ausbildung),

- einmalig auftretende Probleme mit kleinem Erstellungsaufwand (Hauruck-Programme, Wegwerf-Programme),

- große Probleme mit großem Erstellungsaufwand (mehrere Mannjahre),

- Probleme, bei denen zu Beginn nicht festliegt, welche Algorithmen verwendet werden sollen oder können; dieses tritt im wissenschaftlichen Bereich häufiger auf. Da dann die zu erstellende Software evtl. häufiger verändert werden muß, ist eine gute Organisation und Konstruktion der Software notwendig.

- Probleme, für deren Lösung die Grenzen einer vorhandenen (oder auch noch größeren) Rechenanlage erreicht werden.

- Probleme, die von keiner existierenden Rechenanlage erfolgreich bearbeitet werden können; hier ist es wichtig, dieses möglich frühzeitig zu erkennen.

3.2 Charakterisierung der Benutzer

Die Benutzer können charakterisiert werden bzgl.

- ihres Ausbildungsstandes in Bezug auf
  - das vorliegende Problem
  - die EDV-Probleme

- ihrer Einstellung zur EDV

- ihrer Fähigkeit, EDV-Möglichkeiten realistisch einzuschätzen und einzusetzen

- ihrer Kooperationsbereitschaft.

Auch hier ergibt sich für jeden genannten Punkt ein großes Spektrum.

Der Ausbildungsstand kann sich von völliger Unkenntnis von Rechenanlagen erstrecken bis hin zu so genauen Kenntnissen auf speziellen Gebieten der Rechenanlagen, daß die Kenntnisse der Benutzer teilweise umfangreicher sind als die eines durchschnittlichen Rechenzentrumsmitarbeiters.

Die Einstellung zur EDV reicht von konträrer Einstellung zur Erkenntnisgewinnung bei EDV-Problemen (oder totaler Computergläubigkeit) bis hin zu einem ungeheuren Wissensdrang über die letzten - manchmal für das Projekt unwesentlichen - Details der Rechenanlagen.

Es ist natürlich am besten, wenn auf Seiten der Benutzer (und des Rechenzentrums) realistische Vorstellungen über die Einsatzmöglichkeiten der Rechenanlagen vorliegen. Hieraus müßte sich eine positive Einstellung zu einer kooperativen Zusammenarbeit ergeben, obwohl manchmal bei den Benutzern eine psychologische Schwelle überwunden werden muß, um konstruktiv mit Mitarbeitern (insbesondere Rechenzentrumsmitarbeitern) zusammenarbeiten zu können.

3.3 Vielfalt der EDV-Projektsitutationen

Um einen möglichst breiten Überblick über die Vielfalt der vorliegenden Situationen bzgl. der im Rechenzentrum zu bearbeitenden EDV-Projekte zu bekommen, kann man eine Matrix erstellen über alle Projekteigenschaften und alle Benutzereigenschaften, wobei jede Eigenschaft innerhalb des gesamten möglichen Spielraums variiert werden müßte. Man kann dann bei einigen Konstellationen sofort sehen, bei welchen Projekten während des Ablaufes die Betroffenen zufrieden sein werden oder welche Projekte (ohne zusätzliche Beeinflussung) von vornherein zum Scheitern verurteilt sind und damit zu unzufriedenen Benutzern (und auch Rechenzentrumsmitarbeitern) führen. Wegen der Kürze der Zeit möchte ich dieses hier nicht explizit durchführen.

4. Ziel des Benutzerservices

Man sollte sich nun aber nicht zu dem Trugschluß verführen lassen, daß der Rechenzentrumsservice dann gut ist, wenn möglichst alle Benutzer zufrieden sind.

Obwohl diese Maxime - Benutzer ausschließlich zufriedenzustellen - gerade bei Dienstleistungsbetrieben und Firmen häufig im Vordergrund steht, gilt vielmehr folgendes:

Der Rechenzentrumsservice ist dann gut, wenn möglichst viele von den lösbaren EDV-Projekten, die in der Benutzerschaft existieren, in möglichst kurzer Zeit, auf möglichst ökonomischem Wege und unter möglichst früher Einschaltung des Rechenzentrums erfolgreich abgeschlossen werden. Bei unlösbaren Problemen sollte möglichst früh die Unlösbarkeit erkannt werden.

Zufriedenheit der Betroffenen (Benutzer und auch Rechenzentrumsmitarbeiter) ist ein sekundäres, aber kein zu vernachlässigendes Problem, da unzufriedene Mitarbeiter häufig eine geringere Arbeitsleistung vollbringen, so daß in einer bestimmten Zeit weniger Projekte erfolgreich abgeschlossen werden können.

5. Organisation des Benutzerservice

Im folgenden sollen Gesichtspunkte für eine Organisation des Benutzerservices angegeben werden und zwar für die Komponenten des Services, die in Kap. 2 herangezogen worden sind. Dabei werden hier die Punkte Beratung und Dialog und Zusammenarbeit mit dem Benutzer detaillierter behandelt, als die Punkte Information, Dokumentation und Ausbildung, da dieses in der Vergangenheit schon häufiger vorgenommen worden ist und somit diese Probleme auch in Rechenzentrumskreisen schon häufiger diskutiert worden sind.

Dieser Vorschlag orientiert sich am Gesamtablauf der EDV-Projekte der Benutzer, d.h. er orientiert sich auch an den neuen Erkenntnissen auf dem Gebiet der Softwaretechnologie und des DV-Projektmanagements.

Nach einer durchgeführten Analyse des Ablaufs der EDV-Projekte in unserem Rechenzentrum hat sich sehr schnell ergeben, daß der Service nicht vom jetzigen Istablauf her organisiert werden kann, sondern daß der Sollablauf zugrundegelegt werden muß. Es müssen Projektabläufe, wie sie sich inzwischen bei Großprojekten als ökonomisch herausgebildet haben, auf viele EDV-Projekte der Benutzer übertragen werden. Hieraus entstehen natürlich neue Aufgaben in erster Linie für das Rechenzentrum, aber auch für die Benutzer.

Organisationsdiagramm für Teilfunktionen des Benutzerservice in Rechenzentren

Information Dokumentation	Projektzeitachse	Beratung		Dialog mit dem Benutzer	Ausbildung
					rechnerspezifische Grundlagenkurse
Information (interaktive Auskunftsprogramme), Dokumentation: (Benutzerhandbuch, Umdrucke, Kochrezepte) EDV-Projektbegleitmaterial (Umdrucke, Checklisten für Projektablauf), EDV-Organisationshilfsmittel (Formblätter)	t_0	Projektbeginn			
		Beratung über Projekt- -management -organisation -ablauf EDV-Einsatz		Projektorganisationsgespräche	Einführungskurs in das RZ
	t_1	Beratung zur Softwareerstellung: Strukturierung Entwurf Implementierung	rechnerunabhängig	Institutsbesuche	weiterführende Kurse
	t_2	Beratung über Methoden Algorithmen Anwendersoftware Programmbibliotheken Methodenbanken		Benutzertreffen (Maklerfunktionen des RZ)	Spezialkurse über DV-Projektmanagement Programmiermethodik Anwendersysteme Rechnerkomponenten
	t_3	Beratung über wirtschaftlichen Einsatz der Rechner Resourceneinsatz Kostenoptimierung		Benutzerhearings	
	t_4	Beratung über wirtschaftlichen Einsatz der Programmiersprachen Programmoptimierung		Workshops (Benutzer und RZ)	
	t_5	Beratung über Fehler in Steuerkartensprache und Programmiersprachen		Treffen der EDV-Beauftragten Treffen der Kontaktleute	
	t_6	automatische Beratung durch den Rechner (24 Std. täglich) Fehlerauskunftssysteme Infomrationssysteme		Benutzerumfragen (schriftlich) Benutzerversammlung	
	t	aktuelle Betriebsinformationen			

5.1 Beratung

Eine Betrachtung des Durchlaufs der Benutzer durch dieses Schema ergibt, daß die Benutzer den Beratungsservice erst zum Zeitpunkt t_5 ihres Projekts (siehe Projektzeitachse) in Anspruch nehmen. Nach einer befriedigenden Antwort vom Rechenzentrum kommen sie (zeitlich betrachtet) erst dann wieder mit dem Beratungsservice in Kontakt, wenn sie mit ihrem Projekt zuviel Rechenkapazität in Anspruch nehmen oder an die Grenzen einiger Rechnerkomponenten stoßen. Sie möchten sich dann beraten lassen über die Punkte, die bei t_3 und t_4 angegeben sind und die im Sinne einer vernünftigen EDV-Projektorganisation vorher auftreten oder zumindest behandelt werden sollten.

Eine mögliche erfolgreiche Beratung durch das Rechenzentrum zu t_3 und t_4 scheitert manchmal daran, daß der Programmänderungsaufwand, der zur Erzielung eines merkbaren Erfolges erbracht werden muß, nicht mehr vernachlässigt werden kann. Es wird dann (nicht immer gemeinsam) festgestellt, daß die Fehler schon bei dem Projektbeginn (bei der Softwareerstellung beim Entwurf , bei der Strukturierung und bei der ersten Implementierung) gemacht worden sind. Ab und zu kann eine mögliche Verbesserung aufgrund der anfänglichen Fehler nicht mehr durchgeführt werden. Häufig ist dann aus der Sicht des Benutzers das Rechenzentrum nicht in der Lage, sein Projekt zu bearbeiten. In vielen Fällen waren die zu diesem Zeitpunkt an dem Projekt arbeitenden Personen gar nicht verantwortlich für das Dilemma, da es sich um Programme handelte, die in mehreren Stadien jeweils von unterschiedlichen Personen bearbeitet wurden, wobei jeder Bearbeiter den Eindruck hatte, kein langfristiges Programm zu erstellen, sondern nach Beendigung seiner Aufgabe das Programm wegzuwerfen.

Es ergibt sich zunächst einmal die Notwendigkeit für das Rechenzentrum, den eigenen Mitarbeitern aus der Beratungs- und auch Ausbildungsabteilung Kenntnisse zu vermitteln, die unter t_0 bis t_2 benötigt werden (Projektorganisation, Entwurf und Konzipierung von Softwareprodukten), wobei dann diese Kenntnisse den Betroffenen (nämlich den Projektbearbeitern oder dem Projektleiter) weitergereicht werden müssen, und zwar zum genügend frühen Zeitpunkt. Es tritt nämlich als zusätzliche Schwierigkeit auf, daß die Rechenzentrumsberatung nur in wenigen Fällen zu dem Zeitpunkt (oder nur wenig später) von dem neuen Projekt in der Benutzerschaft hört.

Zusätzlich zu dem Angebot des adäquaten Beratungsservices seitens des Rechenzentrums ist also das Problem zu lösen, eine Bereitschaft bei den Benutzern zu schaffen, schon in einem frühen Stadium des Projektes, die fachlich qualifizierte Beratung des Rechenzentrums aufzusuchen. Dabei müssen alle Maßnahmen eines Rechenzentrums zum Erreichen dieses Ziels sehr ausgewogen sein und behutsam eingesetzt werden. Vorschläge, wie z.B. bei der Projektbeantragung mit den betroffenen Projektbearbeitern oder mit dem Projektleiter eine ausgiebige Diskussion über das Projekt zu führen und während des Projektablaufs regelmäßig den Stand zu diskutieren (evtl. verbunden mit der Führung eines Projektbegleitpapiers), sind sehr vernünftig, müssen aber sehr behutsam durchgeführt und immer in konstruktiver Art und Weise eingesetzt werden, da sonst z.B. ein ganzes Hochschulinstitut nur ein einziges Mal ein Projekt beantragt und dann alle EDV-Aktivitäten darunter abwickelt. Gerade bei den im Anfang zugrundegelegten Rechenzentren haben die Benutzer die Möglichkeit, sich bei - aus ihrer Sicht - störenden oder hinderlichen Maßnahmen seitens des Rechenzentrums von diesem zurückzuziehen und den für den Erfolg des Projektes zur Verfügung stehenden Service auszuschlagen.

Das Stellen eines - für ein Projekt festen - fachlich qualifizierten Projektbegleiters vom Rechenzentrum kann für den Erfolg des Projektes förderlich sein, ist aber nur bei entsprechender Personalausstattung möglich.

Es ist also besonders wichtig, seitens des Rechenzentrums den Boden so vorzubereiten, daß zu jeder Zeit - bezogen auf die Bearbeitung des fachlichen Projektes - in partnerschaftlicher

Zusammenarbeit ein konstruktiver Dialog zwischen Benutzer und Rechenzentrumsmitarbeiter geführt werden kann. Nur so ist es erreichbar, daß möglichst viele EDV-Projekte erfolgreich bearbeitet werden können.

5.2 Dialog mit den Benutzern

Es sollen hier einige Aktivitäten eines Rechenzentrums angegeben werden, die dann zur Verbesserung des Dialogs mit den Benutzern führen (können).

5.2.1 Projektorganisationsgespräche

Nach dem ein Rechenzentrum entsprechend qualifizierte Mitarbeiter verfügbar hat, kann es den Benutzern anbieten, zum möglichst frühen Zeitpunkt ein Gespräch zu führen über die Organisation (und damit den Ablauf) des anstehenden Projekts. Hier sollte das jeweilige Spezialwissen des EDV-Fachmanns und des Problem-Fachmanns zur erfolgreichen Bearbeitung des Projektes eingesetzt werden.

Leider gibt es keine Gewähr dafür, daß dieses Gespräch von den Benutzern zum richtigen Zeitpunkt in Anspruch genommen wird. Die erste Aktivität kann im Grundsatz wohl nur von der Benutzerseite ausgehen, da hier die Projekte entstehen und das Rechenzentrum nicht erahnen kann, wann wo welches Projekt initiiert wird.

Das Rechenzentrum kann aber von sich aus etwas unternehmen, um eher zu erfahren, wann neue Projekte initiiert werden, z.B. durch Institutsbesuche.

5.2.2 Institutsbesuche

Eine kleine Gruppe des Rechenzentrums (etwa drei bis vier Mitarbeiter) besucht die Institute, um dort mit den Institutsmitarbeitern, die die EDV einsetzen (wollen) und dem Institutsleiter (bzgl. der geplanten Projekte) ein Gespräch zu führen.

Hiermit können mehrere Ziele verfolgt werden:

- Darlegung des unter 5.1 aufgezeigten Problems
- Information über den angebotenen Rechenzentrumsservice
- Darlegung der geplanten EDV-Projekte durch die Institute
- erste (grobe) Vorplanung dieser Projekte
- Vermittlung realistischer Vorstellungen bei den Institutsmitarbeitern über die EDV-Möglichkeiten überhaupt und über die konkret am Rechenzentrum verfügbaren
- Vermittlung realistischer Vorstellungen bei den Rechenzentrumsmitarbeitern über die EDV-Situation in den Instituten
- Vorbereiten und Schaffen einer vernünftigen Basis für eine konstruktive und vertrauensvolle Zusammenarbeit
- Besprechung der aktuellen Probleme (Benutzerversammlung im kleinen).
- Festlegung eines EDV-Beauftragten (Mitarbeiter des Institutes)

Es sollte erwähnt werden, daß derartige Aktionen sehr zeitintensiv sind, da jeder Besuch im Rechenzentrum ernsthaft vorbereitet werden muß.

5.2.3 Fachspezifische Benutzertreffen

Hier sollten nicht Benutzer teilnehmen, die der gleichen formellen Organisationseinheit (wie z.B. Instituten) angehören, sondern Benutzer, die gleiche fachliche Problemkreise bearbeiten. In solchen - vom Rechenzentrum zu veranstaltenden - Treffen sollte jeder Benutzer kurz (bis zu fünf Minuten) über sein Projekt und seine Erfahrungen und Probleme vortragen. Eine gemeinsame Diskussion sollte sich anschließen.

Das Rechenzentrum sollte hier möglichst gesprächsanregend wirken und letztlich Maklerfunktionen wahrnehmen.

Ich möchte hier die Schwierigkeiten des Einladenden erwähnen, der die Themenkreise genügend klar umreißen und abgrenzen muß, damit Anwesende sich nicht durch die geführten Diskussionen gelangweilt fühlen.

5.2.4 Benutzerhearings

Diese sind für Probleme, die bei Planungen im Rechenzentrum auftreten sehr wichtig. Alle Benutzer zu einem Problemkreis werden eingeladen, wobei das Rechenzentrum möglichst ein Konzept für die Lösung der Probleme vorstellt. Da in der folgenden Diskussion das Rechenzentrum bemüht sein sollte, für die eigene Arbeit (z.T. Planungen) möglichst großen Nutzen zu gewinnen, tritt manchmal bei einigen Benutzern eine gewisse Frustration auf, da der Nutzen für den Benutzer nicht kurzfristig sichtbar wird. Allerdings stellen solche Aktionen benutzernäheres Arbeiten des Rechenzentrums sicher.

5.2.5 Workshops

Benutzer (evtl. wenige ausgewählte) und Rechenzentrumsmitarbeiter diskutieren gemeinsam eine Fragestellung und erarbeiten gemeinsam Lösungen. Auch hierdurch wird ein benutzernahes Behandeln von Problemen durch das Rechenzentrum gewährleistet.

5.2.6 Benutzerumfragen

Benutzerumfragen in Form von Fragebogen können ab und zu zu gewissen Fragen durchgeführt werden, wobei hier allzu häufige Umfragen keine repräsentativen Ergebnisse liefern (Fragebogenmüdigkeit).

5.3 Kursangebot

Seitens des Rechenzentrums sollte das Kursangebot zur Ausbildung der Benutzer erweitert werden um Kurse z.B. über Projektorganisation von EDV-Projekten, Entwurf und Konzipierung von Software, Programmiermethodik usw.

5.4 Einsatz der adäquaten Serviceleistungen

Für das Rechenzentrum ist es nun kein einfaches Problem für die verschiedenen EDV-Projekte die richtigen Mittel einzusetzen; die projektadäquaten Mittel hängen natürlich von der Art der EDV-Projektsituation ab (Kap. 3.3).

Auch das Rechenzentrum sollte immer im Auge haben, daß die EDV in Bezug auf den Einsatz für die meisten Probleme nur ein Hilfsmittel und ganz selten einmal Selbstzweck ist.

Ein Projekt muß erst eine gewisse Größenordnung erreicht haben, bevor die angegebenen Projektorganisationsgespräche sinnvoll geführt werden können. Bei dem Studenten, der seine ersten Übungen im Rahmen der Ausbildung in seiner ersten Programmiersprache anfertigt, ist dieses sicherlich nicht anwendbar, obwohl darauf hingewiesen werden muß, daß er bei falscher Ausbildung in einigen Jahren unökonomische Programme erstellen wird. Doch schon bei dem Gesellschaftswissenschaftler mit statistischen Aufgaben, der nicht nur die EDV als Hilfsmittel auffaßt, sondern auch die Statistik als Hilfsmittel für seine gesellschaftswissenschaftlichen Fragestellungen ansieht, ist schon ein Projektorganisationsgespräch nötig, auch dann, wenn er nur ein spezielles Anwenderpaket aufrufen will und sich solch ein Gespräch im wesentlichen auf den wahrscheinlichen Ablauf des Projektes und Probleme der ab und zu umfangreichen Datenerfassung beschränkt. Der Besuch eines Kurses z.B. über DV-Projektmanagement und optimale Softwareerstellung ist für solch ein Projekt sicher nicht angebracht; hier wären eher die erwähnten Methodenbanken eine Hilfe.

Da aber gerade im wissenschaftlichen Bereich nicht die Programme vorherrschen, die im Produktionsbetrieb regelmäßig eingesetzt werden, sondern viele mehr oder weniger umfangreiche Programmentwicklungen vorgenommen werden, ist es besonders wichtig, diese Arbeiten wirtschaftlich durchzuführen. Eine Inanspruchnahme des Rechenzentrums-Serviceangebots ist nicht nur unerläßlich, sondern zwingend notwendig. So sollte man doch bei den heute in einigen Rechenzentren praktizierten Verteilungs- und Kontingentierungssystemen, die auch immer noch eine Nachbewilligungsmöglichkeit für Härtefälle zulassen sollten, derartige Nachbewilligungen oder Kontingenterhöhungen nur dann vornehmen, wenn das entsprechende Projekt schon im möglichst frühen Stadium gemeinsam vom Rechenzentrum und Benutzer adäquat behandelt worden ist.

6. Resumee

Es sollten hier einige Rechenzentrumsaktivitäten genannt werden, die dazu beitragen, im Rahmen der vorgegebenen Randbedingungen (Finanzen, Personal) den Service für die EDV-Projekte der Benutzer dahingehend zu verbessern, daß mehr Projekte auf wirtschaftlichem Wege in kürzerer Zeit erfolgreich bearbeitet werden.

Wenn einige dieser Aktivitäten initiiert werden, kann doch die Zusammenarbeit zwischen dem Benutzer und dem Rechenzentrumspersonal verbessert werden, ohne die nur schlechtere Lösungen für die EDV-Projekte der Benutzer gefunden werden können.

Bei der heutigen Höhe der Kosten für die Softwareerstellung innerhalb eines EDV-Projektes ist es unabdingbar, den Service eines Rechenzentrums angemessen zu gestalten und damit eine Basis für eine konstruktive Kooperation zu organisieren.

STRUKTURPROBLEME WISSENSCHAFTLICHER RECHENZENTREN

H. Pralle
Regionales Rechenzentrum für Niedersachsen
bei der Technischen Universität Hannover

1 Überblick

Die Datenverarbeitung spielt eine zentrale Rolle in Forschung und Lehre. In den Hochschulen und hochschulfreien Forschungseinrichtungen wird eine Vielzahl von DV-Anlagen für unterschiedliche Zwecke betrieben. Viele der DV-Installationen sind im Laufe der letzten 20 Jahre in die Rolle zentraler Dienstleistungsbetriebe (Rechenzentren) hineingewachsen. Daneben werden kleinere DV-Anlagen hauptsächlich für Spezialaufgaben oder als Bestandteil größerer Forschungsapparaturen betrieben, so daß z.T. eine ausgeprägte DV-Infrastruktur vorhanden ist:

- Prozeßrechner,
- DV-Anlagen für Fachbereiche zur Lösung von Spezialaufgaben,
- Bereichsrechenzentren für interdisziplinäre Forschungsprojekte,
- Rechenzentren bzw. Regionalrechenzentren.

Gibt es übergeordnete Grundsätze für die Arbeit und das Zusammenwirken der bestehenden Betriebseinheiten?

Im Hochschulbereich bieten die von der Ständigen Kultusministerkonferenz (KMK) beschlossenen "Richtlinien für die Errichtung und Betriebsordnung von Hochschulrechenzentren" einen Organisationsrahmen. Diese - von der Deutschen Forschungsgemeinschaft (DFG) und vom Hochschulausschuß der KMK gemeinsam erarbeiteten - Grundsätze wurden bereits 1962 als Empfehlung an die Bundesländer gegeben /1/, wo sie danach - z.T. in modifizierter Form - als Organisationsgrundlage angewendet wurden.

Die Richtlinien begründeten die Stellung des Hochschulrechenzentrums als interfakultative (zentrale) Einrichtung der Hochschule. Sie bestimmten die Aufgaben und Pflichten des Rechenzentrums, den Benutzerkreis und die Entgeltgrundsätze.

Das Rechenzentrum sollte "die Kenntnis von der Bedeutung und sinnvollen Benutzung der Rechenanlage als eines Hilfsmittels für die einschlägige Forschung möglichst weit verbreiten" /1/.

Die zentralen Einrichtungen wurden in der Folgezeit durch die gemeinsamen Anstrengungen der Länder und des Bundes unter Mitwirkung und Koordination der DFG mit leistungsfähigen Großrechenanlagen ausgestattet. Auf diese Weise konnte die enorm steigende Nachfrage nach Rechenkapazität - erfahrungsgemäß fand bisher praktisch eine Verdoppelung innerhalb zweier Jahre statt - im Mittel einigermaßen befriedigt werden. Die Konzentration auf den Aufbau großer Rechenzentralen war ein Gebot der Wirtschaftlichkeit und der großen Anforderungen nach Rechenleistung.

2 Organisation wissenschaftlicher Rechenzentren

DV-Anlagen und Rechenzentrumsdienstleistungen sollen den Benutzern bei der Lösung ihrer Aufgaben in Forschung und Lehre helfen. Die getroffenen organisatorischen Regelungen sollen hierbei so wenig wie möglich hemmend wirken. Es muß daher eine reibungsarme Organisation der DV-Betriebseinheiten gefunden werden.

Die zentrale Dienstleistungseinrichtung "Rechenzentrum" sieht sich i.a. einem außergewöhnlich breiten Anforderungsspektrum gegenüber. Aus den erkennbaren Aufgaben läßt sich u.a.

folgendes Organisationsschema unmittelbar ableiten:

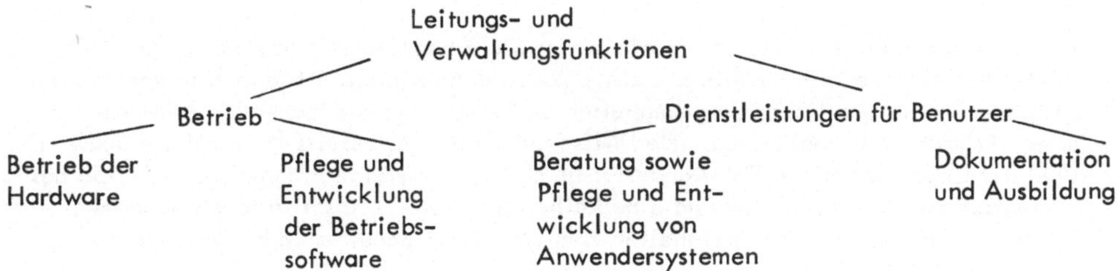

Darüber hinaus sind weitere unmittelbare und mittelbare Dienstleistungen für Benutzer erforderlich, z.B. bei der Datenerfassung, bei der Projektorganisation, bei einer evtl. durchzuführenden Auftragsprogrammierung u.a.m.

Die Komplexität der Arbeitsgebiete eines mit einer modernen Großrechenanlage ausgestatteten wissenschaftlichen Rechenzentrums zwingt das Personal des Rechenzentrums zur Spezialisierung. Daraus ergeben sich Sachzwänge für die Organisation des inneren Dienstes und für die Schnittstellen zur Benutzerschaft.

Der Benutzer fordert i.a. die Lösung seiner Aufgaben auf die für ihn einfachste und schnellstmögliche Weise - ohne Rücksicht auf die Bedürfnisse anderer. Bei einer zentralen Großrechenanlage greift er jedoch nicht allein auf die vorhandenen Hilfsmittel zu. Damit ist ein Konflikt zwischen der Vertretung der Eigeninteressen und der Interessen des Benutzerkollektivs vorgezeichnet.

Organisation und Betriebsführung der Rechenzentren werden derzeit hauptsächlich von den Betriebseigenschaften der installierten Großrechenanlage - und nicht von den individuellen, hiervon oftmals abweichenden Benutzeranforderungen - bestimmt. Diese Erfahrung hat in den letzten Jahren zu Autonomiebestrebungen von Anwendern und Anwendergruppen geführt, so daß die DV-Infrastruktur im Einzugsgebiet der Rechenzentren durch Installation kleinerer DV-Anlagen verstärkt wurde, die z.T. ohne organisatorische Verbindung zum Rechenzentrum arbeiten.

3 Grundsätze für den Betrieb von Hochschulrechenzentren

Inzwischen sind die KMK-Richtlinien /1/ neu gefaßt worden. Die Neufassung /2/ bemüht sich, die seit 1962 beobachtete Entwicklung zu berücksichtigen. Die neuen KMK-Grundsätze bestätigen die Stellung des Hochschulrechenzentrums als zentrale Einrichtung der Hochschule, dem nunmehr alle DV-Anlagen der Hochschule grundsätzlich unterstellt werden sollen.

Bezüglich der DV-Infrastruktur hat das Hochschulrechenzentrum folgende Aufgaben:

- Mitwirkung bei der Planung und Beschaffung,
- Koordinierung der Betreuung,
- Mitwirkung bei der Inanspruchnahme der von außerhalb bezogenen DV-Kapazität,
- Beratung in allgemeinen DV-Fragen.

Das sind z.T. neue, sehr wesentliche Aufgaben für das Rechenzentrum.

Daneben werden die bisherigen Aufgaben des Rechenzentrums sowie die Bestimmungen über den Benutzerkreis und die Entgeltgrundsätze den inzwischen gewonnenen Erfahrungen angepaßt.

Die an sich aus fachlicher und organisatorischer Sicht begrüßenswerte Absicht der KMK, auf die DV-Infrastruktur einer Hochschule auf diese Weise einzuwirken, ist jedoch in der Praxis wegen bestehender landesrechtlicher Gegebenheiten und wegen der weitgehenden Autonomie der Hochschulen vielfach nicht realisierbar. Der Wissenschaftsrat hat bereits 1974 auf die Schwierigkeiten bei der Organisation der DV-Kapazität im Hochschulbereich hingewiesen /3/. So bestehen also vielfach das Rechenzentrum und eine Reihe kleinerer DV-Installationen nebeneinander; die Zusammenarbeit der Betriebseinheiten zum Wohle der Benutzer läßt manchmal zu wünschen übrig.

Die hier dargelegten Schwierigkeiten sind nicht auf den Hochschulbereich beschränkt, sie sind im Bereich hochschulfreier Einrichtungen und z.T. in Industrie und Verwaltungsorganisationen ebenfalls zu beobachten. Nur sind sie dort i.a. wegen der strafferen Kompetenzstruktur leichter zu bewältigen.

4 Einflußgrößen für die weitere Entwicklung

Die wissenschaftlichen Rechenzentren stehen unter einem besonderen Innovationsdruck. Die Ursachen hierfür liegen hauptsächlich in der sich beschleunigenden wissenschaftlichen Entwicklung, die eine ständige Verbreiterung des Benutzungsspektrums der DV-Dienstleistungen mit sich bringt. Die Fluktuation der Benutzer und die z.T. breit angelegte Kooperation zwischen verschiedenen wissenschaftlichen Institutionen generieren ständig neue Anforderungen an das Rechenzentrum. Nicht alle Benutzerbedürfnisse können am Ort des Entstehens befriedigt werden. Daraus folgt der Zwang zur Kooperation der Rechenzentren in Verbundsystemen, deren praktische Anwendung z.Z. vorbereitet wird.

Dabei entstehen neue organisatorische Probleme. Die technische Realisierung von Rechnerverbundsystemen für den beabsichtigten Funktionsverbund auf breiterer Basis ist in Kürze zu erwarten. Die organisatorischen Probleme hierbei sind keinesfalls gelöst.

Ein in der Praxis nicht triviales - den Verbundgedanken jedoch stark hemmendes - Problem ist z.B. die Verrechnung der transferierten Leistungen zwischen haushaltsrechtlich unterschiedlich getragenen Institutionen. Der Benutzer eines Hochschulrechenzentrums leitet - im Sinne der angestrebten Chancengleichheit bei seinen Arbeiten in Forschung und Lehre - ein Anrecht darauf ab, daß seine Anforderungen - wenn sie innerhalb eines Verbundes überhaupt erfüllt werden können - unabhängig von einer formalen Trägerschaftsstruktur erfüllt werden. Die Zahlung von Entgelten auf der Grundlage einer Vollkostenrechnung ist schon wegen des dafür erforderlichen haushaltstechnisch bedingten Vorlaufs der Projektfinanzierung von ein bis zwei Jahren kein geeignetes Instrument zur Förderung des Projekts.

Die Organisation der Makro-Verbundsysteme zwischen den Rechenzentren ist daher eine Aufgabe, die von den beteiligten Rechenzentren, ihren Trägern und den Wissenschaftsförderungsorganisationen unverzüglich gelöst werden muß.

Neben organisatorischen Problemen des Makroverbundes entstehen jedoch neue Probleme durch die mögliche Veränderung der Infrastruktur der Rechenzentrums-Einzugsbereiche. Augenblicklich wird der zentrale Großrechner i.a. mit einem umfangreichen sternförmigen DFÜ-Netz mit Datenstationen betrieben. Die im Einzugsbereich vorhandenen kleineren DV-Anlagen werden entweder autonom oder - durch Simulation traditioneller Datenstationen - an die zentrale Rechenanlage gekoppelt betrieben.

Durch den Preisverfall der DV-Hardware werden neue DV-Konfigurationen möglich, die jedoch neue technische und organisatorische Probleme schaffen. So können beim Ausbau der vorhandenen Rechenkapazität eines Bereichs mehrere kleinere, jedoch leistungsstarke DV-Anlagen in Benutzungsschwerpunkten installiert werden. Hierdurch wird die Abhängigkeit der Benutzer von einer zentralen Anlage gemindert; evtl. Ausfälle eines Systems treffen nur einen Teil der Benutzer.

Es ist jedoch aus vielerlei Gründen notwendig, die Anlagen in einem heterogenen Verbund - unter Einbeziehung der zentralen Großrechenanlage zu betreiben. Die vorhandenen Organisationsformen der Rechenzentren müssen daher kritisch überprüft werden, neue Regelungen für den Mikroverbund werden erforderlich. Durch die Dezentralisierung von DV-Funktionen können sich das Aufgabenspektrum und die Organisationsstruktur der vorhandenen Rechenzentren wesentlich ändern.

Die von einigen DV-Herstellern z.Z. stark geförderte Euphorie der Dezentralisierung von DV-Funktionen muß jedoch kritisch betrachtet werden. Der durch die enorme Weiterentwicklung der Hardwaretechnologie entstandene Optimismus läßt oftaußer acht, daß die Softwareentwicklung hiermit nicht Schritt gehalten hat. Die Probleme beim Betrieb von Makroverbundsystemen sind - aus Benutzersicht - wegen der vielfach nicht adäquaten Softwareausstattung im Mikroverbund noch gravierender.

Es ist daher eine wesentliche Aufgabe des Rechenzentrums bei der Entwicklung von Mikroverbundsystemen auf die Einhaltung vorhandener Standards zu achten, bzw. Schnittstellenbedingungen - auf den verschiedenen Kommunikationsniveaus - zu definieren und für deren Einhaltung zu sorgen, damit die Schwierigkeiten für die Benutzer im Mikroverbund so gering wie möglich gehalten werden. Diese Aufgabe ist keinesfalls trivial, läuft sie doch i.a. den Bestrebungen der Hersteller entgegen, die zukünftig mehr und mehr Softwarefunktionen durch entsprechende Hardware realisieren werden und damit dem Zugriff der Betreiber entziehen. Bestehende Software-Inkompatibilitäten werden damit "festgeschrieben".

Die Organisation der Rechenzentren muß sich auf diese neuen Aspekte einstellen. Der Spielraum für nötige organisatorische Neuregelungen für die Hochschulrechenzentren ist durch eine Vielzahl von Randbedingungen eingeengt. Hochschulfreie Rechenzentren werden hier sehr viel besser reagieren können.

Das Erkennen der Probleme, die durch die neuen technischen und technologischen Entwicklungen im DV-Bereich entstehen und die Entwicklung geeigneter Formen für die Organisation und Betriebsführung der heterogenen DV-Einheiten ist nicht zuletzt ein Gebot der Wirtschaftlichkeit. Wesentliche Möglichkeiten der Datenverarbeitung werden sonst nicht genutzt.

Literatur

/1/ Richtlinien für die Errichtung und Betriebsordnung von Hochschulrechenzentren - Beschluß der KMK vom 18.10.1962

/2/ Grundsätze für die Errichtung und den Betrieb von Hochschulrechenzentren - Beschluß der KMK vom 13.9.1974

Gemeinsames Ministerialblatt, herausgegeben von BMI, 25. Jahrgang Nr. 30, S. 540 ff.

/3/ Arbeitsbericht zur Planung und zum Bedarf der Hochschulen an Rechenkapazität Bericht einer Arbeitsgruppe des Wissenschaftsrats, vorgelegt im November 1974